平和創造学への道案内

歴史と現場から未来を拓く

山田　朗
師井勇一
編

法律文化社

『平和創造学への道案内』の出版にあたって

　この度、明治大学国際日本学部の師井勇一客員講師、文学部の山田朗教授を
はじめ、明治大学の錚々たる研究者の方々が合い集い、これまでに類例を見な
い平和学テキスト『平和創造学への道案内——歴史と現場から未来を拓く』を
出版されたことを嬉しく思います。また、この大きなお仕事を成し遂げられた
皆様に心からの敬意を表したいと思います。

　平和とは「どの地域・国にいても、人間が人間として生きるに値する人生を
おくることができる権利」だと、常日頃から考えています。戦争、戦闘、テロ
といった組織的な暴力が、こうした平和を破壊することはいうまでもありませ
ん。しかし、この40年ほどにわたる経済活動のグローバル化も、歴史上まれに
見る豊かさをもたらす一方で、世界規模のエネルギー問題、地球温暖化、富の
不平等、グローバルな感染症拡大など、国や地域を超えた深刻な問題を生み出
しています。また、富の不平等は様々な差別意識の温床となり、「異論の存
在」を許さない権威主義（ポピュリズム）の台頭にもつながっています。グロー
バルな感染症は現に人類の生存そのものを脅かしつつあります。

　こうした観点からすれば、平和は個人の意識レベルから社会・経済・文化、
さらには法律、政治・行政システム、各地域・国家間の関係までを包括する問
題として考えなければなりません。

　この意味で、この新たな平和学テキストは戦争の歴史をしっかりと見詰め直
しながら、さらに広い視野から平和の創造へ至る道を模索するものとなってい
ます。このテキストが、平和を願うすべての人の平和創造への道案内となるこ
とを心から願っています。

　平和に向かって「前へ！」

明治大学長　**大六野　耕作**

平和創造の原点としての「村山談話」

　私は、これまでの人生において、平和運動、労働運動そして政治家としての議会活動と、約80年間、活動を続けてきました。その間、私が片時も忘れることがなかったことは「平和の創造」に貢献したいという思いでした。

　私は、青春時代から、何故、日本はあの愚かな戦争を食い止めることができなかったのか。あの軍部の暴走を、何故、止めることができなかったのか。そして、二度と再び、日本が侵略戦争を引き起こさないためには、何を成さねばならないのかを、問い続けてきました。

　私が内閣（村山内閣）を率いていた1995年8月15日、閣議決定を経て、日本国政府の公式見解として「戦後50周年の終戦記念日にあたって」（いわゆる村山談話）を発表しました。この中で「われわれが銘記すべきことは、来し方を訪ねて歴史の教訓に学び、未来を望んで、人類社会の平和と繁栄への道を誤らないことであります。わが国は、遠くない過去の一時期、国策を誤り、戦争への道を歩んで国民を存亡の危機に陥れ、植民地支配と侵略によって、多くの国々、とりわけアジア諸国の人々に対して多大の損害と苦痛を与えました。私は、未来に誤ち無からしめんとするが故に、疑うべくもないこの歴史の事実を謙虚に受け止め、ここにあらためて痛切な反省の意を表し、心からのお詫びの気持ちを表明いたします。また、この歴史がもたらした内外すべての犠牲者に深い哀悼の念を捧げます」と私の率直な思いを伝えました。

　あれから25年。「村山談話」は、中国・韓国・朝鮮などのアジア諸国、米国、ヨーロッパの国々など世界各国の人々や政府から歓迎され、高い評価を受けたことは光栄なことだと思います。

　私が、総理大臣在任の時に、まさに敗戦50年の歴史的な日を迎えることとなったので、その節目に、けじめをつける意味で、過去の歴史的事実を謙虚に受け止め、平和と民主主義、国際協調を基調とする日本国の針路を闡明（せんめい）する必要があると思い、「村山談話」を作成することを、決断したので

す。

　今から、振り返れば、村山談話作成の決断の根本には、私なりの平和創造への決意があったのでしょう。

　明治大学関係の学者・研究者の皆さんによる『平和創造学への道案内』の出版は、日本が世界平和を構築するうえで果たすべき役割を描き出した、まさに時宜にかなった貴重な企画だと言えるでしょう。

　私の母校、明治大学の優れた先生方の力作の出版に深く敬意を表し、心からのエールを送りたいと思います。

元内閣総理大臣　村山　富市

はしがき

　2017年早春、日本学術会議は「軍事的安全保障研究に関する声明」を発表し、過去二つの声明——「戦争を目的とする科学の研究は絶対にこれを行わない」(1950)、「軍事目的のための科学研究を行わない」(1967) 声明——の継承を明確にした。そのふた月ほど前の1月、明治大学は「人権と平和を探求する」との全面広告を主要全国紙に出し、「国際社会への貢献と世界平和の実現」、「軍事利用を目的とする研究・連携活動の禁止」、「ダイバーシティ　フレンドリーキャンパスの創造」などの提言を行っていた。いつの間にか「武器」が「防衛装備品」と呼ばれるようになり、「武器輸出」は「防衛装備移転」、「軍事研究」は「安全保障研究」などと言い換えられ、軍事と「防衛」や「安全保障」とが等価とされ、軍事の影が薄められ、「自衛のため」と称して学問・研究の領域が侵されつつある昨今、そうした流れとは一線を画する宣言でもあった。その広告のことばに注目し、明治大学から一つ平和学関連のまとまった書が出せないかと考えたのが、法律文化社の編集者、小西英央さんであった。

　よくよく考えてみれば、「人権と平和」という組み合わせは、平和という概念の核心を突いているのではないだろうか。というのも、例えば、「人権なき平和」の実態を考えてみた際、(奴隷制とまではいかなくても) 人種や民族、国籍、ジェンダーなどでの差別や偏見とともに人権侵害の状況があっても、表面的な争いがなく平穏な状態、すなわち、人権抑圧下での社会の安定、安寧、秩序——さらには権力・支配関係を不問にした「和」の状態——は、前近代ではもちろんのこと、現在でも存在する (いわゆる「消極的平和」)。一方で、「人権あっての平和」は、人権を基盤とした平和であり、一人ひとりの人権が保証された状態での平和であり、それぞれの個が尊重され、その尊厳が護られていることを前提とする。人権擁護という理想と現実の状況とはかけ離れていることが多いゆえ、また、絶えず働きかける (「不断の努力」を要する) 性質ゆえ、手

にとることのなかなか難しいものではあるが、「平和」のあり方の方向性は示していると思う。だれもが差別されず、抑圧されない社会状況と平和の関係性を考えること——それは、本来の意味での「積極的平和」に近づくことであろう。

　それほど馴染みのない「平和創造学」という呼称ではあるが、「平和」を祈ったり願ったり、受容したり享受したりするもの、というように捉えるのではなく、私たち一人ひとりの市民が「人権と平和」の組み合わせに留意しつつ、積極的に働きかけ、つくりだしていくもの、という想いがその名前には込められている。軍事的手段によって守るとされる平和や安全保障ではなく、一人ひとりの市民が、いろいろな切り口で様々な人権・平和問題に取り組むことによってつくりだされる平和と安全保障——本書がこうした平和創造の可能性の扉をひらく一助となれば、幸いである。本書を世に送り出すすに際し、法律文化社の小西英央さん、ならびに本書の企画に関わられた多くの方々に厚くお礼を申し上げたい。

　　2021年3月

編　者

目　　次

第 **I** 部

平和を創造する文脈
——歴史的教訓と理念的基盤——

第 **II** 部
平和を創造する取り組み
——現代につながる具体的事例——

序 いまなぜ『平和創造学』なのか

師井　勇一

　数年前、NHK朝の情報番組「あさイチ」で、沖縄の米軍基地の問題をとり
あげていた。基地周辺の保育園や小学校に米軍ヘリコプターの部品や部位が落
下する事故が相次ぐ中、子供をその保育園に預けている母親たちの視点から基
地問題を考えるものであった。（2018年3月28日 NHK「あさイチ：沖縄の母親たち
が見た基地」）その中である母親が、保育園の屋外の日よけ幕に米軍ヘリの部品
が直撃したことを受けて、「魔法が解けた」と語っていた。その母親にしても
沖縄生まれ、沖縄育ち。フェンスに囲まれた広大な米軍基地は生まれた時から
あり、そこから発生する騒音や事故など、それほど疑問に思うことなく日常生
活の一部としてあたりまえのように存在するものであった――わが子がその危
険にさらされるまでは。

　解くべき「魔法」は、じつは本土の側に数多く存在しているのではないだろ
うか。多くの人にとって生まれた時からあたりまえのように存在しているもの
――在日米軍とその軍事施設、その法的根拠としての日米安保条約、そしてそ
うしたものに日本および東アジアの平和が守られているとする言説など――あ
たりまえに見えるがゆえに、それほど疑問に思うことなく、問題の本質を考え
ることなく、受け入れてしまっているのではないだろうか。そもそも平和主義
を柱の一つとする憲法を持つこの国で、軍隊の存在、しかも異国のそれを認め
ている事態をどう考えればいいのだろうか。日米安保条約にしても、冷戦に端
を発した軍事体制であるにもかかわらず、冷戦が終結して30年も経つというの
に、なぜ存在し続けているのだろう。また、軍備拡大や増強の際によく使われ
る「抑止力」ということば。その実効性は具体的に証明されるものなのだろう

か。すなわち、自国が攻撃されず戦火にさらされていない状態は、ひとえに（自衛隊を含めた）武力・軍事力で「守られている」からだとする論拠は、どれほど確かなものなのだろう。さらに、核兵器をもたない日本は、アメリカの「核の傘」に守られている、ともしばしば言われる。はたして、アメリカの核兵器のおかげで日本は攻撃されずにいる、と実証できるものなのだろうか。（また、アメリカ本国を核攻撃できるものが日本に攻めてきたとして、アメリカは自国民を犠牲にしてまで日本を守るために核兵器を使うだろうか。）ひとつ確かなのは、「抑止力」を口実にした軍事力増強は軍拡競争につながり、核兵器のそれは制御することが困難であるという歴史的事実。「核の傘で守られている」とは、その語感からはなかなか想像しにくいが、実態は、抑止力論の本質が「威嚇」であることを考えれば、唯一の被爆国である日本が核兵器で威嚇し続けていることに加担していることになるのではないか。そもそも軍事力で威嚇することで保たれる「平和」とは、本当に平和な状態なのだろうか。「軍事力で平和を守る」という言説自体が半ば神話化し、ある種の「魔力」をもって人々の思考を縛りつけてはいないだろうか。本書では、そうした思考の縛りを解きほぐし、私たち市民が主体となって平和をつくりだしていくことの可能性を考えてみたい。

　日本は幸いにして、1945年のアジア太平洋戦争の敗戦以降、自国軍隊を送り出した戦争による死傷者を自国民にも他国民にも出さずにきている。それには、日本国憲法前文や第9条に明記されてある平和主義や人権尊重の理念など、さまざまな要因が考えられるが、なにより軍事や戦争からは距離をおこうとする国民の感情や意識に負うところが多いのではないだろうか。アジア全体で（あるいは中国だけで）2000万人以上の、そして日本では310万人の命が奪われた戦争を経て、加害者としての自覚や認識の問題は残るものの、被害者として「もう戦争はこりごり」、「戦争はいやだ」といった感情に支えられた非戦の意識は、多数の国民に浸透していると思う。ただ、戦後75年が経過し、戦争体験者や被害者のお話を直に伺うことが難しくなってきている今日、とりわけ被害体験をもとにした「もう戦争はごめんだ」といった「体現平和主義」（小田実）は過渡期にあるのではないだろうか。戦争体験を継承し、戦争のもつ非人

間性や不条理を胸に刻みつつ、また、「戦争はいやだ」という感覚を大切にしつつも、たんなる「厭戦」や「嫌戦」の意識から一歩踏み込み、より積極的に非戦や反戦の意義を考えていく力が必要となってきている。

　戦後75年、という地点からもう少し周囲を見渡してみよう。2020年は現行の日米安保条約が施行されてからちょうど60年目でもある。戦後の占領政策およびアメリカの世界軍事戦略の文脈があっての安保条約であり、その実態は60年をこえて鑑みなければならないが、冷戦を背景として編み出された軍事体制が、現行のかたちで60年間、とりわけ冷戦後の30年間はその意義を「再定義」したり「取り巻く安全保障環境の厳しさ」を繰り返し強調したりすることで存続してきている。たんに続いているだけではない。ここ数年では質的にも変化し、日米軍事一体化の方向につき進んでいる。（「一体化」といっても、米軍の規模、予算、戦力からして、どちらが「主」となり「従」となるかは自明であろう。）また、「日米同盟」ということばが頻繁に使われるようになり、その軍事中心の体制は、「不滅の柱」だの「礎」だの、あたかも21世紀の日本および東アジアの平和に不可欠なものとして喧伝されている。その一方で、「平和を守る」、「平和をつくる」といったことばが、健やかにほほ笑む制服姿の（武装はしていない）青年男女あるいはゆるキャラをあしらった自衛隊員募集のポスターに使われている。

　こうした流れを象徴することばに「積極的平和主義」がある。積極的に自衛隊を海外に派遣・派兵し、諸外国、おもに米軍と協力して「国際平和」に貢献するという。一見、積極的に国際平和に資するのなら、結構なことではないかと思われるかもしれない。しかし、平和学で扱われ、本書でも中核をなす「積極的平和」という概念は、為政者が声高に叫ぶ「積極的平和主義」とはまったく別物である。その違いの本質は、ひとことで言って、武力の位置づけにある。軍事同盟を背景に軍事力を担保に、軍事力をちらつかせて、軍事力を行使して、要するに軍事組織を前提に「平和」をつくろうとしているのか。そうではなく、武力によらないで国際社会の平和をめざすのか。暴力と非暴力の位置づけが、両者を峻別するひとつのリトマス紙となる。冷戦終結から30年が過ぎた今日、「力で抑え込む」、「力で守る」といった冷戦的思考、さらに「力で平

和をつくる」といった軍事力信仰から脱却すべき時がきているのではないだろうか。おなじ「平和をつくる」という文言において、その方法や意味をめぐり、いわば「たたかい」——それは、ジョージ・オーウェルの描く「戦争は平和なり」の認識に近づくのか、それとも抗うのかの相克——が繰りひろげられているのが、戦後75年の今日の姿である[1]。

では、武力によらず平和をつくる、とはどういうことなのだろうか。「積極的平和」の本来の意味を振り返りつつ、考えてみよう。そもそも平和学において「積極的平和」とは、ノルウェーの平和研究者ヨハン・ガルトゥングが提唱した「平和」の類型に由来する。平和を暴力の対極に位置づけ、戦争やテロ、家庭内暴力など主体の明確な直接的暴力が不在の状態を「消極的平和」とよび、それに対し、偏見や差別、貧困格差、抑圧など社会構造に根ざした暴力、すなわち構造的暴力が解消された状態を「積極的平和」とした。また、実践の場でも、ガルトゥング氏が提唱する以前に、たとえば公民権運動に従事するキング牧師は、「対立、緊張関係が不在」の（いわば争いがなく波風の立っていない）「消極的平和」と「社会的正義・公正」（"social justice"）の存在する「積極的平和」とを区別し、後者の実現に尽力した。差別や抑圧のない社会的公正・正義をめざした本来の意味での「積極的平和」は、武力衝突や戦争など直接的暴力の原因となる部分に働きかけている、ともいえるだろう。また、構造的暴力は社会で見えにくいかたちで存在しているだけに、日常生活の中で私たちが意識的にも無意識的にも関わっていることがある。しかし私たちの身近にあるがゆえ、その暴力によって被る痛みを感じとることができれば、問題が可視化され、より多くの人に共有され、解決への道筋がつくられていくだろう。積極的平和とは、私たちが市民として積極的に構造的暴力をなくし、だれもが平和に（社会的公正を享受する状態で）生きられる社会をつくりだすことで実現されてくる。

このように、本来の意味での「積極的平和」を考えると、日常の生活から平和をつくりだすことが可能であり、それこそが鍵であることが分かる。平和とは、たんに祈ったり願ったりする対象ではなく、私たち一人ひとりが主体となって働きかけていくもの、つくりだしていくもの、という認識の転換が必要

である。身近にある偏見や差別、抑圧などの構造的暴力をどうなくしていける
のか。市民が平和をつくりだす、とは、つまるところ私たちが「どういう社会
に生きたいのか」、「その社会に対してどう主体的に関わっていけるのか」と、
私たちが生きる（地域社会から国際社会にいたる）社会にたいして、他人ごとで
はなく、自らもその社会を構成している市民としての自覚と責任に裏付けられ
ていることではないだろうか。それは市民の「平和責任」ということばで表す
ことができるかもしれない。戦後75年経ち、直接的な戦争責任のない世代が大
多数を占める日本社会であるが、歴史を学び、過去の過ちを繰り返さない責任
――それには、過去の戦争被害のみならず植民地支配（戦争加害）を知る責任、
あったことをなかったことにしない責任も当然含まれるだろう――そして構造
的暴力のない平和な社会をつくりだしていく責任は、いまここに生きる私たち
一人ひとりの市民にあるのではないか。積極的平和のあり方に自覚的になり、
それぞれに合ったかたちで、日々の生活から関わっていくことが、平和をつく
る第一歩となる[2]。

　また、市民が平和をつくる「平和責任」は、憲法の前文や九条の理念を体現
していく営みでもあるといえる。「平和」を希求する理念は、「民主主義」や
「言論の自由」、「表現の自由」などと同様に、行使されること、すなわち実際
の営みによってその真価を発揮し、その存在が確かなものになっていく。非戦
の条文を「護る」だけでなく、非戦・反戦・非暴力運動のもつ平和創造の可能
性を理解し、そして実践していくことが求められている。そのためには、私た
ちはいまどのような社会に生きているのか、どのような世界に生きているの
か、歴史を通して、そして国際社会を見渡すことによって、その認識を育んで
いかなければならない。自分たちの置かれている状況を、いわば、歴史という
縦軸と国際社会という横軸に照らし合わせて確認することである。アメリカの
著名な歴史家で平和活動家でもあったハワード・ジンは、「動いている列車の
中で中立でいることはできない」（"You can't be neutral on a moving train."）と
語っている。社会がある一方向に動いているとき、政治権力者が「積極的平和
主義」ということばを掲げて武力・軍事組織を前提とした「平和構築」を主張
し米軍との関係を深化させているとき、沈黙することは、その流れに加担して

いることになるだろう。私たち市民がより積極的に平和をつくりだしていく、その創造力と実行力とがいま問われているのではないだろうか。

　いまなぜ「平和創造学」なのか。ここでいう「平和」とは、あらためて確認すれば、戦争のない消極的平和だけでなく、構造的暴力のない積極的平和を意味し、差別や抑圧のないよりおおくの社会的公正・正義が実現される社会をめざしている。その平和をどうやってめざすのか。武力によってつくる（とされる）平和ではなく、市民の平和責任にもとづいて、非武装・非暴力で構造的暴力をなくしていくことである。すなわち「平和創造」は、私たちの生きる社会、国際社会にたいする私たちの関わりあいの自覚と責任において実現される。本書は、国際関係論などで紛争解決（消極的平和）を柱とする「平和構築」に焦点を当てるものではなく、積極的平和の社会状況をつくりだしていくための歴史的・文化的な論考をもとにした道案内である。さいごに「学」とはついているが、これは言うまでもなく、学問のための学問ではなく、とりわけこれからの時代を生き、国際社会をつくっていく若い人たちの想像力と可能性を引き出す手助けとなるような論理的で学術的にまとまった議論の枠組み、と捉えてほしい。たんなる「厭戦」や「嫌戦」の感覚から、根拠の明確な、市民の自覚や平和責任にもとづいた「非戦」・「反戦」そして積極的平和へと平和創造学がいざなってくれるだろう。

　戦後75年を経て、「平和」や「安全保障」の内実を私たち市民が検証し、それぞれができる範囲で大なり小なり平和をつくりだしていく、創造する力が試されている。「武力・軍事力で平和が守られている」という言説に対抗するものとして、私たち市民が、積極的平和にむけて知恵を出し、想像力を発揮し、行動していくこと。もともと平和学にある国際性、学際性、実践への志向を踏まえ、過去に学び、現在を認識し、そして未来へと行動する。それは市民の平和責任であり、つまるところ、私たちはどのような社会に生きたいのかという、生き方の選択でもある。これからの時代を新たな「戦前」としないためにも、非武装・非暴力で平和をつくる営みへ、とりわけ憲法第9条をもつ私たちが平和をどのようにつくりだしていけるのか、その想像力と創造力とが問われている。

＊　　＊　　＊

　本書は三部構成で平和創造学の道案内を試みる。第Ⅰ部「平和を創造する文脈」では、つくりだされる平和とはどのようなものなのか、どのような文脈に置いて考えられるのか、その平和の理念的基盤および創造する平和の歴史的、社会的文脈を中心に考察する。まず初めに近代日本の戦争と平和を概観し、憲法や教育、近代天皇制、そして日米の非戦・反戦運動から、平和をつくりだしていく責任および平和創造の可能性について考える。第Ⅱ部「平和を創造する取り組み」では、戦争やテロなどの直接的暴力のない状態のみならず、偏見、差別、抑圧などの構造的暴力のない社会をめざすにあたり、身近な構造的暴力を振りかえり、その解消、さらには平和をつくる責任について考えていく。より具体的な事象に即して、平和的（非暴力的）手段による平和問題解決への取り組みについて、沖縄の平和教育、中東における紛争を起こす論理、メディアの役割、多文化共生、日中・日韓・日朝関係を題材に、理解を深めていく。そして第Ⅲ部では、「平和を創造するための〈場〉」と題し、さまざまな戦争関連の資料館を紹介し、一次資料に触れることの必要性を確認する。また、平和創造への実践の場となるミュージアム（資料館など）の役割とそこを基点とした平和創造のあり方を考える。

【注】
　1）　ここで思い起こされるのは、アフガニスタンの平和のために長年献身されたNGO「ペシャワール会」の中村哲さんが、アメリカ主導の対テロ戦争の一環での現地への自衛隊派遣をめぐり、国会での参考人証言の中で、自衛隊の派遣は「有害無益」だと喝破されたことである。ご自身が関わられてこられた平和活動（本来の意味での「積極的平和」）と武力を前提とした（その後喧伝されることになる）「積極的平和主義」との対比がここに明白である。また、この発言の直前では、こうも語っている。「テロという暴力手段を防止する道に関しましても、これは暴力に対しては力で抑え込まないとだめだということが何か自明の理のように議論されておる。私たち、現地におりまして、対日感情に、いろいろ話はしませんけれども、日本に対する信頼というのは絶大なものがあるのですね。それが、軍事行為に、報復に参加することによってだめになる可能性があります。」（第153回国会　国際テロリズムの防止及び我が国の協力支援活動等に関する特別委員会第5号　2001年10月13日）
　2）　アメリカの著名な平和主義者で労働運動や反戦運動、公民権運動を支えてきたA. J. マ

スティはこう語る。「私たちは、もし平和だけを考えていたのなら、平和を手にすることはできない。戦争は偶発的に起こるものではない。ある種の生活のあり方の論理的帰結なのだ。戦争を非難したければ、私たちはその生活のあり方を非難しなければならない。」("We cannot have peace if we are only concerned with peace. War is not an accident. It is the logical outcome of a certain way of life. If we want to attack war, we have to attack that way of life.")ここで問われている「ある種の生活のあり方」とは、たとえば経済格差を助長する制度や風潮であったり、「他者」をつくりだし国内外での分断を煽る偏見や差別であったり、また、言論や思想、表現の自由を抑圧する力であったり、現に身近で起こっているさまざまな構造的暴力の諸相であるともいえるであろう。

第 I 部
平和を創造する文脈

──歴史的教訓と理念的基盤──

第**1**章　近代日本の戦争と平和

——歴史の教訓から平和の創造を

纐纈　厚

1　はじめに——誤った平和認識を質す

　明治国家成立から、日本は敗戦に至るまで戦争の連鎖を断ち切れないでいた。1874（明治7）年の台湾出兵から始まり、1945（昭和20）年8月の敗北で終わる日本の戦争を振り返れば、最後まで日中戦争を基本軸として展開されたことに気づく。1931（昭和6）年9月の満州事変を起点とし敗戦に至る戦争を、現在の日本近現代史研究では、アジア・太平洋戦争と呼ぶのが通例である。私の場合は、理由は後述するが、「・」（ナカポツ）を削って「アジア太平洋戦争」と称する。

　ところが現在においても、それを「対英米蘭戦争」あるいは「対米英戦争」と絞り込んで捉え、その結末を「終戦」と呼ぶことで、敗戦の事実に向き合おうとしない歴史認識が根強く残っている。

　近代日本は、どこの国と戦争し、どこの国に敗北したのか。この問題は、古くて新しい歴史の問題である。それだけではない。現在、敗戦を「終戦」と読み替えるだけではなく、その戦争に日本はアメリカの巨大な経済力と軍事力によって敗北したのだ、とする歴史の総括が有力でもある。

　いま、戦争の歴史に拘るのは、誰に敗北したのかを問うことで、近代日本の戦争と平和について考えてみたかったからだ。現在、戦争の原因を探る一つの方法として、日本は一体誰に、なぜ敗北したのかを正しく認識することで、あるべき歴史認識を掘り下げていくことが大切である。これが十分になされていないと痛感するばかりだ。

　こうした問題への深い関心と理解なくして、成熟した本来の平和の実現も望めないのではないか。平和を志向するあまり、戦争の真相に肉薄しようとしないのは、平和を真剣に求めようとしない、ことに繋がっていると言い得るのではないか。以上の問題意識を踏まえ、以下の点に触れていきたい。

　第一に、戦前期日本敗北の主な原因が対中国戦争の結果であった、ことを強調することである。近代日本の戦争は、アメリカの二発の原爆投下を主な原因としてアメリカに敗北した、とする歴史の受け止めが戦後一貫して続いている。事実は、「アメリカによる敗北論」が戦後日本のアメリカ従属に結果していったのではないか。それで、この歴史認識を根底に据えた戦後日本人の対米認識と、中国を含めた対アジア認識の過ちを指摘していく。

　第二に、戦前日本の戦争は、"日中70年戦争"と括ることを提唱することである。日本は連綿として中国との対立と妥協、その間に戦争発動を繰り返した。なにゆえ、日本は中国と戦争を常態化させたのか。その原因と実際を要約していく。

　第三に、"日中70年戦争"をアジア太平洋戦争の枠組みで捉え返すことである。台湾出兵に始まる近代日本の戦争は、最後にはアジア太平洋戦争に結果し、日本は敗北する。日本は第2次世界大戦に敗北しただけでなく、それ以上に"日中70年戦争"に敗北したという捉え方が必要ではないか。

　日本の敗北は、一つの戦争の結果としての敗北ではなく、侵略と膨張を繰り返してきた戦争国家日本の"総敗北"である。一つの戦争での勝敗を論ずるのではなく、近代日本の歴史を総括することで、未来の平和創造への展望を描かなくてはならないのではないか、と言う事だ。

　以下、この三点を中心に論じていきたい。

2　一つの戦争が次の戦争を用意する——断ち切れなかった戦争の連鎖

(1)　連綿と続く戦争の時代

　近代日本の最初の対外戦争であった台湾出兵を皮切りに、日清戦争（1894～95年）、日露戦争（1904～05年）、さらに第1次世界大戦（1914～18年）、そしてシ

ベリア干渉戦争（1918〜25年）、山東出兵（1927〜28年）、満州事変（1931年）、日中全面戦争（1937〜45年）を経て、日中戦争の延長としての日英米蘭戦争へと続き、最後に敗戦（1945年）にと辿り着く。これらを概観すると、連綿として続いた近代日本の戦争には、二つの大きな特徴がある。

　一つには、ほとんどの戦争が対中国戦争であったことである。近代日本の生成・発展・展開の総過程で、基本的には中国という存在が外圧であり、交渉・軋轢・妥協の対象であった。そして、最後には侵略戦争に行き着いた。それが、近代日本国家を「戦争国家」と規定する理由でもある。

　台湾出兵の戦場地は、台湾最南端に位置する牡丹社郷だ。台湾の宗主国は清国。間接的な意味で台湾出兵は清国（中国）出兵を意味する。日清戦争は言うまでも無く、清国との戦争であり、戦場地は朝鮮半島から中国本土。続く日露戦争の戦場地は日本でもロシアでもなく、中国東北部。さらに、第1次世界大戦の戦場は、中国山東半島のドイツ租借地青島周辺であった。

　さらには山東出兵（済南市）、満州事変（瀋陽を中心とする中国東北地域全体）、盧溝橋事件（北京市）と続く。要するに、1874年から始まる近代日本の戦争とは、戦争相手国と戦場とが中国と朝鮮であり、対中国戦争の延長として対英米蘭戦争が生起したことを考えれば、日本が戦前行った戦争とは、"日中70年戦争"（1874〜1945年）と称することが可能ではないか。

　しかし、その歴史事実は、アジア太平洋戦争を「対英米蘭戦争」（戦後、「太平洋戦争」の用語で）と略して矮小化されていく。そこにはアメリカの思惑が明瞭である。つまり、連合国側の最有力者であり、唯一国土が戦場とならなかったアメリカは、対日占領計画のなかで、先の戦争は"対米戦争"であり、主戦場は太平洋であったことから、戦後、「大東亜戦争」の呼称を辞めさせたうえで、「太平洋戦争」の呼称を使うように日本政府に命じたのである。

　その結果、日本人は対アジア、取り分け対中国戦争の比重を軽視するか無視することになった。先の戦争はアメリカの戦力によって敗北したのだ、とする戦争の総括が日本国民に押し付けられもした。そうした歴史認識を日本国民に認知させ、日米安保のような経済・軍事の両面にわたる対米従属の方向性を創り出していった。日米安保は日米同盟へと深められていく。日米両国は、もう

一つの同盟関係を取り結ぶ。"日米歴史認識同盟"とでも言い得る同盟である。

重ねて言えば、日米安保体制とは、この"日米歴史認識同盟"を根底に据えた体制である。そこでは反米ナショナリズムなど脱米志向が浮上しないように、日本人の歴史認識操作が巧みに仕掛けられた。そうした対米従属的な歴史認識と戦争責任の不在性とが、戦保守政治を支えてきた歴史認識の特徴でもある。

近代日本の戦争が生み出した負の遺産として、植民地責任問題・靖国問題・従軍慰安婦問題など未決の問題が山積となっている。未決である理由は、いわゆる歴史修正主義・歴史否定主義によって歴史事実が修正・否定・歪曲・捏造という許し難い行為に晒されているからだ。

歴史修正・否定主義が日本政府及び日本人の意識のなかに、対中国や対韓国・朝鮮への侵略や植民地支配の歴史の真相に向き合おうとしない感情を生み出している。具体的には、南京虐殺事件否定論、対中国侵略戦争否定論、従軍慰安婦・徴用工問題などである。

戦後歴史学界が到達した「アジア太平洋戦争」（日中15年戦争＋対英米蘭戦争）論への関心が深まらず、私が以前から主張する「アジア太平洋戦争」の表記もまだ十分な認知を得ていない現状にある。「アジア・太平洋戦争」とする表記が依然として多い。「・」抜きの用語への理解が進んでいないのだ。

「アジア・太平洋戦争」の呼称には限界がある。この呼称に「・」を使用するのは、戦争の性格を正しく示していないのではないか、と言うことだ。「・」を用いることで、「日中15年戦争」と「太平洋戦争（＝対英米蘭戦争）」とを同格に扱うという間違いを犯す。

(2)　日中戦争の延長としての対英米蘭戦争

ここでの問題は、単に戦場域の違いに留まらない。日中戦争の延長として対英米蘭戦争が生起したことを深く理解することだ。その意味で、対アジア戦争（対中国戦争）の位置について、十分な把握を怠る結果となるのではないか。[1]つまり、「日中15年戦争」と「対英米蘭戦争」とは、戦場や戦争の時期が異なるという問題だけでなく、並列に位置づけるのは誤りと考える。

　分かり易く言えば、「日中15年戦争」が起きなければ、「対英米蘭戦争」も起きなかったのではないか、という確かな推論が成立するということだ。そこからも、あるべき対アジア認識を得る必要があろう。この問題を少し別の角度から触れてみる。

　"日中70年戦争"の結果、日本は中国に敗北したのである。日本の敗戦は、満州事変から始まる「日中15年戦争」の結果に留まらず戦後、多くの日本人は日本の敗北は、直接的にはアメリカによる二発の原爆投下の結果だと捉えている。その一方で中国を含めた対アジア戦争の歴史事実から、日本の敗北原因としての日中戦争の位置を軽視し続け、中国を筆頭とする対アジア戦争に敗北したという事実を認めようとしてこなかった。歴史事実は、象徴的な表現をすれば、"日本は中国に敗北し、アメリカに降伏した"のである。

　つまり、中国との戦争で国力も戦力も消耗し尽くした日本が、最後は圧倒的な戦力の象徴とも言える二発の原子爆弾によって敗北に追い込まれ、アメリカを中心とする連合国軍に降伏したと言えようか。

　取り分け、戦後日本占領軍の中核であったアメリカ軍と、日本占領行政の頂点に位置した連合国軍最高司令部（GHQ）の最高司令官がアメリカ軍人のダグラス・マッカーサー元帥であったことも、アメリカに敗北したという印象を強く抱かせた。1945年9月2日、東京湾上に浮かぶアメリカの戦艦ミズーリ号の甲板における日本の降伏調印式の写真も、長らく日本はアメリカに敗北したのだ、という強い印象を抱かせた。

　確かにアメリカとの戦争も熾烈を極めたが、戦場の広さ、戦争の期間、犠牲の甚大さなどの諸点から、対中国戦争の重さは計り知れないのである。

　それでは、なぜに対中国侵略戦争が起きたのか。勿論、そこには中国が日本の資本主義にとって、豊かな市場と資源の収奪対象地域として見られていたことが根底にあることは、戦後の歴史研究のなかで繰り返し明らかにされてきた通りだ。中国が日本資本主義の利益構造を担保する貿易相手国であり、市場と資源の収奪対象地域と言う意味で、経済的要因が第一であることは衆目の一致するところである。

　欧米先進諸国と比べて資本力や技術力に立ち遅れた日本が、それら諸国と肩

を並べていくためには中国大陸や東南アジア地域の資源と市場を獲得し、帝国日本としての実力を身に付けるためには軍事大国への道が優先されてしまったのだ。

　そこには欧米帝国主義諸国家からの圧力を防ぐため、軍事主義に傾斜せざるを得なかった当該期の安全保障環境が存在したことも確かであった。取り分け1920年代後半から30年代にかけて、国際経済の混乱と破局のなかで、各国が自国中心主義に堕して行った時期でもある。国際協調路線が崩れ去り、一つの国家国民が縋るものが軍事力へと収斂されていく時代状況にあったことは否定し難い。

　問題はそうした国際環境の変容のなかで、自国第一主義を克服し、国際民主主義のスローガンの下、国際協調主義を確認し、共同共助の方向性を何故見いだせなかったか、である。そうした課題は勝利国であれ敗戦国であれ、共通の歴史的な課題であろう。そうした観点からすれば、日本は何故に中国をはじめとするアジア諸国と共同共助の関係を紡ぎ出せなかったのか、が現在もなお真剣に問われなければならないと考える。

　ここでは日本人の対中国認識が近代日本成立以来、連綿と続いた歪な中国認識が根底に存在したことを強調しておきたい。その一つの事例として、「日本は支那をみくびりたり、早く戦争を止めて、十年ばかり国力の充実を図るが尤も懸命なるべき」との昭和天皇の発言を引用しておきたい。これは長らく天皇の侍従を務めた小倉庫次の日記に残された証言録である[2]。

　注目すべきは、昭和天皇自ら「日本は支那をみくびりたり」と自省している部分だ。当時の日本人は天皇だけでなく中国の抗戦能力を随分と低位に見積もっていた。日本軍が一気呵成に攻め込めば、短期間で白旗をあげると盲信していた。日中全面戦争が始まり、首都南京が陥落した時点で日本は対中国戦争の勝利を確信してしまったのである。

　ところが、その後中国は奥深く日本軍を引き込む戦略を採用する。それによって日本軍の補給線を引き延ばし、補給能力にダメージを与え続けた。日本軍が戦力の分散化を余儀なくされる手法を取り続けたのである。この昭和天皇の証言があった当時、日本が対英米蘭に踏み切るほぼ1年前のこと。中国戦線

は既に泥沼化しており、一体いつ終わるかも知れない戦争を始めていたことに、昭和天皇は漸く気づかされたのである。

　さらに時代が下り、対英米蘭戦争が始まって１年後、「自分は支那事変はやり度くなかった。それはソヴィエトがこわいからである。且つ、自分の得て居る情報では、始めれば支那は容易のことでは行かぬ。満州事変の時のようには行かぬ³)」と弱音を吐く。

　国民世論も恐らく同様であった。国内はもとより、出征兵士のなかに、厭戦機運さえ漂ってきたことも記録が示している。予想外の事態に遭遇して進も地獄、後退するも地獄の状態のなかで、対中国戦争を始めてしまったことを後悔しているのだ。

　昭和天皇の幕僚たちは、日中全面戦争開始後、３年余にして勝敗の帰趨を予測し、対ソ連戦争に向け資源確保地あるいはソ連攻撃の軍事拠点としての中国を制圧する計画が立てていた。それが破綻してしまったのである。その結果、中国戦線での局面打開の方策として対英米蘭戦に踏み切ることになった。そこから、日中戦争の延長としての対英米戦という位置づけが重要ではないか。

3　日中戦争をめぐる日中両国の乖離——敵の不在性をめぐって

⑴　中国を敵としてすらみない日本

　著名な社会派作家として活躍し、数多の作品を残した五味川純平に、明治大学で教鞭を執った日本政治思想史研究者である橋川文三教授との対談集がある。その対談集のなかで、「対中国戦争はズルズルとはじまり、拡大し、ついに敗北した。その敗北も、国民の意識では、米英ソに負けたかもしれぬが、中国には絶対に負けなかったという信仰を失わせはしなかったと思う⁴)」との五味川の発言がある。

　戦後日本人の多くに共通しているアメリカには負けたかもしれないが、中国には負けなかった式の戦争総括が、実は強く潜在している。それが現在のように中国が経済大国化・軍事大国化するなかで、この思いは一層歪な感情となっているのではないか。

　この歪な心情は、実は今日も深く日本人に潜在しているようだ。中国には負けなかったという意識には、「遅れた国中国」に負けるはずがない、という上から目線の心情が潜在している。今日の対中国感情は、経済・軍事の両面で日本を凌駕するに至った中国に脅威の意識を抱くことで、中国との乖離を保とうする後ろ向きの意識となって再生されているようだ。

　もうひとつ五味川は、「もし、日本は中国にこそ負けたのであり、中国大陸で負けたからこそ太平洋でも負けたのだということを、事実と実感をもって、全国民的規模で確認していたら、戦後のわれわれの政治・思想運動の状況はいまと非常に違うものになったに相違ないのである」とも述べる。

　ここでは「中国に敗北した」という歴史事実を頑（かたく）なに受け入れようとしてこなかったことは、日本と日本人の戦後における対中国認識や対アジア認識を決定づける原因となっているのではないか、としているのだ。同時に五味川は、「もし、日本は中国にこそ負けたのであり、中国大陸で負けたからこそ太平洋でも負けたのだということを、事実と実感をもって、全国民的規模で確認していたら、戦後のわれわれの政治・思想運動の状況はいまと非常に違うものになったに相違ないのである」とも指摘する。

　五味川の主張は、「日本は誰に負けたのか」の問いに、「アメリカに負けた」とする安直な解答で、それ以上に深く問うことを回避してきたこと。それは、私たちが歴史から何も学ばなかったに等しい行為として見られることになってしまう、と強調するものだ。まさに歴史を封印する行為という外ない。その封印を解き、そこに埋もれたままの歴史の事実から、あらためて歴史の教訓を引き出す行為によりのなかで、歴史を活かす努力が求められているのである。

　ここから私の結論を言えば、「日本は中国に敗北し、アメリカに降伏した」と言えるのではないか。戦後日本は「アメリカに敗北」したと総括し、そのアメリカから先の戦争を「太平洋戦争」と呼称することを命ぜられた。そこでは、中国を筆頭とするアジアとの戦争（＝対アジア侵略戦争）の歴史事実が歴史認識として希薄化・忘却化されていった。戦後日本は二度と敗戦の憂き目に遭遇しないために、世界最強の軍事国家アメリカに従属する道を選んだ、あるいは選ばされたということだ。

　それでは一体日本は誰に負けたのか、との問いを設定した場合、大方はアメリカと即答する場合が多い。アメリカの絶大な物量と直接的には二発の原子爆弾によって日本は敗北したのだと。昭和天皇による「終戦の詔書」にも「新型爆弾」の威力により矛を収めざるを得ない、とする文面が出てくるのではないかと。

　確かに詔書には、「敵ハ新ニ残虐ナル爆弾ヲ使用シテ　頻ニ無辜ヲ殺傷シ惨害ノ及フ所　真ニ測ルヘカラサルニ至ル」とある。「残虐なる爆弾」とは原子爆弾のことだ。それもあって、日本人の多くは原子爆弾により、敗北に追い込まれたのだと総括する。

　しかし、日本敗北の決定打は中国との長きにわたる戦争により国力も戦力も消耗し尽くした結果、敗北を喫したのではないか。そのことを検証するために、敗戦の翌年1946年９月に財団法人国民経済研究協会と社団法人金属工業調査会が纏めた資料から、数字で示しておきたい[5]。

(2)　日本は中国に敗北を喫した

　対英米蘭戦争が開始された1941（昭和16）年の段階で中国本土に展開した日本軍兵力数は約138万人。これは当時の陸軍動員総兵力数の65％に相当する。その折、日本本土残置兵力数は約56万5000人、全兵力数の27％、そして南方地域には約15万5000人、同じく全兵力数の７％である。

　次いで、1943年の段階で中国本土に展開された日本陸軍動員兵力は約128万人（当時の陸軍動員総兵力数の44％）、1944年段階で約126万人（当時の陸軍動員総兵力数の31％）である。この折、南方地域には約163万5000人（当時の陸軍動員総兵力数の40％）となっている。この段階では中国戦線より南方戦線への投入兵力数が上回っている。

　ところが日本敗戦の年の1945年段階で中国本土に展開された日本陸軍は約198万人（当時の陸軍動員総兵力数の31％）、これに対し南方地域には約164万5000人（同26％）と再び逆転している。南方戦線での戦闘が縮小した訳では決してないが、それを約34万人も多く中国戦線に兵力を投入せざるを得なかったのは、同地の戦闘が一層熾烈さを加えていたからだ。

年を経るごとに日本陸軍総兵力数が増大しているので、数が増えても比率が下がる結果となる。それにしても満州事変（1931年9月18日）から始まる日中戦争は、特に1937年以降継続し、日本軍にダメージを与え続けていたと考えられる。

日本は長期戦となった中国戦線で戦力及び国力の消耗を強いられ、それを弱体化していったこと。最後にはアメリカ軍の戦力及び原爆投下によって敗北を結果する。しかし、その敗北を要因は中国戦線で形成・蓄積された歴史事実を踏まえる必要があろう。

中国戦線への投入兵力数を追ったが、今度は投入した軍事費の中国戦線と南太平洋戦線との比較を追ってみる⁶⁾。

少し遡って満州事変の歳の1931年の陸・海軍省費と徴兵費は合計で4億6129万8000円。これは国家予算14億7687万5000円の31.2％に当たる。それが日中全面戦戦争の1937年には、8倍も増えて32億7793万7000円、国家予算の69.2％となる。さらに対英米蘭戦争が始まった1941年には、125億342万4000円と実に27倍に増える。国家予算の75.7％に相当する。

今度は1941年から1945年迄に中国戦線に投入された軍事費の総額を書き出してみる。

この4年間に中国戦線に投入された軍事費の総額は415億4100万円、同期間に占める軍事費支出の57％、その一方で南方戦線では184億2600万円（同25％）。軍事費支出の面からみても、対中国戦争に事実上の対米戦争であった南方戦線に投入された軍事費の二倍強を投入していたことになる。如何に中国戦線の比重が大きかったかが知れよう。

4　おわりに——アジア太平洋戦争史から何を学ぶのか

「太平洋戦争」の呼称が、日本敗戦後にGHQの通達によってそれまでの「大東亜戦争」に代わり、使用が義務づけられた。既述のように、先の戦争相手国は、アメリカであったことを日米戦争の主戦場であった太平洋に因んで「太平洋戦争」としたのである。そこでは日中戦争の比重を軽減する意図が見え隠れ

していた。そこから、先の戦争が「対米戦争」であるという矮小化を招くことになったのである。

　繰り返し強調するが、日中戦争と対英米蘭戦争（＝太平洋戦争）とは戦場こそ違え、日中戦争の延長として対英米蘭戦争が起きたのだ。これを一つの戦争と捉えることで、この二つの戦場で起きた戦争は一つの戦争であると認識することが必要ではないか。それゆえに、逆から言えば対英米蘭戦争の原因となった日中戦争の占める意味は、頗る大きいことになる。

　この二つの戦争を私は「アジア太平洋戦争」と呼ぶが、大方が「アジア・太平洋戦争」と一括して把握する。それで、この名称が意味するところは、対中国戦争が侵略戦争だとする認識である。今日、多くの日本人に共有されてはいるものだ。しかし、日本のメディアや出版界では、この侵略戦争を否定する内容で書かれる傾向が依然として強い。むしろ有力とさえ言える。大多数の近現代史研究者も侵略説を採るが、政財界のなかには否定ないし否定的な姿勢を崩そうとしない人たちが少なくない。

　これに関連して、『敗北を抱きしめて』の作者として著名なジョン・W・ダワー教授は、日本人の多くは先のアジア太平洋戦争を侵略戦争だと認識しているとしてしながら、「いまのほとんどの日本人もまた、この一五年戦争は侵略戦争だったとみとめている。外国メディアがくりかえし、日本人右翼の見解を強調する結果、日本には戦争にたいする真摯で批判的民衆意識があると想像する余地もなくなってしまう[7]」と活写する。数多の日本人の歴史認識が正しく日本のメディアや出版物に反映されていない、と言うのである。

　勿論、対英米蘭戦争はアジア地域の覇権をめぐるアメリカ、イギリス、そして、日本の帝国主諸国間の戦争だった。中国侵略戦争も帝国主義間の戦争として一括することが必要でもある。日本は満州事変から日中全面戦争までは、欧米諸国間の戦争とは別に、中国を単独で制圧する機会を得て、その後予測された欧米諸国とのアジア地域での覇権戦争に備えようとしたのである。

　その意味で満州事変から日中全面戦争までは、日本帝国主義と中国との二国間戦争であった。日本軍が中国の臨時首都南京を陥落させて以降、欧米諸国の注目する戦争として日中戦争は国際化する様相を呈してきた。ヨーロッパで

は、ドイツの台頭への対応に苦慮していたイギリス・フランスが日中戦争への関心を維持するものの、余力に限りがあり、中途半端な対中国支援に終始した。その間隙を縫って日本は中国本土の完全制圧を試みる。そして、1940年代に入る前後から中国戦線は泥沼化していく。

　その泥沼から這い上がるために、中国支援を強化しつつあった英米蘭との戦争が不可避となった。それゆえ日中戦争は対英米戦争と一対の戦争であり、総じて帝国主義間戦争であったと言える。言い換えれば、日中戦争の延長として対英米蘭戦争が起きたということだ。その意味で、未来の平和を構想するために、取り分け対アジア・対中国との戦争の原因を読み解くことが平和構築のためにも必要不可欠となろう。そして、冒頭で記したように、アジア太平洋戦争の敗北は、戦争国家日本の"総敗北"であったことも。

　歴史を教訓として未来の平和を構想するためにも、アジア太平洋戦争の真実に肉迫することが大切である。真実の探求なくして、真実の平和を実現することも困難なはずだから。

【注】

1) 　この呼称の問題については、纐纈厚「日中戦争八〇年から考える」(『週刊金曜日』第1147号・2017年8月4日号) 及び纐纈厚「アジア太平洋戦争」(由井正臣編『近代日本の軌跡5　太平洋戦争』(吉川弘文館、1995年)) を参照されたい。

2) 　「小倉庫次侍従日記　1941年1月9日の項」『文藝春秋』2007年4月号。

3) 　同上、1942年12月11日の項。

4) 　五味川純平「Ⅱ　精神の癌——日本人と対中国戦争」同『極限状況における人間』(三一書房、1973年)。

5) 　出典は、大江志乃夫編・解説／家永三郎序『十五年戦争極秘資料⑨　支那事変大東亜戦争間動員概史』(復刻版、不二出版、1988年) 243頁〔地域別兵力推移概況のグラフ参照〕。

6) 　出典は、大蔵省財政史室編『昭和財政史』(東洋経済新報社、1955年)。

7) 　ジョン・ダワー〔外岡秀俊訳〕「第三章　愛されない能力」(同『忘却のしかた、記憶のしかた』(岩波書店、2013年) 123頁)。

第**2**章　平和憲法と戦後日本

―――平和憲法をどのようにとらえるか？

飛矢﨑　雅也

1　はじめに

　日本国憲法は、主権者は国民であるという国家理念のもと、戦力不保持・交戦権否認による恒久平和の実現と、すべての個人に対する基本的人権の保障という目的を実現するために、制定された。

　この章では、日本国憲法の目的の一つである「平和主義」を、その歴史的な背景、制定過程、そしてその組み立てを押さえながら理解していく。

　第2節では、戦前の日本の国家構造からGHQによる間接占領形式の採用までを確認し、日本の非軍事化と民主化を目的とした占領改革の性格を理解する。

　第3節では、日本国憲法公布までの経緯を確認し、新憲法公布前後の国民の政治意識と国際世論を押さえた上で、改憲の声が上がるたびに指摘される「押しつけ憲法」論を検討する。さらに第9条が成立した事情を確認する。併せて日本国憲法で初めて憲法保障化された地方自治について述べる。

　第4節では、日本国憲法の平和主義の体系的な組み立てを確認する。また日本国憲法と国際連合憲章との関連性を確認するなど、日本国憲法を世界史の中で理解する。そして沖縄の現実にも触れながら、平和憲法を護る以上に実行する重要性を確認して、憲法の現代的意義とその平和創造の可能性を考える。

2　降伏と占領

　1945年8月15日、大日本帝国は連合国に降伏した。鈴木貫太郎内閣は総辞職し、17日東久邇宮稔彦内閣が成立した。抗戦を主張する軍を皇族の名で抑えるとともに、その権威による国民への統制力が期待されての組閣であった。

　東久邇宮は、組閣の後「国体護持といふ一線は対外交渉の最後の線であると共に、国民指導の基本方針である」（「朝日新聞」45年8月17日）と主張し、政府の最大の関心が国体、すなわち天皇の統治大権の護持にあることを示した。

　8月30日マッカーサーが厚木飛行場に到着し、9月2日米戦艦ミズーリ号上で日本の全権団で降伏文書に調印した。この時から国際法上の対日占領は始まった。

⑴　間接占領形式の採用

　こうして始まった対日占領の実質は、米軍の単独占領であった。当初、米国政府における対日政策立案機関 SWNCC（国務省・陸軍省・海軍省三省調整委員会）は、45年6月には「降伏後における米国の初期の対日方針」（SWNCC150文書）において、非軍事化・民主化政策の具体案を決定していたが、そこでは天皇の権限を停止した上での直接軍政が意図されていた。

　しかし日本のポツダム宣言受諾により、天皇制を存置した上での間接占領に転換した。8月29日、「天皇制は支持しないが利用する」という米国の方針が、SWNCC150／3文書としてマッカーサーに内示された。ただし、この時点で天皇個人の処遇については未定であった。

　こうした中、9月27日第1回天皇・マッカーサー会談が米国大使館で行われた。この会談の記録は公表されていないが、会談に関する諸資料を丹念に検討した松尾尊兊によれば、ここで天皇は自己の責任を認めつつ、実際には対米開戦問題に対する釈明を行ったとされる。この会見を受けてマッカーサーは、昭和天皇を対日占領の協力者とすることに決めた。

　このマッカーサーの決定には、会見当時のマッカーサーの直面していた状況

が関わっていた。会見 3 日前の 9 月24日のロンドン外相会議におけるソ連外相モロトフのマッカーサー批判や、ワシントンの意向を無視するマッカーサーの言動に対するトルーマン大統領の激怒により、会見当時、天皇ばかりでなくマッカーサー自身も、危機的もしくはきわめて不安定な状況に直面していた。

　したがって、外からのあらゆる干渉を排して、その絶対的権限を維持しながら自らの占領政策を円滑かつ急ピッチで実施していく上で、「政治的道具」としての天皇の重要性が改めて強く認識されていたのである（豊下 1990：82-83）。こうして、マッカーサーによる「天皇の利用」と天皇による「占領協力」が一致し、天皇制を存置したままの日本の民主化の方向性が決定したのであった。

(2)　初期占領政策

　ところで、東久邇宮内閣の山崎巌内相は10月 3 日付の米国紙での談話において、特別高等警察の廃止と治安維持法の廃止を否定する言明をした。この発言は東久邇宮内閣が戦時体制を残存させた内閣であることを印象付けた。GHQ（連合国軍最高司令官総司令部）はただちに 4 日、①天皇・皇室・政府に関する自由な討議の保障、②政治犯人の即時釈放、③思想警察その他一切の類似機関の廃止、④内務大臣および警察関係の首脳、その他日本全国の思想警察および弾圧活動に関係ある官吏の罷免、⑤市民の自由を弾圧する一切の法規の廃止ないし停止、を要求する「政治的市民的及び宗教的自由に対する制限の撤廃に関する覚書」（自由の指令）を発した。この覚書は戦時体制だけでなく戦前以来の支配体制を支えてきた全治安法体系と弾圧機構を解体させ、憲法の全面的改変を必然化するものであった（松尾 1993：31）。東久邇宮内閣がこれを拒絶して即座に総辞職した（10月 5 日）ことは、政府に与えたその衝撃の大きさを物語っていよう。

　日本政府側は、政治的自由を全面的に国民に付与する改革に対応することができなかった。戦時体制を解除して平時の状態に戻すことが民主化であると考えていたのである。東久邇宮の後任には、親英米派の中心と目されたかつての外相幣原喜重郎に大命が下った（10月 9 日）。

　10月11日には幣原新首相に対して口頭で五大改革指令が伝えられ、併せて自由主義に基づく新憲法の制定が示唆された。五大改革指令とは、①婦人参政権の付与、②労働組合結成の奨励、③教育の自由主義化、④秘密審問司法制度の撤廃、⑤独占的経済機構の民主化を内容とする。

　以後、矢継ぎ早に実施された占領改革には、社会の平準化を推し進めた社会改革としての性格があった。これによって経済的には階層間の所得再分配が実現され、政治的、社会的には国民の権利の範囲が拡大された。実現された所得と法制度による生活保障は、戦後における国内市場拡大の歴史的前提になった。これを推進したのはGSと呼ばれた民政局であったが、彼らはかつて米国本国でニューディール政策を担った者たちであり、初期対日方針には彼らの政策が濃く反映されていた。

　そして以上のような自由民主主義的改革の中で、マッカーサーが最も重視したのが、新憲法の制定であり、これは初期占領政策のいわばピークをなしていた。

3　日本国憲法の制定

　新憲法に関しては、当初のGHQの方針では日本政府による自力作成が望まれていた。東久邇宮内閣の副総理だった近衛文麿にマッカーサーが憲法改正を示唆した時から始まって、その作業は日本政府内と民間の双方で進められた。その後に近衛を戦犯容疑者と見る声が上がると、GHQは新憲法制定に近衛が関わることの正当性に疑問を投げかけ始め、結果的に政府側の憲法を改正する主体は憲法問題調査委員会（松本烝治委員長）だけとなった。

　他方、政府の作業と同時に民間においても独自に憲法草案が作成された。日本労働運動の開祖高野房太郎を実兄として持ち、自身も無産運動の育成と統一に尽力してきた高野岩三郎大原社会問題研究所長が、学者・評論家約10名を集めてつくった憲法研究会による「憲法草案要綱」（1945年12月27日公表）の起草である。

　この「要綱」の特色の一つは、冒頭に「日本國の統治權は日本國民より發

す」と国民主権を明記し、「天皇は國政を親（みずか）らせず國政の一切の最高責任者は内閣とす」「天皇は國民の委任により専ら國家的儀礼を司る」とされたことである。君主制と国民主権を併存させる構想はGHQによって着目され、現在の象徴天皇制を採る日本国憲法に取り入れられた。二つは、男女の平等、民族人種による差別禁止など平等についての規定が多かったことである。三つは、「国民は健康にして文化的水準の生活を営む権利を有す」など、社会権を設定したことである（「朝日新聞」45年12月28日）。これは具体的に日本国憲法第25条として取り入れられた。このように、憲法研究会案は後述するGHQの憲法草案に強い影響を及ぼした。

　これに対して、松本烝治憲法問題調査委員長が年末の議会で公表した改憲方針は、①天皇が統治権を総攬するという大原則には変更を加えぬ、②議会の権限を拡充し、逆に天皇の大権事項を縮小する、③国務大臣は国政すべてについて議会に対し責任を負う、④人民の権利と自由を法律によらないで制限できないものとする、の四原則であった。公表された方針の肝は、天皇大権を維持することにあった。そして天皇の大権を維持したままであっても、その事項が縮小されれば民主主義と両立することは可能であると考えられていたのである。そこには、民主主義の原理が人民主権にあり、それと天皇大権とは根本的に相容れぬものという認識はなかった。

　46年2月1日にスクープされた政府の憲法改正草案を見たGHQは、日本政府は占領政策の意図を理解できておらず、新憲法をつくる能力がないものと判断した。そのため、マッカーサーは日本政府の自主性に期待する姿勢を改め、3日にはみずから草案の必須要件として、象徴天皇制、戦争放棄、華族制度の廃止と英国型予算制度の採用を記した、いわゆるマッカーサー三原則を示したノートをホイットニー民政局長に手交し、草案作成を命じた。

　翌4日から民政局は憲法研究会案なども参考にしながら作成作業に取りかかり、ホイットニーをトップとしケーディス大佐（行政課長）、ローウェル中佐（法規課長）らを中心とする民政局会議は、2月10日憲法草案をまとめた。そして13日には吉田茂外相と松本憲法担当相にGHQ草案を提示した。その後日本政府側とGHQの間で数回の修正が行われ、3月6日に憲法改正草案要綱（案）

が完成、第90回帝国議会で審議・修正されて10月7日に成立した。そして11月3日の公布を経て、翌47年5月3日に施行された。

⑴　押しつけ憲法？

　さて、新憲法は以上のようなプロセスを経て成立したが、そうした一連の過程を取り上げて、日本国憲法をマッカーサーとGHQによる「押しつけ」だとする批判が、今日においても憲法改正を唱える動きの中に存在する。GHQ憲法草案が1週間で作成され、日本政府代表に押しつけられたことは事実である。だがそれは既述の通り、日本政府の代表者らが大日本帝国憲法の枠から出られず、旧態依然たる保守的憲法観から脱却できなかったことに原因があった。その経緯を押さえておきたい。

　46年1月11日、米国政府は「日本の政治組織の改革」に関する政策書SWNCC228をマッカーサーに送った。そこには日本人の自発性によって憲法を制定するように奨めてあった。なぜなら占領軍によって与えられた憲法では、その価値、効果が半減するからであり、後日改正の根拠にされる恐れがあったからである。マッカーサーは自らの手で憲法を改正することを一旦は断念した。しかし幕僚たちはそれに抗して、日本政府に憲法改正案の提出を命じた。それは改革の不徹底な日本案が発表されれば、GHQの民主化政策の不徹底さを追及される恐れがあったからである。

　2月26日には連合国の対日管理政策の決定機関である極東委員会の開会が予定されていた。極東委員会は前年暮にモスクワ外相会議で設置が決まっていた。実質的に米国の優位が得られる仕組みになっていたこの委員会でも、ただ一つ憲法問題の指令だけは事前協議と意見の一致が必要とされた。そこでは占領政策への批判や天皇制に対する論議も予想された。したがって米国はこの日までに既成事実をつくっておく必要があり、同時に天皇制も維持することを決めたかった。既述のように、マッカーサーは占領政策を遂行するために天皇を利用するつもりであって、1月25日にはアイゼンハワー参謀総長に天皇を戦犯から除外すべしと勧告して、これは米国政府の方針となった。

　GHQの催促を受けて政府は1月29日の閣議で初めて憲法改正案を取り上げ

た。松本国務相はそこで展望を述べ、2月10日頃改正案を GHQ に提出して、4月の特別議会に改正案を乗せたいとした。ところが2月1日に「毎日新聞」がこの試案をスクープした（「日本の将来はこうなる　日本政府の構想」）。

　これを読んだ GHQ はこの試案では到底受け入れがたいと判断し、さらに日本政府と議論していたのでは予定されている極東委員会の初会合に間に合わないと見てみずから憲法草案を作成することに決めたのである。

　民政局は、鈴木安蔵や高野岩三郎らによる憲法研究会草案（その第3次案は45年12月26日に日本政府や GHQ に提出されていた）なども参考にして、憲法草案の起草を進め、2月13日に松本国務相と吉田外相に GHQ 憲法草案を手交した。そしてその時ホイットニー民政局長は、松本案は到底受諾できないと告げ、この案を考慮して改正憲法をつくることを要求した。さらに「『そういう憲法ができない限りは天皇の個人についても保障できない』とつけ加え」（住本1965：97）、もし政府が拒否するなら、みずからの手で国民に示すし、また保守派が政権に留まることも許さないと明言した。

　驚愕した日本政府は、GHQ 草案を国情にそぐわないとして、先に政府が提出していた憲法改正案を再度説明したが一蹴された。政府案は日本政府が受諾したポツダム宣言第10項（「日本国政府ハ日本国国民ノ間ニ於ケル民主主義的傾向ノ復活強化ニ対スル一切ノ障礙ヲ除去スヘシ」）に反し、国際的な世論の期待に応えるものではなかった。また民政局は GHQ 案を日本政府が拒否しても、日本国民は GHQ 案を支持するだろうと確信していた。それについては芦田均も、「若しアメリカ案が発表せられたならば我国の新聞は必ずや之に追従して賛成するであろう、其際に現内閣が責任はとれぬ」（芦田1986：75-76）と書いている。

　要するに、押しつけられたのは日本政府であって、日本国民ではなかった。この時日本国民が拒否したにもかかわらず、GHQ が無理やり押しつけていたならば、正真正銘の押しつけになったであろう。加えて日本国憲法が世界的な注視の下にあったことも忘れてはならない。GHQ もファシズムの再現に反対する国際世論の圧力の下にあった。日本国憲法は単に一国の最高法規であるに止まらず、国際社会に対する新生日本の約束でもあったのである。

⑵　第1条と第9条

　日本国憲法は主権在民、象徴天皇制、戦争放棄、基本的人権の保障、国権の最高機関としての国会、議院内閣制、思想・信教・表現の自由などを認め、さらには地方自治に関する規定を置くなど、大日本帝国憲法とは大きく異なるものとなった。その中でも戦争放棄は、世界的に見ても新憲法を特色あるものとしている。そこで次にここでは、その第9条が成立した事情を確認したい。

　敗戦当時、日本人が最大の関心を払っていたのは、国体、すなわち天皇制の存続についてだった。敗戦直後の政治変革に関する議論のほとんどは「国体」論であったし、憲法についてもどのような憲法を制定するべきかという議論としてよりも、国体をどうするのかという天皇制の可否をめぐる議論として展開した。憲法公布の日の対談で憲法担当の金森徳次郎国務相は「国民から手紙がきますが、大体の気持ちは天皇制が確実な基礎の上に憲法に折り込まれたといふところに最大の満足をもつてゐる、そのほかの点はほとんど批評してきませんよ」（「読売新聞」46年11月4日）と述べている。そして帝国議会で論議された焦点は何よりも「国体が変革されたかどうか」であり、金森国務相はこの問題で実に1365回の答弁に立った（住本 1965：115）。このように、天皇制こそ改憲問題の焦点であった。

　しかし天皇制の存続に対する国内の支持とは反対に、天皇に対して国際世論は厳しかった。46年の米ギャラップ世論調査では、何らかの形で天皇裕仁の処刑・処罰を望む声は7割を超えていた。中国・フィリピンなどアジア諸国やオーストラリア、ニュージーランドでも軍事裁判で天皇を訴追すべきとする声が強かった。とりわけ戦争被害国においては、天皇制を戦後に存続させれば、再び天皇を中心にして軍国主義が台頭するとの警戒があった。

　したがって国際世論の警戒を解くため、天皇を残すとしても、政治的実権なき儀礼的君主としてのみ存続させるだけでは足らず、いわばバーターで戦争放棄を憲法で誓うという形を取らざるを得なかった。要するに、天皇制存続（第1条）と戦争放棄（第9条）は硬貨の表と裏の関係だったと言える。これによってようやく、象徴天皇制は国際的にも認知され得たのである。

　したがって第1条と第9条のこうした不可分の関係を考えれば、もし第9条

を改正するならば、第1条も改正しなければならないと言えるだろう。それに気がつかないのは、世界に対してアジア太平洋戦争がもった性格と戦争に対する国際世論への視点を欠いた内向きの姿勢である。

(3)　地方自治の憲法保障化

　　第二章の戦争の放棄と並び、大日本帝国憲法にはない日本国憲法の主な規定は、第八章の地方自治である。

　　リンカーンの有名な言葉を借りれば、民主政治とは「人民の人民による人民のための政治（"Government of the people, by the people, for the people"）」である。せんじ詰めれば、自分のことは自分で決めるという自己決定を社会に敷衍して、自分たちのことは自分たちで決めるということである。したがって議員を選挙しての間接民主政治は次善であって、直接民主政治が最善であると言える。その意味において、地域に関することは地域に住む住民自身の意思で決定するという地方自治は、民主政治の基本であり、出発点であり、「地方自治は民主政治の学校である」（ジェームズ・ブライス）と言われる所以である。GHQの占領政策において民主化と非軍事化はセットであったが、日本の軍国主義を解体するために民政局で新憲法の起草に当たった人々は、「民主政治の学校」として地方自治を重視したのである。

　　これに対して、松本委員会は新憲法を大日本帝国憲法の手直しで十分であると考えていたので、地方自治の規定を置くことなど全く考えていなかった。日本国憲法の制定過程で地方自治のあり方について真剣に議論したのは、民政局地方行政課にいた米国軍人たちであり、地方行政課長セシル・ティルトンと府県係長ハワード・ポーターは、地方自治を憲法に盛り込むことを強く主張した。また、首長を直接公選し、議会と並び立たせるいわゆる二元代表制の導入を行った。天皇制やそれと関わって敷かれた間接統治との関係から継続された中央政治の議院内閣制と異なって、地方政治は住民が首長・議員を直接公選する二元代表制を採ることによって、地方政府を「身近な政府」とし、タウンミーティングから出発する「民主政治の学校」を強化、実現しようとしたのである。

このように、大日本帝国憲法の下で法律による保障に過ぎなかった地方自治を国民の権利として憲法保障にまで高めたところに、日本国憲法のもう一つの画期的な意義があった。

4　平和憲法をどのようにとらえるか？

(1)　日本国憲法の平和主義

新憲法は「主権在民」「基本的人権の尊重」「平和主義」の三大原理に基づき、一つの立体的な建物のように体系的に組み立てられている。そしてそうした体系性は平和主義にも認められる。

平和学によれば、「平和」には二種類ある。一つは消極的平和であり、もう一つは積極的平和である。前者は行為主体が存在する個人的暴力の不在を、後者は行為主体が存在しない構造的暴力の不在を意味する。平和概念をこのように区別することによって、平和学はそれまで主に戦争や政府の軍事的な抑圧などの無い状態を意味していた平和の概念を、社会構造に起因する貧困、飢餓、抑圧、疎外、差別等にまで広げた。

この平和概念に基づけば、日本国憲法第25条は積極的平和について想定しているということが分かる。平和が保障されるためには人々が飢えたり、差別されたりすることなく、安心して生活することができなくてはならない。生活が不安定になるとそれに対する不満が高まる。そうすると、そうした不満を解消してくれそうな強い指導者を求める機運が高まって強権的な政治が行われやすくなる。そしてその場合、とかく指導者達は問題を国内的に解決しないで対外的な不安を煽り、国民の目を問題の本当の解決から逸らそうとする。そうした結果、不満は他国に対して向けられ、最悪の場合は戦争となる。そう考えると、日常において人々の生活が保障されていることが、平和を実現するために大切であることが理解できよう。

そのことを条文化したのが、国民の生存権と国の社会的使命を定めた第25条なのである。いわば第25条は平和主義の原理を現実に保障するための条文であるといえよう。第9条と第25条は二つとも、旧憲法にはない新しく盛り込まれ

た条文であり、両者相俟って日本国憲法の平和主義を構成しているのである。

　そして同じく旧憲法になく新憲法に設けられた第八章も、憲法の平和主義を保障する重要な部分である。戦前の中央集権的な国家体制は政府が暴走した際にそれを牽制抑止する仕組みがなかった。それに対して新憲法では地方自治に関する規定を置くことにより、地方政府による中央政府に対する牽制を可能とし、中央政府と地方政府との間にバランスをつくり出すことで、権力の集中を阻止しようとした訳である。これによって中央の専制を抑制し、民主主義体制を擁護することができる。そうして、日本の民主化と非軍事化を確実なものとし、併せて戦後日本国家の平和主義の礎とした。

　米国は連邦政府以前に州政府があり、州政府成立以前から地域社会があるなかで、人工的自覚的に国家形成を行った国である。日本では「独立戦争」と意訳されたアメリカ独立戦争も米国人は「Revolutionary War 革命戦争」もしくは「American Revolution アメリカ革命」と呼ぶ、そこをゼロ地点として発生した実験国家である。それは「地上に完全なる民主主義を出現させる」という実験である。そしてその理念は、古代ギリシャの都市国家における市民集会であって、タウンミーティングとしてそれは具体化した。

　それだから、「必要なときにはいつでも立ち上がり、自らの意志を表明する」ということ。自分の考えをきちんと言葉で説明すること。それに加えて、意見が違う他者とも言葉を交わし、討論して解決策を探っていくこと。これらの行為の実践を、幼いうちから米国市民は求められる。そして長じては、市民権をもつ者の全員が等しくその権利を行使して政治にも関与していく。こんな意識や態度が、ごく日常的なものとして市民生活の一部となっている。

　そうした考え方が、地方自治は「民主政治の学校」であるという考え方に表現されて、戦後日本の民主化の梃子にしようとして持ち込まれたのである。

⑵　国際連合憲章と日本国憲法

　さて、このように制定された日本国憲法は当時の国際情勢とも密接な関係をもっていた。初期占領政策においてマッカーサーが前提としていた安全保障観は、国是を日本国憲法第9条が謳う「平和国家」の理念におき、対外政策の基

本方針を中立主義として、その現実的な可能性を国際連合の成立に見ていた。

　実際、国際連合憲章と日本国憲法は、大戦への反省と人間の尊厳の尊重という点で一致していた。また両者とも平和への考え方として、武力行使を全面的に否認する立場を採っている。すなわち、国連憲章は平和を守る手段として集団安全保障を提唱し、国際紛争の解決に武力を用いることを否認していた。

　軍備と戦争は必ず自衛という形で現れる。国連が世界の恒久平和のために集団安全保障の体制を取るということは、集団的自衛権はもちろんのこと、各国の個別自衛権をも基本的に否定する立場であることを示している。将来的には世界から軍備をなくしていくことを目指しているのである。したがってこうした国連の示す道筋を一国の憲法として体現したものが、日本国憲法第9条ということになろう。第9条は最も先進的にこうした国連の目標を実践しようとするものであったと言える。逆に、第9条の文言が現実性をもっているのは、軍備がなくとも国家の安全が保障されるという、国連機構の存在に基づいている。

(3)　人的つながり

　さらに国連憲章と日本国憲法との間には人的つながりもあった。GHQ民政局は法学者集団であり、日本国憲法は当時の最高水準の法学的英知を結集したものであった。例えば、ホイットニーは法学博士である。また日本国憲法は民政局次長のケーディス大佐が中心となって起案したとされているが、彼はハーバード大学大学院で学び、ルーズベルト大統領のニューディール政策を担当している。民政局に配置された優れた法学者の一人だった。

　一方、国連憲章を起案したのは米国務省特別政務室長のアルジャー・ヒスだが、彼もケーディスと同じ年（1926年）にハーバート大学法科大学院に入っているから同級生である。ニューディール政策で政府機関入りしているのも共通だから、年来の同僚ということになる。ヒスはヤルタ会談からサンフランシスコ会議で事務局を率い、国連憲章を起草しただけでなく、国連の枠組みも彼の手によるところが大きい。国連の生みの親とも言える。国連憲章と日本国憲法はこうした人的つながりからも密接な関係があるのである。

⑷　憲法を活かすこと

　冷戦終結後の現在はグローバル化が進む世界である。冷戦という障害がなくなり、大戦の反省に立って目指された理念が活かされうる環境とも言える。戦後の日本は、軍事を捨て経済に特化するというモデルを採用した。その結果、グローバリズムが進化し、経済の相互依存性が高まる中で、このいき方が自国の安全を確保する手段となっている。国連の精神と共通する第9条を軸とした外交を繰り広げることによって、日本はきたるべき国際社会のモデルとなることができると言える。

　それにあたって見過ごすことのできないのが、国内特に沖縄の現実と憲法理念との乖離である。71年に沖縄が返還された時、沖縄県民が求めたことは「平和憲法下への復帰」だった。しかしその内実は、返還の実施と同時に日米安全保障条約を適用して現存の米軍基地はそのまま保持し、むしろ自衛隊の防衛負担による基地機能の強化を意図したものであった。とりわけ、岸信介政権が強行した60年安保改定の際に「日米行政協定」を改めて継承した「日米地位協定」は沖縄を苦しめている。

　日本の平和時においても米国の軍事組織を駐留させるという異常な状況において、地位協定は、米国の国益の保護と米兵が相手国の法で裁かれるのをいかに避けるかという立場から作られている。沖縄の現実は、"基地のない島"を願う沖縄の人々の求めてきた復帰像と大きく食い違っているのである。したがって、その克服が字義通りの「平和憲法下への復帰」として成し遂げられるのならば、それは私たち市民による「平和創造」へとつながる道となるであろう。

　国連憲章は28年のパリ不戦条約における戦争違法化の理念の上に起案されたが、世界が不戦時代へ進んでいることは今や国際政治における共通認識である。それを考える時、悲惨な戦争の惨禍から生まれた平和憲法の理念を内においても外においても活かしていくことは、今一層「専制と隷従、圧迫と偏狭を地上から永遠に除去しようとしている国際社会において名誉ある地位を占め」（日本国憲法前文）ることではないだろうか。日本国憲法こそ、戦争で得た最高の財産であると考え、現実にこれを活かす道を探っていくべきであろう。

〔参考文献〕

芦田均（1986）『芦田均日記　一』岩波書店

伊勢弘志・飛矢﨑雅也（2017）『はじめての日本現代史』芙蓉書房出版

小西德應ほか（2020）『戦後日本政治の変遷——史料と基本知識』北樹出版

住本利男（1965）『占領秘録』毎日新聞社

豊下楢彦（1990）「『天皇マッカーサー会見』の検証」岩波書店編集部編『昭和の終焉』岩
　　波書店

松尾尊兊（1993）『国際国家への出発』集英社

第**3**章　憲法・教育基本法と平和教育

―― その「原点」と「現点」

三上　昭彦

1　第2次世界大戦の未曽有の戦禍と恒久平和の希求

⑴　第2次世界大戦の特質と未曽有の惨禍

　20世紀の前半期にひき起こされた二度の世界大戦、とりわけ第2次世界大戦は、それまでの戦争の性格と様相を一変させた。1939年9月のヒトラー・ドイツ軍のポーランド侵攻により始まった第2次世界大戦は、三国同盟国のイタリア、日本もあい次いで参戦して一挙に世界化し、ファッショ的枢軸国（ドイツ・日本・イタリアなど）の侵略に対抗する連合国（アメリカ、イギリス、フランス、ソ連、中華民国など）という構図となり、平和と民主主義、自由と人権を守るための反ファシズム戦争という基本的性格が形成されていった。

　総力戦となった大戦は、世界のほとんどの国を巻き込むとともに、多くの都市への無差別爆撃、捕虜や民間人の虐待や虐殺、ユダヤ人の組織的大量虐殺（ホロコースト）、広島・長崎への原爆投下など数々の大量殺戮をもたらし、戦禍は広域に及び甚大かつ凄惨なものとなった。戦争による死亡者（概数）は、日本の310万人を含め、世界では少なくとも5000万人とされており、一般市民の犠牲者が兵士のそれを上回る未曽有の事態となった。

　とりわけ日本の降伏直前に米軍により広島と長崎に投下された二発の原子爆弾は、一瞬のうちに市街を潰滅させ、その年末までに20万人以上の人々を熱線と爆風と放射能によって死に至らしめ、かろうじて生き残った被爆者もその後長期にわたって様々な原因不明の後遺症や差別に苦しめられた。それは核戦争の恐怖をともなった核時代のはじまりであり、核兵器の廃絶と世界平和の実現

に向けた新たな重く困難な課題を人類に突き付けたのである。

(2)　国際平和と国際紛争の平和的解決に向けて——国連の結成と国連憲章

　第1次世界大戦後においても、その甚大な戦禍の反省を踏まえて、国際連盟の創設（1920年）や「不戦条約」（1928年）が結ばれ、国際紛争の平和的解決や軍備縮小がめざされ、さらに「戦争の放棄」が約束されたが、第2次世界大戦を防ぐことはできなかった。その失敗の教訓を踏まえて、大戦末期の1945年6月26日、連合国50ヶ国の代表は新たな普遍的な国際機構である国際連合（国連）の結成に合意し、国際連合憲章（国連憲章）に署名した。

　国連憲章はつぎのような前文から始まっている。「一生のうちに二度まで言語に絶する悲哀を人類に与えた戦争の惨害から将来の世代を救い、基本的人権と人間の尊厳と価値、大小各国の同権などを確認し、国際平和及び安全を維持するために、共同の利益の場合以外は武力を用いず、すべての人民の経済的及び社会的発達を促進するために、努力を結集することを決定した」（要旨）。なお、その時点では世界はまだ原子爆弾の出現とその恐るべき破壊力を知らなかった。

　国連の最大の目的は、「国際平和及び安全の維持と国際紛争の平和的手段による解決」であり、加盟国は「武力による威嚇又は武力の行使」を慎み、国際紛争は国際法の原則に従って平和的に解決すべきことが規定された。総会に次ぐ最重要な機関として米・英・仏・ソ・中の五大国を「拒否権」を持つ常任理事国とする「安全保障理事会」が設置され、加盟国への武力攻撃に対しては国連軍による集団的措置（侵略阻止）をとるとされた。しかし特定の大国（軍事大国）にのみ「拒否権」を認めたことは、「各国の同権」を謳う憲章理念に矛盾し、その後の適切有効な活動に大きな問題を生じさせて今日に至っている。

　国連のもう一つの重要な目的は、各国のすべての人々の人権と福祉の尊重・保障・促進をめざした「国際協力」である。従来、各国の「国内事項」とされてきた人権や福祉の諸問題に、国際社会が積極的に関与協力する仕組みが構築されたのである。主な担当機関として「経済社会理事会」（その後「人権理事会」も新設）が設置され、歴史的な「世界人権宣言」（1948年12月）を皮切りに「国

際人権規約」など多くの人権条約が採択されていく。また、専門機関としてユネスコ、ユニセフ、ILO、WHO などが逐次設置されたことは重要である。とりわけユネスコは、その憲章（45年11月）に「人の心の中に平和のとりでを築かなければならない」と謳い、国連と共に国際理解教育、平和教育・軍縮教育、人権教育、環境教育などの推進で中心的な役割を果たしてきたのである。「敵国」であった日本の国連加盟が承認されるのは56年12月であるが、ユネスコへは51年7月に加盟が認められ、戦後国際社会への復帰の契機となった。

(3)　戦争放棄・戦力不保持の明文化——日本国憲法とドイツ州憲法

　　第2次世界大戦直後に制定された各国の憲法は、大戦の惨禍や国連憲章を背景にして、ほぼ共通して「侵略戦争の放棄」に言及している。なかでも連合国に無条件降伏しその軍事占領下におかれた日本とドイツでは、すべての戦争と戦力を放棄するというさらに徹底した憲法が制定されたことは注目される。

　　事実上米軍の単独占領下に置かれ日本では、マッカーサーの率いる GHQ の厳しい管理下で、ポツダム宣言の諸条項に従い軍国主義と極端な国家主義を一掃し、平和的かつ民主的な国家・社会の再生を義務づけられていた。天皇主権と神話的国家観を理念として、民主主義と人権を抑圧してきた大日本帝国憲法（旧憲法）の抜本的な改革は不可欠な課題であった。しかし「国体護持」に汲々としていた日本政府は、新憲法を制定する意思も能力もなかった。その結果日本国憲法は GHQ 草案に基づいて旧憲法の「改正」という手続きで制定されたが、国民主権、恒久平和、基本的人権の尊重を基本原理としたまったく新しい内容のものである。最大の特徴は前文と第9条に謳われている徹底した非武装平和主義である。前文では、「全世界の国民が、ひとしく恐怖と欠乏から免かれ、平和のうちに生存する権利を有すること」を確認し、第9条は、「国権の発動たる戦争」と「武力による威嚇又は武力の行使」を永久に放棄し、戦力保持と国の交戦権は認めないと規定している。こうした非武装平和主義を明記した憲法は世界にも例がなく、「世界史的な意義」を有するものであった。

　　ところで戦争放棄（第9条）の発案者については、「マッカーサー説」と「幣原喜重郎説」などがあり、今日においてもなお論争が続いている。「幣原説」

を最初に公言したのは他ならぬマッカーサーである。彼は帰国後の米議会上院の軍事外交合同委員会の聴聞会での証言（1951年5月）、高柳賢三（憲法調査会会長）への返信書簡（58年12月）や自著『マッカーサー大戦回顧録』（64年）などで、「日本国憲法の戦争放棄条項は、1946年1月24日の会談で幣原首相により提案された」との「幣原発案説」を繰り返し明言しているのである。

　他方、幣原はこの「事実」について生前には公言しなかったが、死去する直前にその詳細を側近に密かに語っていた。聞き取り役であった平野三郎（衆議院議員）が後日公表した「文書」（64年）には、幣原がマッカーサーとの秘密会談で、「象徴天皇制と戦争放棄を同時に新憲法に規定し、マッカーサーの命令の形にすること」を提案したことなどが詳細に記されており、上記のマッカーサーの証言とも一致している。笠原十九司『憲法九条と幣原喜重郎』（2020年）は、それまでの諸説と論争を関係史資料・文献を歴史家の目で網羅的かつ丁寧に検証して「幣原発案説」を結論づけており、一読に値する労作である。

　注目されることは、連合国の分割軍事占領下に置かれたドイツにおいても、同じ頃に制定された西側の複数の州憲法には、「戦争放棄と武力不保持」が規定されたことである。中でもヘッセン州憲法（1946年）では、「戦争は放棄される。戦争を準備する意図から行われる行為は、総て憲法違反である」（第69条）と明記されている。最初の草案提案者は隣州憲法準備委員会メンバーのカルロ・シュミット（社会民主党・法学者）である。提案の背景には大戦が人間の尊厳と価値を打ち砕く悲惨な結果をもたらし、しかも核戦争の時代に入った今こそ、「政治の手段としての戦争」に終止符を打つために、ドイツは先駆者の役割を果たすべきであるという強い思いがあったとされる（宮本1988：1991）。

　第2次世界大戦の直接的な戦争責任を負う日本とドイツにおいて、国の憲法と州の憲法というレベルやその経緯の違いは看過できないが、大戦の教訓を踏まえて、核戦争の脅威から人類を救う「現実的な施策」として「戦争放棄と武力不保持」が憲法規範として明記された事実とその歴史的、今日的な意義は、その直後に始まる東西冷戦期および90年代以降のポスト冷戦期での複雑な展開過程を含めてあらためて検討される必要がある。

2　平和教育の原点・支柱としての憲法・教育基本法

(1)　天皇制教学体制から憲法・教育基本法体制への転換

　戦後日本における平和教育の原点と支柱は憲法と教育基本法である。旧憲法と教育勅語に代わって制定された二つの基本法の概要と意義をまず確認しておきたい。

　天皇制教学体制ともいわれる戦前日本の公教育体制は、一言でいうなら、「国家による、国家のための、国民教化の装置」であった。旧憲法（1889年）に規定された日本国家とは、「万世一系ノ天皇之ヲ統治ス」（第1条）とあるように天皇主権の国家であり、国民は「現人神」たる天皇（第3条）の「臣民」として位置付けられ、統治される対象であった。天皇は、「国ノ元首トシテ統治権ヲ総攬シ」（第4条）、立法権、独立命令（勅令）権および陸海軍の統帥権などの諸権限を一手に掌握する政治的・軍事的権力の体現者でもあった。さらに天皇は、教育勅語（1890年）に見られるように、国民道徳と国民教育の根本を指し示す精神的価値の体現者でもあった。教育勅語では、臣民が守るべき最も重要な徳目は、〈天皇と国家のために命を捧げること〉とされたのである。全文わずか315字の小文であったが、“天皇陛下のお言葉”として、一切の疑問や批判は許されない超法規的、絶対的な教育理念として教育界を支配した。

　教育勅語は、特に義務教育である小学校教育を通して絶大な影響力を発揮した。修身や国語、歴史・地理などの授業と学校儀式などを通して、くり返し子どもの脳髄と心に奥深く注入され、ひいては日本人の精神形成に絶大な威力を発揮した。半世紀余にわたって戦前の教育理念の頂点に君臨し、教育界と国民の精神を支配した教育勅語の呪縛は、敗戦後も容易には解かれなかった。

　国民主権・基本的人権の尊重・恒久平和を基本原理とする新憲法の審議が進むなかで、教育勅語に代わる新憲法の精神にそった新しい教育理念を、主権者である国民の総意を反映した「教育根本法」として明らかにする方向がようやく確定する。教育基本法の草案は内閣に設置された教育刷新委員会の自主的な論議のなかで練り上げられ、最後の帝国議会で審議・制定された。GHQ草案

に基づいた新憲法の場合とは異なり、基本的には“純日本製”であった。しかし、「教育勅語は間違ってはいない」、「教育基本法と教育勅語とは矛盾しない」などといった見解が文部大臣や政府関係者からしばしば表明されことから、1948年6月19日、衆参両議院は、教育勅語等の「排除決議」（衆院）、「失効確認決議」（参院）を採択し、「（その）根本理念が主権在君並びに神話的国家観に基づいている事実は明かに基本的人権を損ない且つ国際信義に対して疑点を残すもとになる」（衆院）として、それらとの訣別を宣言したのである。

⑵　「教育憲章」「教育憲法」としての教育基本法の制定

　教育基本法（1947年3月）は、敗戦とそれに続く外国軍隊の占領、廃墟と飢餓、従来の価値観と教育観の崩壊のなかで混迷を深めていた教育界に、教育勅語に代わり、新たな戦後教育の理念と原則を明示したものであった。

　教育基本法は前文と11条からなる理念的な法律であり、新憲法の精神に則った新たな教育の理念と方針および教育制度の原則を明らかにした「教育憲章」「教育憲法」ともいうべき性格をもっていた。前文では、憲法の理想の実現は「根本において教育の力にまつ」として、その重い課題を担う国民を形成する新たな教育の格別な重要性を強調している。新たな教育とは、「個人の尊厳を重んじ、真理と平和を希求する人間の育成」とともに、「普遍的にしてしかも個性ゆたかな文化の創造」をめざす教育である。キーワードである個人の尊厳、真理と平和、人間の育成などの文言は、戦前の軍国主義的、極端な国家主義的、非人間的な教育への反省と批判を踏まえて選び抜かれた文言であった。

　前文を受けた「教育の目的」（第1条）では、その根本に「人格の完成」をおき、それを基底にして「平和的な国家及び社会の形成者」、「自主的精神に充ちた心身ともに健康な国民の育成」を挙げている。「人格の完成」とは、「個人の価値と尊厳との認識に基づき、人間の具えるあらゆる能力を、できるかぎり、しかも調和的に発展せしめること」と明快に説明されていた（文部省訓令「教育基本法制定の要旨」47年5月）。教育がめざす第一の目的は、「個人の価値と尊厳」を踏まえた「人格の完成」であるとしたことはきわめて重要である。その上で教育は、「平和的な国家及び社会の形成者」として、「自主的精神に充ちた

国民」の育成をめざすとしたのである。

(3)　憲法・教育基本法体制の概要と特質

　憲法と教育基本法（教基法）に基づいて学校教育法、社会教育法、教育委員会法、文部省設置法、教育職員免許法、教育公務員特例法など一連の重要な教育法が制定され、「憲法・教育基本法体制」が確立された。その概要と意義を列挙しておこう。

　第1は、「教育を受ける権利」の確立と教育の理念・目的の根本的な転換がなされたことである。憲法に「学問の自由」（第23条）とともに「教育を受ける権利」（第26条）が明記され、上述したように、教育基本法により教育の理念・目的の大転換が図られたのである。第2は、教育の機会均等原則の確立と教育上の差別が禁止され、男女共学を基本とした6・3・3・4制の「単線型」学校体系が確立され、9年間の普通義務教育とその無償制が導入された。第3は、教育内容・教育方法にかかわる法制度の民主的改革である。教科書の国定制は廃止され検定制となり、学習指導要領は教師や学校のための「手引書」とされた。教育内容は科学や芸術の成果に立ち、実際生活にそったものに再編され、子どもの自発性や体験を重視する方法が導入された。

　次いで第4は、教師に関する法制度の改革である。戦前の閉鎖的な師範学校を廃止し、大学における「開放制」教員養成制度が確立された。教師の教育活動の自主性・自律性および研修の権利が認められた。戦前は禁止されていた教師の労働基本権、市民的自由権の保障、男女同一賃金制など、教師の社会的地位も改善された。第5は、社会教育に関する法制度の改革である。社会教育は「国民の権利」とされ、国と自治体の条件整備義務が明記されたことは重要な点である。公民館、図書館、博物館などの設置義務や財政的な支援が奨励されたのである。第6は、教育行政システムの改革である。教育の政治的官僚的統制を「不当な支配」として禁止し、教育行政の任務は教育の自主性・自律性を保障し、教育諸条件の整備確立にあるとされた。文部省は従来の強大な命令監督権は大幅に縮減され、指導助言を旨とする機関に改組された。「民主化」「分権化」「一般行政からの独立」の3原則に基づいて自治体に住民の選挙による

公選制教育委員会が設置されるなど、画期的な改革がなされたのである。

3　憲法教育、平和教育の出発と相克

(1)　憲法普及活動と憲法の教育・学習の出発

　新憲法によって国民は初めて「臣民」から「主権者」となったが、「臣民意識」と「軍国主義」に強く囚われてきた自らを解放し、平和的・民主的な国家・社会の形成者たる主権者に相応しい知識と教養、意識と力量を獲得することは容易なことではない。まずは新憲法を読み、その精神と内容をわがものにすることが不可欠である。GHQ の指導を受けて、新憲法の普及徹底を目的として政府と帝国議会により憲法普及会（46年12月）が設置され、公務員の研修会や各地での住民向けの講演会、解説書や冊子の出版が行われた。

　憲法普及会の出版活動の中で最も注目されるのは、憲法施行日に公刊された同会編『新しい憲法　明るい生活』（47年5月）であろう。文庫版20頁ほどの小冊子であるが、2000万部が作成され全国の家庭に配布され、全世帯に少なくとも1冊は届けられたことになるという（高見 2013）。「新しい日本のために」と題する「発刊のことば」（芦田均会長）に始まり、「生れかわる日本」「明るく平和な国へ」「私たちの天皇」「もう戦争はしない」「女も男と同権」「役人は公僕である」「知事も私たちが選挙」などの親しみやすい小見出しやイラストを用いて、わかりやすい文章で新憲法の特色とポイントが説明されている。「もう戦争はしない」の節では、「私たち日本国民はもう二度と戦争をしないと誓った（第九条）。これは新憲法の最も大きな特色であって、これほどはっきり平和主義を明らかにした憲法は世界にもその例がない」と明記されている。

　また、文部省が新制中学校・高校の教科書として編纂・発行した『あたらしい憲法のはなし』（47年8月）と『民主主義』（上・下、48年〜49年）は、新憲法や民主主義の理念と内容を生徒たちに向けて語った“異色の教科書”であり、現在でも復刻版が数種出版されている。とりわけ前者は新設された社会科の中学1年生用の憲法教材とされたが、実際には小学校高学年や中学・高校生などにもひろく教材として活用され、さらに地域の公民館や青年団などにも配布さ

れたという。新憲法の理念と各章の内容がポイントを押さえつつ、中学生にも
わかりやすい言葉で生きいきと力強く確信にみちて書かれている。

　「戦争の放棄」の項では、「憲法では、日本の国が、けっして二度と戦争をし
ないように、二つのことをきめました。その一つは、兵隊も軍艦も飛行機も、
およそ戦争をするためのものは、いっさいもたないということです」、「もう一
つは、よその国と争いごとがおこったときは、けっして戦争によって、相手を
まかして、じぶんのいいぶんをとおそうとしないということをきめたのです」、
「みなさん、あのおそろしい戦争が、二度とおこらないように、また戦争を二
度とおこさないようにいたしましょう」と結ばれている。そこに添えられた1
頁大の「戦争放棄」のイラスト（左下図）は、憲法9条の精神を見事に表した
ものであり、一度見たら忘れられないほどのインパクトがある。

　愛媛の山村の新制中学に最初の1年生として入学した大江健三郎は、『あた
らしい憲法のはなし』や『民主主義』を教科書として学んだ世代の一人であ
る。「新しい憲法の時間は、ぼくらに、なにか特別のものだった。（中略）戦争
から帰ってきたばかりの若い教師たちは、いわば敬虔にそれを教え、ぼくら生
徒は緊張してそれを学んだ。（中略）戦争直後の子供たちにとって〈戦争放棄〉
という言葉がどのように輝かしい光をそなえた憲法の言葉だったか」と述懐し

ている（大江 1965）。これらの教科書はまた、
それまで教え子を戦場に駆り立ててきた多くの
教師たちにとっても、自己を再教育していく
「教科書」でもあった。

⑵　平和教育の多様な展開と「偏向教育」批判

　平和教育が学校で多様な形と内容で本格的に
取り組まれるのは1950年代に入ってからであ
る。文部省「学習指導要領（試案）・社会科編」
（51年7月改訂版）の「中学校一般社会科」第3
学年では、五つの単元の一つとして、「われわ
れは、どのようにして世界の平和を守るか」（第

5単元）がはじめて位置づけられている。この単元は、教育基本法の精神である「平和的な国家および社会の形成者」の養成をめざし、「世界の平和という題目のもとにこれまでの諸単元の学習にしめくくりをつけようとするものである」とされている（要旨）。

　具体的な「学習活動の例」としては、「広島や長崎における原爆投下の際の惨状を、写真・記録・記録小説などによって知る」、「太平洋戦争中、誤った愛国心がどのように戦争のために利用されたか、先生の話を聞き、正しい愛国心と世界平和について討議してみる」、「日本や世界の平和を促進するために、生徒として何ができるか討議する」など多くのアイディアや課題が列挙されている。

　当時の指導要領（試案）は法的な拘束性のない「手引書」とされ、教師や学校の自主性や創意・工夫が尊重されていたが、とりわけ新設された社会科の授業はどの学校や教師にとっても手探り状況であった。上記の指導要領に提示された事例は貴重な指針になったと思われる。また、教科書の編纂や検定の指針として反映されて多様な教科書が生まれ、平和教育の重要な教材となった。

　平和教育の推進の最も大きな原動力となったのは、日本教職員組合（日教組）や歴史教育者協議会（歴教協）、教育科学研究会（教科研）、日本作文の会（日作）などの民間教育研究団体（民教研）および教育学会であろう。日教組（47年6月結成）は、「教え子を再び戦場に送るな」という歴史的なスローガンを掲げ、真実を貫く平和と民主主義の教育をめざして全国的な教育研究運動に取り組み、全国教育研究集会（教研集会・51年〜）を毎年開催していく。また、教育学や歴史学などの研究者も参加している民教研の各団体も地域サークルや年次全国集会の開催や機関誌を発行して活発な研究運動を展開していく。これらの教育、研究運動に参加して全国各地の平和教育の実践や理論を学んだ教師たちは学校や地域に戻って平和教育を拡げていくのである。

　平和教育のその後の展開に大きなインパクトを与えたのは、被爆地・広島からの被爆体験の訴えであろう。その最初の出版が長田 新 編『原爆の子——広島の少年少女のうったえ』（1951年）である。これは被爆した広島の子どもたちの体験手記であり、大人だけでなく子どもたちにも戦争と原爆の悲惨さを切実に訴えるものであった。手記の一部は教科書にも載り映画化もされることなど

により、被爆の実態と非人道性を広く国内外の人々に知らせる契機となった。原爆教育・被爆教育はその後、広島や長崎の被爆教師たちの強い訴えや原水爆禁止運動の拡がりを背景にして平和教育の中心的な柱となっていくのである。

　しかし50年代半ばごろから、平和教育や平和教材を採用している教科書に対しては、「偏向教育」、「うれうべき教科書」などとの激しい非難がなされたのである。いずれも事実の裏付けや分析を欠いた露骨な政治主義的誹謗であり、教育の自主性と学問の自由を侵害するものであるとの広範な批判が行われた。その背景には、東西冷戦・対立の激化による対日占領政策の転換と日米支配層による教育を含めたあらゆる分野で急速に押し進められてきた戦後改革に対する「逆コース」政策（再軍備と民主化抑制）があり、その要である憲法と教育基本法への嫌悪と批判があった。保守合同によって発足した自由民主党（55年）は、その政綱に「現行憲法の自主改正」と「国民道義の確立と教育の改革」を掲げ、平和憲法と教育基本法を改正の対象としたのである（なお、教育基本法は2006年に安倍政権下で大改正され、当初の趣旨は歪められた）。憲法教育と平和教育は大きな困難に直面しながらも粘り強く続けられていくのである。

4　平和教育の「現点」——新たな困難と課題

　平和教育は1960年代末から80年代半ばにかけて全国に拡がり豊かな成果を生んでいく。その全国的な教育と研究のセンター的な役割を担ったのは、広島の被爆教師たちの強い決意によって設立された広島平和教育研究所（72年発足）であり、そのよびかけに応える形で発足した全国組織である日本平和教育研究協議会（日平研、74年）であろう。前者編『平和教育実践事典』（1981年）は、同研究所設立10周年記念として公刊されたものであり、70年末までの平和教育の多様な取組と関連事項などを網羅した労作である。

　竹内久顕編著『平和教育を問い直す——次世代への批判的継承』（2011年）は、戦後日本における平和教育の多様な領域と内容と展開過程を踏まえて、その成果および問題点を検証して、今日の複雑で困難な時代に生きる次世代に批判的に継承することを企図した意欲的な共同労作である。編者の竹内によれ

ば、戦後日本の平和教育実践においては、15年戦争や平和憲法の社会科学習、戦争児童文学を教材にした国語学習、修学旅行や演劇活動など豊富な蓄積がある。戦争の被害体験のみでなく、加害、抵抗、加担・協力など多面的であり、「原爆教育」に関しては世界的にも遜色がないと評価できる。にもかかわらず、90年代以降「戦争と平和」に関して、授業を受けた生徒や学生の中に、「平和憲法」は素晴らしいが何の力にもならず、暴力以外の平和的な方法に確信が持ちきれない「迷い」が読み取れる。そこには、以下のような4つの「乖離」生じているという。重要な指摘なので以下にその要点を引いておきたい。

　①過去の戦争と今日の戦争の乖離、②遠くの暴力（戦争・飢餓・抑圧など）と身近な暴力の乖離、③平和創造の理念（平和憲法）と現実の乖離、④これまでの平和教育と新しい平和教育の乖離、であるという。④の乖離とは、平和教育の内容などではなく、実践側である新・旧世代教師の間のものである。

　今日の平和教育にとってじっくり検討しなければならない課題であろう。

〔参考文献〕

石田憲（2009）『敗戦から憲法制定へ——日独伊　憲法制定の比較政治史』岩波書店

入江曜子（2001）『日本が「神の国」だった時代——国民学校の教科書をよむ』岩波新書

大江健三郎（1965）『厳粛な綱渡り』文藝春秋

長田新編（1951）『原爆の子——広島の少年少女のうったえ』岩波書店

憲法調査会事務局（1964）「幣原先生から聴取した戦争放棄条項等の生まれた事情について——平野三郎氏記」国会図書館憲政資料室所蔵（全文は、鉄筆編（2016）『日本国憲法9条に込められた魂』鉄筆文庫に収録）

笠原十九司（2020）『憲法九条と幣原喜重郎——日本国憲法の原点の解明』大月書店

高見勝利編（2013）『あたらしい憲法のはなし　他二篇』岩波現代文庫

竹内久顕編著（2011）『平和教育を問い直す一次世代への批判的継承』法律文化社

広島平和教育研究所編（1981）『平和教育実践事典』労働旬報社

広島平和文化センター編（1991）『新訂平和事典』勁草書房

宮本光雄（1988）「西ドイツ州憲法と戦争放棄」『成蹊法学』第28号

——（1991）「西ドイツのヘッセン州憲法と戦争放棄」『成蹊法学』第32号

第4章　近代天皇制による戦争と抑圧

山田　朗

1　はじめに——平和創造のために天皇制・戦争・抑圧を考える

　本章では、村山談話（1995年）のキーワード「植民地支配と侵略」の根源をなした近代天皇制による戦争・植民地（占領地）支配・抑圧の構造的一体性を論じる。

　まず、近代日本における戦争が、天皇の統帥権の発動のもとに、「脱亜入欧」と軍事同盟に基づく膨張主義戦略に基づいて遂行されたことを示す。そして、一連の戦争・出兵が、植民地・勢力圏獲得のためのものであったこと、戦争の帰結としての植民地（占領地）支配が、暴力・差別・懐柔（欺瞞）によって支えられていたこと、そして、戦争や植民地支配を行う本国においてもそういったものへの反対を押さえ込む抑圧が制度化（法体系と道徳支配）していたことを明らかにする。

　そして、平和創造のために、「植民地支配と侵略」としての日本近代史をリアルに見つめ直し、近代日本における平和の最大の破壊要因が何であったのか、私たちが過去の歴史の何から学ぶべきなのかを提起し、私たちにとって歴史認識問題とはまさに過去を忘れずに見つめ、現在を考え、未来を構築するためにいかに大切なものであるのかを論じたい。

2　近代天皇制と戦争

(1)　脱亜入欧と軍事同盟戦略

　日本が幕末・明治維新をむかえた1850・60年代におけるアジアは、欧米列強による植民地と勢力圏拡張のための膨張・侵略政策の大波にさらされていた。その危機に対処するために、明治政府が急いだのは近代的軍隊の建設であった。今日から客観的に見れば、1860・70年代という時代は、アメリカ合衆国が南北戦争という苛烈な内戦で疲弊し、欧州諸国がインド・中国における民衆反乱とバルカン半島をめぐる英・露衝突（クリミア戦争から露土戦争にいたる）の処理に忙殺されていた時期で、欧米列強は、日本を本格的に侵略する余力をもたなかった。

　明治政府は、近代国家の実力組織として1871（明治4）年に御親兵と四鎮台を設置した。その年に山県有朋兵部大輔（大輔はのちの次官にあたる）らが政府に提出した「軍備意見書」では、常備兵・予備兵からなる徴兵制の導入、軍艦・沿岸砲台の建設、軍幹部養成学校や軍工廠の設置を提案し、そのような軍備拡張を急がなければならない理由を「北門の強敵」ロシアの膨張に求めている（大山 1966：43-46；山田 1997：12-13）。

　明治政府の指導者たちは、ロシアがいずれ中国東北部を侵略し、朝鮮半島にも進出するだろうという「ロシア脅威論」に立ち、そうなると日本も危ういので、ロシアよりも先に朝鮮半島に進出し、ロシア勢力をなるべく日本から離れたところで抑えようという国家戦略を選択した。これを朝鮮「利益線」論という。つまり、主権線＝国境線を守るためには、その外側に「利益線」というエリアを設定して、そこまで進んで先取しなければ主権線も守れないという攻勢防御の戦略であった。山県内閣総理大臣の帝国議会演説「外交政略論」（1890年）はその典型である（大山 1966：196-200）。主観的には防御戦略だが、客観的には朝鮮半島に対する膨張戦略であった。

　このような1870年代に芽生えた朝鮮半島先取論ともいうべき攻勢防御戦略は、朝鮮・中国などの近隣諸国と協力して欧米列強の侵略に対抗しようという

ものではなく、1880年代には侵略に備えるために自らも近隣諸国（まずは朝鮮）を侵すという政策となって具現化する。だが、1880年代においてはいまだ中国（清国）は朝鮮半島に強い影響力を行使していたので、日本の朝鮮半島への膨張戦略は、ロシアよりも先に、清国との衝突（日清戦争：1894〜95年）という形で帰結する。

　しかし、こうした近隣諸国への膨張・敵対戦略は、日本単独ではあまりにも危険な選択であったので、日本は、世界中でロシアと衝突しているイギリスと接近する戦略をとった。まさにこれは、「脱亜入欧」、アジアを脱してアジアを侵す存在となり、欧米列強の仲間に入ろうという国家戦略であった。だが、世界のパワーポリティクスは厳しいもので、日本がイギリスに接近すると、ロシア・フランス・ドイツの反発をまねき、それが日清戦争後の「三国干渉」（1895年：遼東半島の還付）となって跳ね返ってくることになる。とはいえ、反ロシア戦略をとる限り、それはやむを得ないことで、ロシアとの対立が深まるにつれ、日本はさらにイギリスに接近し、ついに1902年に日英同盟を結ぶに至る。日本は自らをイギリスの世界戦略の中に位置づけることによって、ロシアとの対決路線へと突き進むことになる。つまり、明治維新以来のロシア脅威論にもとづく「脱亜入欧」、欧米大国との軍事同盟路線の戦略が、日本を膨張と戦争へと進ませた、いわば平和破壊の第一の要因なのである。

(2)　天皇と統帥権

　ロシアに対抗するために近隣諸国に膨張するという国家戦略が強まるにつれて、日本の軍隊はそれに対応した組織となっていく。明治維新直後から日本軍は、「天皇の軍隊」として構築された。前近代において、天皇の軍事大権が武家の棟梁（征夷大将軍）に帰したが故に「幕府」が生まれたという解釈を維新期の政府はとっており、「幕府」と新政府の違いを強調するためにも、新しい軍隊は、政府有力者の私兵であってはならず、「政府の軍隊」でもなく、「天皇の軍隊」でなければならなかった。そのため天皇は、軍隊を統率する権限を誰にも委ねず、自らが行使する統帥大権として保持することが求められた。

　統帥大権を有する天皇による親率が日本軍の根本原理とされたことで、日本

軍の性格が決められた。それは軍隊における天皇権威の濫用である。「軍人勅諭」（1882年）の「礼儀」の項に示された「下級のものは上官の命を承ること実は直に朕か命を承る義なりと心得よ」（陸軍省 1966：527）との文言によって、上官の命令は天皇の命令とされた。命令を発する上官は、どのような下級の軍人でも部下がいるかぎり天皇の代理になりえたわけで、これが後には恣意的な権力濫用・独断専行の温床となった。

　また、天皇の統帥大権を支える軍事官僚（軍事エリート）たちは、「統帥権の独立」（政府からの独立）を盾に、自らが属する組織・集団の権限・利益の拡大を図るようになった。陸海軍だけが、他の官僚組織とは異なり、独自の人材養成機関（陸軍：陸軍幼年学校・陸軍士官学校・陸軍大学校など、海軍：海軍兵学校・海軍大学校など）をもち、そこで純粋培養された人材が軍組織の中枢を独占したことは、天皇の統帥大権を支える自分たちの特権意識をより強くさせた。とりわけ日露戦争後には、軍学校出の軍事エリートが軍の中央機関の中枢を占め、「軍部」を形成して政治的発言力を強めた（山田 2014：250-280）。「軍部」は、天皇に直属するという権威を背景に膨張主義的国家戦略の担い手となり、それを実行する後ろ盾としての軍事力構築に邁進することになる。

(3)　天皇制軍隊による軍拡と戦争

　日清戦争以来の「主権線―利益線」論は、当初は防衛的な性格も有していたが、日清戦争によって「利益線」としての朝鮮を清国の影響下から離脱させると、今度はロシアと朝鮮・中国東北部（満州）をめぐって衝突することになった。日英同盟を背景に、情報戦と外債による戦費調達で優位に立った日本は日露戦争にかろうじて勝利した（山田 2010：45-54）。だがその結果、1910年には「利益線」だったはずの朝鮮半島を併合し、「主権線」化してしまう。「主権線」の外側に「利益線」を求める戦略発想から、今度は満州（特にその南部）が新たな「利益線」となった。日露戦争を経ることで「主権線―利益線」論は、常に外側に影響力を拡大していこうという対外膨張戦略へと転化したのである。

　外側へ膨張しようとする戦略に基づき日本の天皇制軍隊は、「天皇の威武」

=稜威（御稜威と書くこともある）を海外に広げるという使命感を強め、日露戦
争後には軍部が主導して仮想敵国と所要兵力量を「帝国国防方針」（1907年決
定、以後、1918・1923・1936年に改定）に定めて天皇の裁可を得て、これを根拠に
政府に師団増設と艦隊増強の予算を求めつづけた。「帝国国防方針」によれ
ば、陸軍はロシア（のちソ連）を、海軍はアメリカ合衆国を仮想敵に設定して
いたが、日本という1国が世界有数の陸軍国と海軍国に同時に備えるという身
の丈に全く不相応な軍事戦略と軍備拡張方針を有していたのである。そのた
め、世界の軍拡競争にも巻込まれて日露戦争後も政府の一般会計に占める軍事
費は増大し続け、1921（大正10）年度には対歳出比49.0％と、国家予算のほぼ
半分を占めるに至った（山田1997：80-82）。膨張戦略に基づく軍拡路線は、当
然のことながら国家予算を強く圧迫した。

　第1次世界大戦後も、シベリア出兵（1918〜25年）、山東出兵（1927〜28年）な
どの政略出兵（政治的な意図をもった海外派兵）が続いたが、軍部の膨張主義戦
略を一挙に爆発させたのが満州事変（1931年）であった（満州事変の場合、一部
の軍人による「国家改造」運動の一環でもあった）。「満州」（現在の日本の面積の約3
倍の広さ）が事実上の「主権線」に近いものになると、今度はその外側への影
響力増大を図る「華北分離工作」（華北の5省＝ほぼ「満州」と同じ広さを蔣介石政
権の影響下から離脱させようという謀略）が軍部主動で推進された。そして、それ
が引き金となって盧溝橋事件（1937年）が日中全面戦争へと発展する。日中戦
争は、「援蔣ルート」を設定して中国を支援する英・米・仏・ソ連の諸国と日
本との対立を深め、1940年、この泥沼から脱しようと日本は欧州で英・仏とす
でに戦争状態となっていた独・伊と三国軍事同盟を結ぶが、これがかえって
英・米との関係を決定的に悪化させ、アジア太平洋戦争（1941〜45年）へと戦
火を拡大させる結果となった。

　明治以来の膨張主義的戦略は軍部が主導し、天皇や政治家が同調し、国民の
多くが結果的にそれを支持するという構造の中で展開されたものであった。こ
のような天皇の権威を背景にした膨張主義の構造化こそが戦前期日本の平和破
壊の元凶であった。

3　近代天皇制による支配と抑圧

(1)　戦争の帰結としての植民地支配

　明治期の「主権線—利益線」論に始まる対外膨張は、「利益線」＝事実上の植民地獲得のための戦争を誘発（例えば日清戦争）し、それを確保するためにさらなる戦争（日露戦争）を招いた。そして、その戦争の帰結が朝鮮半島への植民支配の確立（1910年：韓国併合）であった。日露戦争を自衛戦争とする意見もあるが、それは戦争当時の政府の宣伝を原型としたものである。日露戦争の講和会議（1905年 8 〜 9 月）で日本が何を主張したのかを見ると、この戦争の本質が分かる（山田 2009：206-215）。

　講和会議に先立って日本政府が、ロシアに対して決して譲れない「絶対的条件」として閣議決定したのは、①日本による韓国の自由処分権、②ロシア軍隊の満州からの撤退、③遼東半島租借権とハルビン・旅順間鉄道の譲渡であった。①と②は日本の植民地権益の確保であった。そして、講和会議の直後に、韓国政府との間で第 2 次日韓協約（1905年11月）を結び、韓国から外交権を剥奪して、韓国に関する外交は日本外務省が行うことを決定した。そして、韓国政府に対外発信ができないようにした後で併合に踏み切るのである。

　その後も戦争のたびに植民地・占領地が拡大されていった。日清戦争（台湾）、日露戦争（朝鮮・遼東半島・南樺太）、第 1 次世界大戦（南洋群島）、満州事変（「満洲国」）、日中戦争（中国の占領地と仏領インドシナ）、アジア太平洋戦争（東南アジア・太平洋地域）というように、戦争が植民地・占領地支配を生み、それを維持・拡大するために次の戦争に踏み込むという悪循環であった。

(2)　植民地における抑圧

　戦争は植民地支配を生み、植民地支配は抑圧を生む。日本が韓国を併合して 9 年が経過した1919（大正 8 ）年に朝鮮で、日本からの独立を求める三・一独立運動が起こった。当時、ロシア革命（1917年）や第 1 次世界大戦後にロシア・ドイツ・オーストリア・オスマントルコなどの多民族支配国家における帝

政が次々と崩壊し、多くの独立国家が生まれた影響で、民族自決主義（一つの民族は一つの国家をもつ権利を有するという考え方）が世界的に高揚していた。中国における五・四運動（1919年：旧ドイツ権益を日本が継承することを決めたベルサイユ講和条約への反発を契機にして起こった大規模な民衆運動）もこうした潮流の中に位置づけられる。

　これらの影響から、朝鮮でも日本からの独立を求める動きが強まっていた。運動のきっかけとなったのは、日本本国に留学していた朝鮮出身の青年たちが東京・水道橋で発した二・八独立宣言だった。総督府による抑圧に反発が充満していた朝鮮では、ただちにこの呼びかけに応える形で、3月1日、京城（現ソウル）で独立宣言が発表され、多くの民衆が「独立万歳」を叫んだ。このソウルでの運動は、暴力に訴えるものではなく、平和的に実行された集会・デモ行進で、たちまちのうちに朝鮮全土に広がった。

　3月末までの間に1500回近いデモや騒動があり、のべ200万人の人々が参加したと言われている。運動拡大の背景には、武断主義に基づく日本の強圧的な植民地支配への民衆の根強い反発があった。総督府は、三・一独立運動に対して、日本本国から増援をえて軍隊と警察による徹底した武力弾圧を行い、これから1年間に、朝鮮の人々の死者は7500人、負傷者は1万6000人（4万人説もある）、逮捕者は5万人近くに達した（朝鮮史研究会 1995：266-269；マッケンジー1972）。その後、総督府は、暴力と差別だけでは、支配が貫徹できないと見て、「文化政治」と称する朝鮮民衆懐柔と親日派養成が組み込まれた政策が展開されていく。

　しかし、当時の日本国内では朝鮮における独立運動は、反日「暴動」として報道され、「朝鮮人は恐ろしい」という差別的な恐怖心を多くの日本人に植え付けた。4年後の1923年に起きた関東大震災の際に、「朝鮮人が暴動を起こした」といった根拠のない流言飛語（むしろ官憲によって広められた）によって数千人におよぶ朝鮮人が虐殺されたのには、三・一独立運動に対する多くの日本人の恐怖感がその背景にあったものと思われる（西崎 2018）。

　植民地における抑圧は、歪んだ恐怖心を本国人にも植え付け、新たな抑圧・暴力・差別を生み出していくのである。植民地支配というものは、植民地の

人々に強い屈辱感を抱かせるともに、本国（支配国）の人々に理由のない優越感と差別意識をもたせるものであった。

(3)　日本国内における抑圧・動員の法体系

　対外戦争を遂行するためには、政府と軍は、日本国内における民衆抑圧と動員のためのシステムを構築していった。それは、①物的資源、②人的資源、③資金（戦費）を戦争へと動員するためのシステム、④戦争反対勢力を抑え込むためのシステムの構築であった。また、軍は⑤天皇を頂点とし、命令一下、将兵を死地に投ずる強固な指揮命令系統を築き上げるとともに、⑥国民が戦死を「名誉」と感じ、兵営や戦場からの離脱を許さない社会的な監視システム＝英霊サイクルのシステムを構築していった（吉田 2003）。

　諸システムのうち②人的資源の確保（兵役に対する国民の義務感と自主性の喚起を含む）と④治安維持体制の構築は、戦争遂行体制の主柱をなすものである。戦争遂行可能な体制を作るということは、単に国民を軍隊に入れて訓練を施すだけではなく、戦争反対派・厭戦派を社会的に孤立させる治安対策が不可欠なのである。それゆえ戦争遂行のための法体系は、〈有事・治安維持〉法体系と括ることができる（山田 2005：304-307）。ここで戦争遂行に必要な〈有事・治安維持〉法体系の構造を確認しておこう。

　日本の第 2 次世界大戦以前における〈有事・治安維持〉法体系は、天皇の大権を前提とし、①徴兵令＝兵役法を基層（第 1 層）にすえながら、②軍政型の戦時治安維持＝「戒厳」という考えが重なり、さらに③〈危機〉予防、④〈危機〉への能動的対処（平時よりの戦時対処法の確立、行政の軍事化）へと次第に重層化されていった。明治期に①・②が作られ、1920年代以降1940年代初頭までに③・④が構築された。ここでは、③・④について説明しよう。

　戦前の〈有事・治安維持〉法体系の第 3 層にあたるのが、平時における〈危機〉予防の法体系である。この法体系の中心が治安維持法（1925年、1928・41年改定）や国防保安法（1941年）といえる。また、〈危機〉予防の法体系は、防諜法＝スパイ防止法の体系を不可欠の構成要素としている（荻野 1993）。防諜法には、軍機保護法（1899年、1937・41年改定）、要塞地帯法（1899年、1915・40年改

定）などがあり、とりわけ強力な防諜法が、国家機密の漏洩防止を目的とし、最高刑を死刑とした国防保安法である。

　そしてさらに、戦前の〈有事・治安維持〉法体系の重層構造の第4層として、戦時における行政の軍事化のための法体系が作られた。その中心的存在が国家総動員法（1938年）である。〈有事〉における能動的な対処法令としての国家総動員法は、国民を戦争に動員し、戦争遂行体制に積極的に組み込むための法令であった。国家総動員法の勅令万能主義（条文の実行は別に勅令を定めることで行う）は議会の政府監督権限を合法的に減退させ、行政権力を極端に肥大化させたのである。

　1920年代以降の「国家総力戦」の時代においては、治安維持法によって戦争反対派を押さえ込み、国家総動員法によって多くの国民を軍需工業等に動員し、兵役法によって国民を戦場におくるというシステムが戦争遂行を支えたのである。

(4)　見えざる監視・動員システムとしての道徳支配

　軍部に牽引された国家権力が膨張戦略に基づいて戦争政策を遂行した時、前述したシステム＝法体系が国民を抑圧しつつ、軍需工場と戦場へと国民を駆り立てたことは確かであるが、天皇制の問題としてこの体制を捉えた時、このような垂直方向（上から）の抑圧・強制だけではなかったことが重要である。

　それは、水平方向（横から）の抑圧・強制とでも呼ぶべきもので、国民や兵士相互の監視体制である。この監視は、まさに天皇制による「心の支配」と換言されるもので、決して法的なものではない。近代天皇制国家と軍隊の特徴は、法的規制とは別次元の道徳支配によってもコントロールされていたということである。

　一般国民は、明治天皇によって示された道徳規範である「教育勅語」（1890年）によって日常的に縛られ、「一旦緩急あれば義勇公に奉し」ることが求められていた。これは、違反しても法的に罰せられるものではないが、こうした天皇から下された道徳律を軽視すれば、それは「非国民」とか「国賊」といった罵声と冷たい眼にさらされる社会が構築されていた。政府に不満があって

も、天皇・皇族を表立って批判することはできず、姿勢や立ち居振る舞い、言動が常に踏み絵として国民を相互に監視させたのである。

　軍人や戦場にいる国民は、軍の道徳律である「軍人勅諭」(1882年) と「戦陣訓」(1941年) によって精神的に拘束されていた。前述したように「軍人勅諭」では上官の命令＝天皇の命令とされており、「戦陣訓」は天皇の下したものではなかったが、その「生きて虜囚の辱めを受けず」という一節は、事実上捕虜になることを禁じたもので、アジア太平洋戦争中の「玉砕」や「自決」(民間人を含めて) を頻発させる原因となった。これらは、法律でもなんでもなく、したがって無視しても罰せられるものではなかったはずだが、法律以上の拘束力を発揮した。それは何故かといえば、例えば「戦陣訓」は、捕虜になることを恥辱であるとしたが、これは本人だけの恥ではなく、親兄弟・一族・郷土・所属集団の恥であると結びつけることで、個人が抗し得ない精神的圧力を発揮したのである。これは、近代日本においては、明文化された法体系とは別に、人々の心を支配する、見えざる監視・動員システムとしての道徳支配が貫かれていたことを示している。

4　おわりに——私たちにとっての歴史認識の大切さ

(1)　歴史認識における欠落部分

　私たちは、常々「戦後○年」といった言い方をする。だがそれは、「植民地支配と侵略の終結から○年」ということでもある。「8月15日とはどういう日か」と問われたとき、多くの日本人は「戦争が終わった日」と答える (「戦争に敗北した日」という人もいるだろう)。だが、占領地・植民地支配を受けてきた人たちは、「占領・植民地支配が終わった日」と捉える。ほとんどの日本人は「戦争が終わった日」であって、「植民地支配が終わった日」という観点がない。韓国・朝鮮人にとっては植民地支配から解放された日、「光復節」である。8月15日は「戦争が終わった日」というのは、歴史認識として間違いではないのだが、欠落した部分があるのだ。「植民地支配が終わった日」と捉える人たちがいることを意識しなくてはいけないのだが、この意識が日本では極め

て薄い。植民地支配の記憶がほぼ消滅しているからである。

　毎年８月になると、テレビなどの様々なメディアで、戦争の記憶を継承しようという取り組みが行われる。最近は、テレビでもドキュメンタリーかどうかわからない作品が多くなり、再現ドラマを挟んだりする番組が多くなっている。しかし、それでも戦争の記憶を継承しようという考え方であることに違いはないのだが、植民地支配の記憶というものはほとんど継承されていない。

　植民地支配を経験した日本人はそもそも少ないので、それは当然のようにも思われるが、実はそうではないのだ。気が付いていないだけで、植民地支配は当時から日本国内でも違った形で姿を現していたのである。前述したように、植民地支配というものは、被支配者に屈辱感を、支配者に優越感と差別意識を植え付ける。優越感と差別意識によって眼が曇らされていると、現実が見えないのである。つまり、朝鮮から連れてこられた人への虐待であるとか、差別であるとかという形で、植民地支配が日本国内でも可視化されていたのに、その事実を見ていながら、見て見ぬふりをしていたのだ。そして、そのことをすっかり忘れ去ろうとしている。日本が朝鮮半島を統治していたのは1910年の併合から35年、第２次日韓協約から40年であるが、その２倍（近く）の年月を経過しても、植民地支配が生んだ傷は癒されていない。また、これは自然に放置しておけば消えてなくなるという性質のものではないのである。

⑵　日本の近代史をリアルに見つめ直す

　「植民地支配と侵略」、すなわち平和破壊の根源をなした近代天皇制による戦争・植民地（占領地）支配・抑圧はどのように生まれ、構造化していったのか。それを知るためには、日本の近代史をリアルに見つめ直す必要がある。

　特に、戦争、植民地支配、人権抑圧の歴史をリアルに見つめ直す。戦争、植民地支配、人権抑圧はいわば３点セットである。例えば、前述したように、日露戦争は植民地獲得のための戦争で、その結果、朝鮮に対する本格的な植民地支配が始まった。植民地支配は、そこでの大規模な弾圧・人権抑圧をともなうものであるが、日本が韓国を併合した同じ1910年には、日本国内では大逆事件が起きている。これは日露戦争時の戦争反対派に対する報復的な大弾圧であっ

た。戦争をやろうとすると必然的に人権弾圧につながるのである。

　したがって、戦争・植民地支配・人権抑圧を個別に評価してはいけないのである。例えば、「日露戦争が日本の国際的立場を上げた」というような形でバラバラに評価をするのではなく、その時代の特色として戦争・植民地支配・人権抑圧を構造的に一体化したものとしてリアルに見直さなければならないのである。

　そして、歴史のウラとオモテをリアルに捉え直し、いまだ克服されていない「負の遺産」があるとするならば、それを清算する努力を今を生きる私たちがしなければならない。過去の克服と近隣諸国との関係の改善は、一筋縄でいかないが、そうした過去を克服する努力こそが、現在と未来の平和を創造する確かな土台となるのである。

〔参考文献〕
大山梓編（1966）『山県有朋意見書』原書房
荻野富士夫（1993）『昭和天皇と治安体制』新日本出版社
朝鮮史研究会編（1995）『新版　朝鮮の歴史』三省堂
中塚明（2002）『これだけは知っておきたい　日本と韓国・朝鮮の歴史』高文研
西崎雅夫編（2018）『証言集・関東大震災の直後朝鮮人と日本人』ちくま文庫
マッケンジー，F. A.（1972）『義兵闘争から三一独立運動へ』韓晳曦訳、太平出版社
山田朗（1997）『軍備拡張の近代史——日本軍の膨張と崩壊』吉川弘文館
――（2005）「第二次世界大戦における日本の軍事的位置」歴史学研究会・日本史研究会編『日本史講座第9巻　近代の転換』東京大学出版会
――（2009）『戦争の日本史20　世界史の中の日露戦争』吉川弘文館
――（2010）『これだけは知っておきたい　日露戦争の真実——日本陸海軍の〈成功〉と〈失敗〉』高文研
――（2014）「軍部の成立」『岩波講座日本歴史第16巻　近現代2』岩波書店
吉田裕（2003）『日本の軍隊』岩波新書
陸軍省編（1966、原著1927）『明治天皇御伝記史料　明治軍事史』原書房

第5章　平民社「非戦論」の挑戦

——トルストイ「日露戦争論」をめぐって

山泉　進

1　はじめに

　日露戦争に反対した「平民社」の時代には、戦争は国際関係において紛争を解決するための一つの手段であり、宣戦布告にはじまり講和条約の締結によって終了するものと考えられた。つまり戦争は国家主権の問題であった。逆に、平和は戦争のない状態と定義された。2001年1月、国連難民高等弁務官であった緒方貞子とケンブリッジ大学トリニティカレッジ学長・アマルティア・センを共同議長とする「人間の安全保障委員会」が創設され、国家を主体とする安全保障の枠組みが見直された。そこでは、グローバル化や相互依存関係の加速によって、貧困、環境破壊、自然災害、感染症、テロリズム、経済破綻など、世界の人々の生命・生活に深刻な影響を及ぼす課題に対して、「人類」として共同に対処する必要性が指摘された。他方で、ノルウェーの平和学者・ヨハン・ガルトゥングによって、肉体的・精神的暴力、性的暴力などの「直接的暴力」に対する、貧困・差別・格差など、社会構造に根ざす「構造的暴力」が指摘され、あらためて「積極的平和」の概念が提起された。そして、その対象は、開発、ジェンダー、マイノリティ、異文化教育などの日常的生活にかかわるテーマにも拡大されている。本論考では、日露戦争にたいして、「自由」「平等」「博愛」の理念から社会の制度的改革を主張して反対した「平民社」の活動の意義をあらためて考えてみる。

2　平民社の平和主義

　「平民社」は、主戦論に転換した『万朝報』を退社した、幸徳秋水（1871〜
1911年）と堺利彦（1870〜1933年）によって非戦論を掲げて結成され、1903年11
月に週刊『平民新聞』を創刊した。「平民」という言葉は現代では死語になっ
てしまったが、週刊『平民新聞』創刊号（1面）には、幸徳秋水の筆で「平
民」について次のようなコメントがなされている、「平民、新平民、彼等は権
勢に依らず、黄金に依らず、門地に依らず、唯だ人として立つ、是れ我同胞中
の最も神聖なる者也、平民新聞は深く彼等を敬愛す」と。大日本帝国憲法に
よって「神聖ニシテ侵スヘカラス」とされた天皇とは対極の存在として「平
民」を指定し、そこに「平民社」の思想的根拠を置いた。そして、新聞冒頭に
掲げられた「宣言」には、平民社の思想と運動理念が、自由民権運動の目標で
もあった「自由」「平等」「博愛」を引き継いで、それを人間世界のなかにある
「三大要義」であるとし、それぞれに対応する「平民主義」「社会主義」「平和
主義」を掲げた。まず「平民主義」は、人類の「自由」を実現するためのもの
で、「門閥の高下」「財産の多寡」「男女の差別」から生じている「階級」を打
破して、すべての「圧制」「束縛」を除去するものであると説明される。つま
り社会的格差や差別を打ち破ることによって政治的自由を実現しようという主
張で、英語では「democracy」の訳語が当てられている（英文欄）。天皇主権の
もとで「民主主義」という用語が使用できなかったことが理由であった。「社
会主義」は、人類に福利の「平等」を享受させるためのもので、生産、分配、
交通機関を「共有」にし、またその「経営」を社会全体のために行うことを目
的とするという主張であり、「socialism」の訳語である。「平和主義」は、人類
「博愛」の道を突き進めばこうなるのであって、人種や政治体制の違いを越え
て、世界中の「軍備」を撤去し「戦争」を絶対的に禁止すること（禁絶）によ
り実現できると主張した。訳語は「peace policy」である。さらに念を入れ
て、これらを実現する手段としても「多数人類の一致協同」により、「暴力」
に訴えることはしないと宣言している。このような「平民社」の非戦論は、現

代からみれば、戦争放棄のために軍隊をなくすことはもちろん、貧困、政治的抑圧、社会的差別や格差をなくすことによって平和を実現しようとするガルトゥングの「積極的平和」の考え方に近いものとして評価できる。

　他方で、「平民社」は、「社会主義者」を公言する幸徳秋水と堺利彦により結成され、その具体的活動が「非戦」運動であった。日本の社会主義運動は、欧米の「社会主義」についての学術的研究からはじまり、社会主義研究会（1898年）、社会主義協会（1900年）、「社会民主党」（1901年）を経て、「平民社」の「非戦」運動として展開された。「平民社」結成にいたるまでは、村井知義、安部磯雄らの同志社出身で、アメリカの神学校で学んだキリスト教社会主義者の「博愛」精神によりリードされてきた。幸徳秋水と堺利彦は、自由民権思想の継受者として儒教の「仁」の精神のなかに「社会主義」思想を読み込んだ。もちろん、「平民社」には思想的出自を異なる人物たちが、人種や宗教をこえた「人類」的立場にたって、いわば「構造的暴力」に反対する立場から集結した。このような「平民社」の平和主義的性格は、アジア太平洋戦争後にいたるまで、社会主義運動を「平和」運動とイメージ化させることに寄与したといってもいいであろう。ところが、ロシア革命以後、体制となった「社会主義」もまた戦争から無縁ではないということが歴史的に実証された。

　週刊『平民新聞』に訳載された「トルストイの日露戦争論」をめぐる過去の論争は、「社会主義」なのか、キリスト教の「愛」なのか、つまり制度的改革が優先されるべきなのか、あるいは精神的改革が優先されるべきなのか、という問題であった。この問題は現代の「構造的暴力」の排除の問題にどのようにつながってくるのか。そのためのヒントをこの論争のなかにみてみたい。

3　トルストイの日露戦争論と幸徳秋水

　「トルストイ翁の日露戦争論」が週刊『平民新聞』の第1面から第6面に掲載されたのは1904年8月7日（第39）号である。この年6月には満州軍総司令部が設置され、8月10日黄海海戦、19日には旅順総攻撃が開始される直前であった。トルストイの論説は、ロンドン発行の『タイムズ』紙の同年6月27日

号に「COUNT TOLSTOY ON WAR」のタイトルで掲載されたものであり、サブタイトルには「BETHINK YOURSELVES！」（反省せよ）と付された。冒頭には「ルカによる福音書」から「いまはあなたがたの時、また、闇の支配の時である」というイエスの言葉が置かれている。この『タイムズ』の記事は、『東京朝日新聞』記者・杉村楚人冠から送られたもので、堺利彦と幸徳秋水の二人が分担して翻訳した。トルストイの主張するところの核心を訳文中から抜き出せば次のようになる。

> 耶蘇は「悔改める」と曰へり、即ち「各人をして姑く其の着手せる事業を止めて自己に問はしめよ、我は何者なりや、我は何処より現はれ来りしや、而して我が目的は如何の物ぞと、而して我が是等の問に答へたる後、汝の為す所と汝の目的と果して相合するか合かを裁断せよ」と云ふに在り、基督教の神髄を知れる、今の世、今の時の各人は、其活動を止むること僅々一秒時にして、帝王にあれ、兵士にもあれ、大臣にもあれ、新聞記者にもあれ、姑く其の世に立つ所の資格を忘れ、自己の何者にして、自己の目的の何物なるかを、真面目に一考せば、必ず自己の行為の有益なる事、合法なる事、及び道理に当れる事を疑ふに至るべし

　解説すると、少しの間自分は何者で何を目的にして生きているのかということを反省してみるがよい。そうすると皇帝であるとか兵士であるとか、あるいは大臣であるとか新聞記者であるとか、そのような地位や職業などに関係なく、自分が一個の人間であり、そして限られた生命のなかで「最高の目的」に従属して生きることが人生の価値であるということがわかる。この「最高の目的」としてあるものが「神」であり、人間はこの「神」の下僕となり、「神」の事業を履行することが最高の人生の価値である。そして、「神」の事業、つまりキリストの教えとは、「ただ神を愛し、隣人を愛し、己れの欲する所を他人に施す」ことである。戦争をもたらすような現代の「悪」は、「合理的な導き」つまり「神」の創造を失ったところから生じているのであり、社会制度の変革や知識の増大というような外部の変革によって解消できるものではない。したがって、自己の内部に「神の王国」を実現する以外に戦争をなくすことはできない、トルストイはこのように説くのである。

　翻訳を担当した幸徳秋水は、週刊『平民新聞』の次号・第40号（1904年8月

14日）に「トルストイ翁の非戦論を評す」を掲載してトルストイ「非戦論」を論評した。幸徳秋水は、まず「今年七十七歳の老人」の精力を驚嘆し、「古代の聖賢」あるいは「預言者」の声を聴くようであると称賛する。そして、一番感心したところは戦争時における一般社会状況について、「彼の少年皇帝の混迷、学者の曲学、外交家の譎詐、宗教家の堕落、新聞記者の煽動、投機師の営利、不幸なる多数労働者の疾痛惨憺、而して総て是等戦争の害毒罪悪より生ずる社会全体の危険」と指摘している点であるとする。そして、これらはロシアにおけるばかりでなく日本においても、現実にもたらされている「大事実」である。その意味において、トルストイの警告は多くの国民の「麻痺せる良心」に対する「絶好の注射剤」となるであろう、と称賛する。しかし、幸徳秋水はトルストイの考え方に「雷同盲従」するものではないと反論する。つまり、「将来如何にして此罪悪、害毒、危険を救治防遏すべきかの問題」については、不幸にして見解を異にしているというのである。トルストイは、戦争の原因を人々が「真個の宗教」を失ったところにみて、戦争を廃絶する手段としては「人々をして自ら悔改めて神意に従はしむべし」、つまり「隣人を愛し己れの欲する所を人に施さしむべし」と主張する。この点を幸徳秋水は批判し、「是れ恰も『如何にして富むべきや』てふ問題に対して『金を得るに在り』と答ふるに均し」とする。これに対する幸徳秋水の答えは次のようなものである。現代の国際戦争は、「列国経済的競争の激甚」に原因があり、この競争は現在の社会組織が「資本家制度」という競争主義に基づくことによっている。将来的に戦争を廃絶するためには、この「資本家制度」を変革して、協同主義に基づく「社会主義的制度」にすることが必要である、と。要するに幸徳秋水によれば、「トルストイ翁は、戦争の原因を以て個人の堕落に帰す、故に悔改めよと教へて之を救はんと欲す、吾人社会主義者は、戦争の原因を以て経済的競争に帰す、故に経済的競争を廃して之を防遏せんと欲す」と。

4　安部磯雄とトルストイ

　「トルストイ翁の日露戦争論」が訳載された週刊『平民新聞』の国内での反

響は大きかった。第39号は再版を重ね、創刊号と同じ8000部を売りつくした。直後には平民社訳『トルストイの日露戦争論』（文明堂、1904年9月）と題されて小冊子として刊行された。また他紙誌での反響は次号以後の週刊『平民新聞』やその後継紙『直言』でも逐次掲載された（山泉 2002、参照）。訳文が掲載された第39号と幸徳秋水の論評「トルストイ翁の非戦論を評す」が掲載された第40号は、安部磯雄によってトルストイのもとに送られた。安部磯雄が担当したのは、幸徳秋水の論評が掲載された第40号1面下段に掲げられた英文欄「THE INFLUENCE OF TOLSTOI IN JAPAN」（無署名）を執筆したからであった。その書き出しは、「トルストイという名前は現在ではほとんどの日本人に知られている。とりわけ日露戦争の勃発後は、彼の戦争についての論評は、非常な関心をもって新聞紙上で紹介されている。『ロンドン・タイムズ』に掲載された論評は、週刊『平民新聞』の前号に翻訳掲載された。こういう状況であるので、日本におけるトルストイの影響について少し書いておくことも時期にかなったことであると思う」というものである。誤植のせいで意味のとれない単語があるので正確には訳せないが、安部磯雄の書簡には、日本の社会主義者について次のような言及がある。

　　ギリシャ教会もトルストイを糾弾することもできず、またロシア皇帝も彼を国外追放することができない。そのことは、トルストイはロシア社会という不安定な地層のうえに不動の山のように聳え立っているということである。ロシアの人民は、ロシアからトルストイを追放するよりは満州を手放したほうがましだと考えている。ロシア政府がトルストイに対して比較的自由に言論を許しているという事実は、間接的には戦争にたいして継続的に抗議活動をおこなっている日本の社会主義者にも影響を及ぼしている。ロシアのように政府が専制的であっても、トルストイに対して寛容であるということは、はるかに文明的、立憲的であると装っている日本政府が、社会主義者にたいしてそのような寛大な態度をとらざるをえないということは明白なことである。トルストイは全く害をあたえるような人物ではない、それゆえ、もし彼がロシア社会にとって危険であるとみなされるとすれば、それはトルストイが悪いのではなくて、ロシア社会の欠陥として説明されるべきことである。同様に、もし政府が反軍国主義の思想原理（anti - militarist principles）を抱いている人物を弾圧するとすれば、その社会の弱点を示していることに間違いない。

　木村毅の論考（1917年）には、後年、トルストイの末娘アレクサンドラが来日した際に紹介された1904年9月4日付の安部磯雄からトルストイ宛の手紙が掲載されている。一部を紹介すれば、「我々は社会主義者であると共に、戦争反対論者であります。戦争の罪証を示すことは、我々にとって相当に困難でありますが、我々は多くの迫害をおかして、出来うる限りのことをしております。あなたが永く健康を保持され、戦争反対の闘争をお続け下さることを祈ります」と。これに対する1904年10月23日付でヤスナヤポリアナから出されたトルストイからの返書は、およそ1年を経過して安部磯雄のもとに届いた。『直言』（1905年8月27日号）に掲載された「トルストイ翁の返書」によれば、「予は日本に於て、親しく相交るべき友人を有し共働者を有する事を思ひ、実に欣喜（きんき）に堪へず」とのエールを送りながらも、「社会主義」に対しては厳しい批判を行っている。トルストイによれば、「社会主義」は、「脆弱なる、空想的の、而も誤謬多き」ものであり、ヨーロッパにおいては「今や既に遺棄せられつつ」ある思想であると。「社会主義は人間性情の最も賎しき部分の満足（即ち其の物質的幸福）を以て目的と為す」ものであり、物質的幸福により「真の幸福」は得られるものではない。「真の幸福」とは「精神的即ち道徳的」なものであり、そのなかに物質的幸福が含まれるのであって、あくまでも個人であれ国民であれ、「宗教的即ち道徳的」な「完成」によってのみ実現できるのである。そして、ここで「宗教」というのは、「人間一切に通ずる神の法則に対する合理的信仰」を意味しているのであって、具体的には「総ての人を愛し、総ての人に対して己れの欲する所を施す」という行動によって実現されるのである。したがって、「社会主義」を実現しようという運動は「この唯一の真法」の実現を妨害するものである、トルストイはこういって「社会主義」を断罪する。この文章を掲載した平民社記者のコメントは、「翁の如き偉人にして猶ほ且社会主義及び社会問題解釈法に対して、浅薄なる通常人と同じ誤謬に陥れるを見て深く之を悲まざるを得ず」と落胆している。

　安部磯雄（1865～1949年）は、同志社英学校に在学中の1882年2月新島襄により洗礼を受けた。卒業後は岡山教会の牧師となるが、1891年8月アメリカのハートフォード神学校に留学、その後、イギリス、ドイツでも学び3年半の留

学の後、日清戦争終結直前の1895年2月に帰国、岡山教会に再赴任した。安部
磯雄はアメリカ留学中に、ベラミーのユートピア小説『ルッキング・バック
ワード』を読み、「恰も盲人の目が開きて天日を仰いだる感」に打れて「社
会主義者」となり、またトルストイの『我が宗教』を読んでキリスト教は「は
じめて私の精神にとって満足す可きものとなつた」と告白している。安部の回
想によれば、「私の奉ずる基督教は、トルストイによつて説かれたる基督教で
ある。その時から今に至るまで、私の宗教観は動かない」ということである
（安部 1917）。

　安部磯雄のトルストイに対する心酔は、帰国直後、日清戦争に対する下関講
和条約と三国干渉直後に発表された『六合雑誌』第175号（1895年7月15日）に
掲載された「トルストイ伯の宗教」にまで遡ることができる。内容にはハート
フォード神学校での聖書研究の成果が遺憾なく発揮されている。それによる
と、トルストイは宗派的、儀式的、教理的な宗教を排して、あくまでもキリス
トの教訓を祖述し実行せんことに務めているのであり、その聖書注釈法は「斬
新」であり、「奇警」であるとする。つまり、トルストイは新約聖書のなかの
「マタイによる福音書」（マタイ伝）第5章21節から48節まで僅か2頁余りの中
にキリストの教訓の「心髄」を見つけ出し、すべての行為の「動機」とした。
その第1は「怒ること勿れ（なか）」という教訓である。トルストイは「凡て故（すで）なくし
て其兄弟を怒る者は審判に干（あずか）らん」（22節）から、「故なくして」という語句を
削除して無条件な教訓とした。古い聖書には、この語句がないものがあったの
で、トルストイはそれを採用した。第2は「然ど我爾曹（しかれ　じそう）に告げん、姦淫の故な
らで其妻を出すものは、之に姦淫なさしむるなり」（32節）の教訓である。ト
ルストイは「姦淫の故ならで」の語句を削除しようとしたが、古い聖書にもこ
の言葉が付せられている。そこで、トルストイは新しい注釈法を考案した。つ
まり、初めの「姦淫」と後の「姦淫」とは別のギリシャ語があてられていて、
本来は「然ど我爾曹に告げん、其妻を出すものは放蕩の事柄なるが故に之に姦
淫をなさしむるなり」と解釈したのである。安部磯雄は次のように説明する、
「元来一たび娶（めと）りたる妻を離縁するなどとは実に放佚（ほういつ）の所業にして道徳の重ん
ずる人のなすべき所にあらず、此事たるや独り夫の放佚なるを示すに止まら

ず、妻をして姦淫なさしむるの不都合を来すべし」と。しかし、安部磯雄によれば、トルストイのこの注釈法には無理があり、マタイ伝だけが「姦淫の故ならで」という条件をつけていて、マルコ伝（10章11節）やルカ伝（16章18節）にはこの条件はないと指摘している。第3の教訓は「更に誓こと勿れ」というものである。トルストイは、この教訓においても無条件に宣誓を禁じている。第4は「悪に敵すること勿れ」という教訓である。これまで多くの注釈者は、この教訓を比喩的に解釈してきたが、トルストイは、現代の社会の病原を「暴を以て暴を圧するてふ精神」にあることを見て取って、これを「救治」するにはこの教訓を励行することが必要であると説いている。第5の教訓は「敵を愛せよ」である。これは「国民の区別をなさずして各人を愛せよ」という「四海兄弟」という「ヒューマニチー」の思想で、他の4種の教訓もこのなかに含まれているとする。

　これらの5つのキリストの教訓を内容とするトルストイの「宗教の根拠」は何か。安部磯雄はいう、四海兄弟の大義を実行するには「悪に敵する勿れ」という消極的教訓と「敵を愛せよ」という積極的教訓を縦糸と横糸として、簡単にして明白、直截にして峻烈なる新宗教の組織（キリストの教訓の新説明）についての確信であると。「悪に敵する勿れ」は絶対的非戦論の主張になり、「敵を愛せよ」は階級的な区別を撲滅するという主張になる。そして階級的区別をなくするためには労働の必要性と神聖性を認識することが重要である。つまり、「争闘奪掠主義」を変じて「平和主義」となし、「平和主義」を実行するために「労働主義」を以てする必要があると。結論として安部磯雄はトルストイを次のように評価する。

　　トルストイの言ふ所、往々奇矯に失するが如き所あるを以て、彼を酷評するの人少なからずと雖も、彼は兎に角言ふだけの事を実行するの人なり、余は彼が宗教なるものを研究して其註釈を付する処、其推理をなす所に於て往々牽強付会の説なりと思惟する所なきにあらず、然れども彼を学ぶべきの点は此にあらずして彼にあり。即ち彼が云ふ所、信ずる所のものを実行すること、是れなり。若し彼が生活する露国が如何なる社会なるかを想ひ、而して彼が無遠慮に非戦論を唱へ、上流社会の偽善と奢侈を詰責するを見ば、彼は実に一世の英雄たるに恥ぢざるものと云ふべし

5　海老名弾正のトルストイ批判

　開戦後2ケ月ほど経った1904年4月16日芝公園内忠魂祠堂会館で大日本宗教家大会が開催された。日露の開戦は日本の「正義と平和」を求めてなされたものであり、「東洋の治安を永遠に維持すること」が目的であることを、対外的には人種や教派による偏見なく理解させること、また国内的には宗教家が「偏狭なる敵愾心」と「宗派反目の情」をなくし、「挙国一致」して時局にのぞむことが開催趣旨であった。発起人には南条文雄、島地黙雷、大内青巒らの仏教人にくわえ、井深梶之介、本多庸一、小崎弘道らのクリスチャンや神道家が名を連ね、全参加者1506名のうち365名はキリスト教徒とされている。

　発起人の一人である海老名弾正（1856〜1937年）は福岡県柳川生れ、堺利彦や幸徳秋水よりは一回り以上の年長者であった。熊本洋学校でジェーンズに学び、1875年キリスト教に入信、翌年花岡山で「奉教」の盟約を結んだ。同志社神学校を卒業後、牧師としての道を歩み、1897年上京、本郷教会を拠点にして、吉野作造、石川三四郎、大杉栄らの青年を引き付けた。1900年7月に機関誌『新人』を創刊、日露戦争中は主筆として戦勝を鼓舞した。海老名弾正の「トルストイの日露戦争論を読む」が掲載されたのは『新人』（1904年9月号）である。

　海老名の批評の核心は、トルストイの「宗教的信念」を「真実にして堅確」であると評価しながらも、他方で「国家の価値」を認めないところからその信念も一種の「空虚なる抽象」となっているとするところにあった。その理由について、トルストイはロシア人そのものとして、ロシアにおける宗教と政治の歴史と戦わなければならない宿命を背負っているからであるとした。まず宗教の現況をみれば、ロシアの宗教は2000年にわたる「頑固なる伝説宗教」であり、さらには生殺与奪の大権をもっている皇帝とロシア正教会によって固く維持されてきている。ロシア正教は「儀式教」であり、「迷信の固形体」としての権威を具現している。したがってロシアの知識人たちは、表立ってはロシア正教を「遵奉」しながらも裏では「侮蔑」するというような偽善的態度をとら

ざるをえない。他方、ロシアにおける政治の現状は「圧政」と「横暴」から成り立っている。専制君主は国民を奴隷とみなしており、また少数の貴族は自分の功名心のために国民に犠牲を強いている。しかも、「恩怨もなき他国人民を虐待し、其土地を侵掠する」ことを「国是」とする。海老名はいう、ロシア国家なるものは「サタンの化身」であり、忌み嫌われる「猛獣」として見るほかのないものであると。当然にも、トルストイは宗教的信念からロシア正教を宗教として認めることができないし、知識人の「偽善」とも衝突せざるをえないことになる。また「悪魔の国」であるロシア国家とトルストイの胸の内に存在する「神の国」とは共存することができない。前者は、「辜なき人々の血を流し、可憐の民人を屠殺して建設するもの」であり、後者は「自己の身命を捧げて他人を救済するもの」であるからであると。それにしてもトルストイは、ロシア正教にたいしては厳しく批判するが、ロシア帝国については、それほど厳しく排撃しないのはどうしてであろうか。海老名はこのように指摘し、そこにトルストイの「煩悶」があるという。

　次にトルストイ非戦論の批判に移る。トルストイは列国の軍備拡張を心配して、人類の壊滅がやってくると考えて悲観的である。他方で、そうならないために楽観的に「愛隣の道」を唱えている。この二つは「水と油との如く混和することなく」、トルストイの頭脳のなかに存在しているのである。たしかに、「洗礼者ヨハネが神の国は近けり、爾曹悔改せよと叫び、基督之に唱和して之れに時期は熟せりとの語を加へ玉ふ」てから今日に至るまで2000年になる。これまで教会をはじめとするあらゆる場所で、この言葉は唱えられてきたが、現在にいたるまで戦いはなくならない。トルストイは「空間をも時間をも無視して理想に照して」現実をみているのである。現実はトルストイが考えるほど単純なものではない。戦争についても同じことがいえる。キリストの教訓は「殺す勿れ」という。しかし戦争は「凶殺」である、ゆえに戦争は神令に反するという。しかし海老名によれば、そもそも戦争はあらゆる人事の集合点であり「複雑」なものである。それをトルストイはこの「複雑」のなかより「殺生」だけを抽出して、絶対視して「戦争は殺人である」と論断する。この「偏頗なる論断」は全く誤っているのであるが、それはロシアの歴史と現況をみればやむを得

ないことである。海老名はいう、「露西亜はペートル帝以来戦争を事とする、其目的は何である、侵掠である、この目的を達する為には欺騙の術数を恣にする、否あらゆる欺騙を尽して其目的を達せざれば、戦争する、しかして誰れが戦争の主動者である、君主と貴族である、その動機を尋ぬれば功名と利欲とである、大多数の人民は此功名と利欲との為に使役せらるるのみ、彼等の戦争は亦暴戻残虐、唯々殺戮するが戦争である」と。そこにトルストイのような絶対的な非戦論者が生まれてくる地盤もある。その意味では、トルストイもまたロシア帝国の「一大要素」でもあると。そうであるから、日本人はトルストイに「唱和」するのではなく「大和魂」をもって、その言を取捨しなければならない、このように結論づけるのである。

　さらに海老名は「日本魂の新意義を想ふ」（『新人』1905年1月号）を書いて、これまでの「日本魂」は「国家魂」であり「民族魂」であったが、これからは「世界魂」、「人類魂」としての「大日本魂」へと進化、大転する必要があるというのである。海老名にとって日露戦争は「国家自衛」の戦争であった。しかし勝利後は「世界平和」、少なくとも「東洋文化」を「旗幟」「主眼」「動機」とする「大日本魂」へと発展させなければならない。そしてその指導者は「皇天上帝」であって「人」ではないと。「大日本魂」は日本のわずか2500年の歴史のなかに宇宙魂として現れてきたもので、「天下の公道」であり、これを海老名は「ロゴス」とよぶ。この「ロゴス」が中国の聖人を生み、インドの仏陀を生み、キリストを生んだ。このキリスト教の理想は「神の国」の実現であった。しかし、キリスト教は国家の「神聖」を無視したために「神の国」の実現には至らなかった。そこで、「大日本帝国は奮進邁往して之を実現すべきものにはあらざる可きか」と問い、「大日本魂」の力によって「大日本帝国が神の国と霊化すべきの時なれ」と叫ぶことになるのである。

　幸徳秋水は、週刊『平民新聞』（第61号・1905年1月8日）で、この海老名弾正の論考を糾弾した。海老名の説によれば、「大日本魂なる者が、将来の発展は東洋諸民族を併呑して其旺盛を極め、露人も之に融化され、欧米民族も之に抵抗する能はざるに至るべき趣き」である。この「新意義」とよばれるものは「奇想天外」なものであるが、その内容は天照皇大神が大日如来に権化したと

いうような「純乎たる本地垂迹説」である。ついでに東郷大将はキリストの権化であるといえばよかったと皮肉をとばしている。こうして海老名の主張によれば、将来において日本でも、ロシアのように政治と宗教が混合すべきであり、そして宗教の普及も国家権力に頼る必要があることになる。しかし、幸徳秋水はこれがキリストの「真意」でありキリスト教の「本義」であるのか、キリスト教徒に聞きたいと疑問を投げかけている。

6　おわりに

　日露戦争時における「戦争と平和」という枠組みのなかでの国家暴力否定の問題は、現代では「人間の安全保障」をめぐる「構造的暴力」を除去する問題へと移行してきている。トルストイの「日露戦争論」をめぐる、「社会主義」か、キリスト教的「愛」か、つまり制度変革と精神変革の問題は依然として現代にいたるまで解決していない。体制としての「社会主義」や教団的「愛」が「戦争」に対していかに無力であったかは、歴史の証明するところとなった。あらためて「ナショナリズム」（自国中心主義）が問われ、人類的視点と精神が問われている。そのなかで社会制度と人間的精神をめぐる問題は、どちらに優先権があるかという二分法的問題ではなくなっている。つまり、両者を包摂する「構造」の問題を解決する新しい知性と感性が必要とされている。

〔参考文献〕
安部磯雄（1917）「トルストイの無抵抗主義」『トルストイ研究』3月号
梅森直之編（2005）『帝国を撃て——平民社100年国際シンポジウム』論創社
木村毅（1965）「安部磯雄とトルストイ」『早稲田大学史紀要』大学史資料室
『初期社会主義研究』（第17号・特集「非戦」、2004年11月）
山泉進編（2002）『幸徳秋水』（平民社百年コレクション第1巻）論創社

第**6**章　抵抗と創造

―― アメリカ良心的兵役拒否者の論理と倫理

師井　勇一

1　はじめに

　本章では、世界大戦時におけるアメリカの良心的兵役拒否者のあり方を通して、非暴力や反戦を実践することによる平和創造の可能性を考察する。そもそも「良心的兵役拒否」といっても、日本にあってはその事象を理解し支える政治文化や社会組織が乏しく、1945年までの対外戦争のおよそ70年間で兵役に対する拒否は、極めて例外的な個の行為であった。[1] 一方アメリカでは、1960年代後半から70年代初めのベトナム反戦運動において顕著であったように、教会や大学構内、広場に集う若者たちが徴兵カードを燃やしたり、破り捨てたり、または政府に送り返したりする行為と運動、そして映像とともに「兵役拒否」というあり方が、社会問題として広範に可視化されるほどまでになった。(ほんの二十数年前の日本で、召集令状である「赤紙」をこのように扱うことをだれが想像できたであろう。) ここでは、時代をすこしさかのぼって良心的兵役拒否の問題の本質に迫りつつ、市民の平和責任のあり方を考えてみたい。

　まず、「良心的兵役拒否者」の意味するところであるが、一見明瞭なようでいて、じつは複雑である。ことばの定義としては、文字通り、「良心的な理由から兵役を拒否する者」となろうが、その中には (これは大戦前の事例になるが) 代替金を支払って他人に兵役に就いてもらう者、入隊はするが戦闘的任務は拒否し、例えば医療部隊などで活動する者、または戦闘的、非戦闘的を問わず軍隊での兵役を拒否し、民間での代替作業を許された者、あるいは戦争に関わる徴兵・徴用の一切を拒否し、懲役刑に処せられる者、さらには良心的理由から

兵役を拒否し、雲隠れする者、などが含まれよう。さいごの「雲隠れ」は一般的に「兵役忌避者」とよばれるゆえ、「良心的兵役拒否者」ということばには、（逃げも隠れもしない）行為の公開性がともなう。一般に認知されている良心的兵役拒否者にしても、その動機や行為の意味、社会や国との関係性は多岐にわたる。例えば一方で、自ら銃剣を手にして人の命を殺めることには抵抗があるが、戦争そのものには反対ではなく、戦時国家には良心の許す範囲で協力していく（ことの認められた）「良心的兵役拒否」から、他方で、平和主義的見地から戦争そのものを糾弾し、戦争に関わることには一切協力しない、いわば絶対的戦争抵抗の立場まである。

　本章では、様々な良心的兵役拒否者の中でも、とりわけ個人の良心と戦争遂行国家との衝突の度合いが際立っていた「良心的戦争抵抗者」に光をあてていく。それは、良心的兵役拒否の問題の根底には、民主主義社会における個人と国家の関係があり、彼ら戦争抵抗者の思想と行動において、個人の良心と国家の戦争参加命令との緊張・対立の構図がより鮮明に浮かび上がるからである。戦時といえども個人が国家の圧倒的な力に飲み込まれるのではなく、個人の良心、倫理基準に照らして行動する、その力はいったいどこからきているのだろうか。また、個人の良心と戦争遂行国家との対立の構図で「民主主義社会」はどのように位置づけられるのだろうか。さらに、良心的戦争抵抗者の市民としての平和責任は、彼らの徴兵・徴用拒否の論理にどのように見られるのだろうか。「拒否」や「抵抗」が顕著な彼らの行動ではあるが、その中に平和を「創造」する可能性は見い出せるのだろうか。こうした問いを中心に、以下の事例では考察を深めていきたい。年代順にそれぞれの世界大戦下で徴兵・徴用に抵抗した良心的兵役拒否者の論理と倫理を分析していくが、まず、かの地にあってそもそも良心的兵役拒否が生成されるのに欠かせない伝統を、簡単に振り返ってみよう。

2　アメリカ良心的兵役拒否のふたつの伝統

　アメリカにおける良心的兵役拒否の歴史は、建国以前にさかのぼる。イギリ

スの植民地であった17世紀半ばから現代まで400年近くのその歴史を概観したときに、ふたつの伝統を指摘することができる。ひとつは、キリスト教平和主義で、良心的兵役拒否の思想と行動の端緒であり、長年その基盤であり続けた。もうひとつは、19世紀半ばに発表された宗教色のない政治思想、ヘンリー・ディビッド・ソローの「市民的不服従」で、これは20世紀以降の兵役拒否のみならず、公民権運動など様々な社会運動にも影響を与えてきている。

　まず、キリスト教平和主義は、どのようにして良心的兵役拒否の礎となったのだろうか。いくつかの点が挙げられる。第一に、新約聖書の福音書にある平和主義の実践、とりわけ、「悪しきものに抵抗するな」（マタイ伝5章39節）という無抵抗主義がある。これには「抵抗せずに悪を容認するのか」といった誤解がよくあるが、兵役拒否に関する限り、無批判・無抵抗に戦争という「悪」に順応するのではけっしてなく、むしろ「悪」から手を引くことによってその再生産には加担しない、といった非協力・非迎合の抵抗の形態であることがわかる。第二に、平和主義の実践に伴い、避けることのできない世俗的権威（政府・国家）との衝突に際し、彼らは異なる権威の基準、すなわち「より高き権威」（神の権威）をもっていた。それは「人に従うより神に従え」（使徒行伝5章29節）ということばに集約される。[2] 第三に、こうした思想の担い手である、「歴史的平和教会」とよばれるプロテスタント小宗派、すなわち、メノナイト、ブレスレン教会、そしてクェーカーの存在がある。同じキリスト教平和主義ではあるが、その実践に際し、再洗礼派の流れを汲むメノナイトとブレスレンは、戦争や政治の世界からは距離を置き、俗世社会とは関わらないように、それぞれの共同体で生活する傾向であったのに対し、クェーカーは、その平和主義をむしろ積極的に社会に働きかけていた。人間には一人ひとり「内なる光」（"the Inner Light"）が与えられているとし、個の尊厳を基調に、メノナイトなどの「無抵抗」にくらべ、むしろ「非暴力抵抗」を実践したといえる。（Brock 1968: 10）そして最後に、平和主義の実践の多くは、ウェーバーのことばを借りれば、「心情・信念の倫理」によって支えられていた。すなわち、社会的制裁や刑罰は自ら信じる平和主義の実践を阻むものではなく、また、行為の結果ではなく、その動機の純粋さが重要とされたのである。これはおもにメノナイトや

ブレスレンなどの小宗派に見られるが、社会的関与をいとわないクェーカーに関しては、この信念の倫理だけではなく、市民責任の倫理によってもその行為が理解されなければならない。

　つぎに、ヘンリー・ディビッド・ソローの「市民的不服従」は、19世紀半ば、メキシコ戦争などによる奴隷制拡張に反対したソロー自身の人頭税支払い拒否の体験をもとに著された。その中で展開されている個人と国家、良心と不服従に関する議論から、ここでは次の二点に絞って、ソローのことばと共に紹介したい。第一に、個人が「人」であるためには良心が必要であり、それによってのみ、道徳的自主性が可能となること。ソローは言う。「市民は、一瞬でも、またほんのわずかにでも、己の良心を立法府議員にあずけなければならないのだろうか。それでは、なぜ、人は一人ひとり良心をもっているのであろうか。私たちは、まず第一に人であるべきで、そのあと国民であるべきだと、私は思う。この良心の権利と同じほどに、法律に対して尊重の念を抱くのは、望ましいことではない。」(Thoreau 1983: 387)[3] ソローは、こうした良心を基盤とした道徳的自主性が、政府の限界を指摘し、その権威を越えていくことができるものと考えた。世俗的権威を相対化するにあたり、キリスト教平和主義が「より高き権威」を神の領域に見ていたのとは対照的である。第二に、個人の道徳的責任とは、不正義の手先にはならないことである。社会的不正義は、不義の法律も含め、様々な形で、多くの場に存在するであろう。しかし、不正義がその先棒を担ぐことを強要するときには、たとえ法律を破ることになっても、己の良心に基づいて行動することが個人の道徳的責任である、とソローは強調する。

　　もし、不正義が政府機構の必要な摩擦によって生じるのなら、そのままにしておけ、そのままにしておけ。おそらく不正義からは角がとれるだろうし、機構はたしかに摩耗するだろう。もし不正義がバネ、あるいは滑車、またはロープ、クランクをそれ自体に内蔵しているのならば、その改良が、もたらされる悪より大きくならないかどうか、あるいは考えてもいいかもしれない。しかしながら、それが他人に対して不正義を行う手先となるよう君に要求する性質のものであれば、私は言おう。その法律を破れ。君の人生をその機構を止める対抗摩擦とならしめよ。私がしなければならないことは、私が非難する誤りに対して、せめて私自身は協力しない、ということである。

（Thoreau 1983: 396）

不正義への「対抗摩擦」となるために、彼はこうも言う。「君のすべてを使って投票せよ。たんに一片の紙だけではなく、君のすべての影響を使ってだ。少数派は、多数派に同調すれば、影響力はなくなる。そうしたら、少数派ですらなくなる。しかし、少数派がそのすべての重みをかけて妨げれば、抑えられないものとなるだろう。」（Thoreau 1983: 398-399）こうした考えは、のちに個人の良心と行為に支えられた非暴力抵抗、また非暴力直接行動として、ガンジーやキング牧師の社会運動にも多大な影響を与えていくことになる。

　このようにソローの市民的不服従の議論は、神や宗教にほとんど言及することなく、個人の良心にその道徳的自主性を確保し、それに伴う責任に従って行動する回路を見い出した。こうした「良心」そして（不正義の法律、戦争、政府に対する）「拒否」を柱とした個人の道徳的責任に関する論考は、彼の時代にはまだ早かったにせよ、のちに社会的正義や平和の問題に関わる人たちに影響を及ぼすことになる。それは、両世界大戦時の絶対的良心的兵役拒否者たちの道徳的羅針盤となり、1960年代から1970年代初めにかけては、ベトナム戦争への良心的拒否の強固でより多くの人を巻き込んだ思想的な基盤となっていった。

3　第1次世界大戦における戦争抵抗——ロジャー・バルドウィンの事例

　20世紀における最初の世界規模での戦争は、国家総力戦であった。戦争経済への動員、国民同意の形成、政治的異端者の弾圧、そして該当者すべてに例外なく行われるようになった徴兵制度など、国全体を戦争に向けて巻き込んでいったのである。このような総力戦の性格をもつ世界大戦で初めて、伝統的ではあるがあまり知られていなかった平和主義者の無抵抗主義の実践が、「良心的戦争拒否」（"conscientious objection to war"）として認知され始めた。アメリカ史上初めて行われた国民皆兵の徴兵制度が、それまで目立たなかった歴史的平和教会の兵役拒否の実態を軍のキャンプに引きずりだし、また、平和主義小宗派以外の一般の人たちのあいだからも拒否者を輩出させた。しかし、第1次世

界大戦時の良心的兵役拒否者の数は、無視できるほどに小さかった[4]。彼ら戦争拒否者は、戦争と国家を支持する社会の圧倒的な流れの中にあって、自分たちの行為をどう見ていたのだろうか。何が彼らをして国家の戦争政策に挑戦すべく立ち上がらせたのだろうか。政府によって規定され社会一般に流布されていた戦時下の「国民の責任と義務」を鵜呑みにはさせなかった、彼らの倫理的な信念と責任感はどのように働いたのであろうか。ここでは、残されている一次資料からある一人の拒否者の証言をみてみたい。

　ロジャー・バルドウィンは、ハーバード大学で学士および修士号を取得した後、ミズリー州のセントルイスに移り、大学で社会学を教えるかたわら、セントルイス市の少年裁判所の首席保護観察官やセントルイス市民連盟の事務局長を務めていた。1917年4月、アメリカが第1次世界大戦に参戦すると、バルドウィンはそれらの仕事を辞し、ニューヨークに出て、徴兵制度とたたかうために市民団体「軍国主義に反対するアメリカ連合」(the American Union Against Militarism) に参加し、現在に至るまで社会的に影響力のある自由権利団体「アメリカ自由人権協会」(the American Civil Liberties Union) の前身である「全米自由人権局」(the National Civil Liberties Bureau) の事務局長に就任した。そこでの仕事は、彼のことばで、「良心的兵役拒否者に寛容な条項を通して、言論の自由と出版の自由、そしてアングロサクソンの伝統である良心の自由の権利を維持する」ことであった。(Baldwin 1918: 9) 戦争に反対し、良心的兵役拒否者の人権のために奔走していたバルドウィンであったが、1918年10月、彼自身が兵役法違反で逮捕され、裁判にかけられ、懲役1年の実刑判決を受ける。以下では、ニューヨークの連邦裁判所での判決に際して彼の残した証言をもとに、彼の実践する良心的兵役拒否の論理と倫理を考えてみよう。

　バルドウィンは、彼自身の兵役拒否に関して動機を次のように語っている。

　　この兵役法に従うことを拒否する、やむにやまれない動機には、戦時であろうと平時であろうといかなる理由であれ、国家による人命の徴用の原理にたいする私の揺るがなき反対がある。いま現在の兵役法に従うことを拒否するのみならず、将来における仕事と理念への私の選択を指示する似たようないかなる法令に従うことも拒否するであろう。人命の徴用の原理は、私たちの大切にする個人の自由や民主主義的自由、そ

してキリスト教の教えのすべてに明らかに矛盾する、と私は考える。(Baldwin 1918: 6)

ここでは、個人の自由を強調し、徴兵制度の原理そのものを批判し拒否する姿勢が明確であるが、彼の戦争に対する見方、平和主義思想も続けて明らかにしている。「私は、この法律が戦争遂行の目的のためにあることからして、より一層つよく反対する。私はこの、またその他すべての戦争に反対する。どのような目的であれ、たとえそれがいいものであれ、物理的力の行使がその目的に到達する手段であることを私は信じない。」(Baldwin 1918: 6-7) このようにバルドウィンの兵役拒否の動機には、「個人の自由の擁護」と平和主義に基づいた「反戦」の理念が併存している。

　こうした動機をもとにして、バルドウィンは、徴兵制度に対して非妥協の姿勢を貫く。すなわち、軍務や兵役のみならず、軍令に関わる一切の仕事を、それがたとえ農作業であれ、拒否しようというのである。彼は言う。「私が反対するのは、直接的な軍務や兵役だけではなく、戦争の遂行を支えるために企図されたいかなる作業もである。したがって、この法の下ではその仕事・作業の性質にもかかわらず、受け入れることはできない。」(Baldwin 1918: 7) さらにこうも説明する。

　もし私が兵役法に従い、軍のキャンプに行けば、良心的兵役拒否者への農業賜暇という戦争省の寛容な条項が適用されるだろうし、戦時中であっても、農業をすることには道徳的な異論はないはずだ、と言われるかもしれない。私は第一に、こう答える。徴兵制度の下のいかなる作業にも反対しているのであって、作業それ自体の道徳的な異論の有無には関係がない。第二に、もし仮に、作業そのものに道徳的反対理由がなく、私が戦争だけに反対していたとしても、私には、戦争遂行を支える様々な仕事作業の中で道徳的区別をすることはできない。塹壕での作業であっても、自宅での戦時債券や（戦時貯蓄への）倹約切手の購入であっても、または、徴兵令の鞭の下での農産物の生産であってもだ。これらすべては同じ目的——すなわち戦争——に資する。もちろん、私たちはみな、日常生活の営みによって、無意識に戦争に関わってはいる。私がここで言いたいのは、自らの選択に基づいてなされた直接的な作業のことである。(Baldwin 1918: 7-8)

　こうした徹底した徴兵・徴用拒否の立場は、ごくごく少数がもつ「極論」で、世間からは「いかんともしがたい自己中心主義」か「精神薄弱の一種」であると見られていることを彼は自覚している。バルドウィンのこうした非妥協の姿勢の基盤にあるのは、「自由へのたたかい」、自由という価値を認め、実践することによりその理念を護ることであった。彼の考える自由は、個人的なものにとどまらず、社会・公共をも射程に入れた市民的自由であった。

> アメリカは私にとって、自由な政治制度の重要な新たな実験である。自らの生活と仕事を選択する私的自由は、旧世界の中世的および現代的な専制を逃れてきた人たちによってもたらされたもろもろの自由の要であるように見える。しかし、私は、私たちをとりまく完全なる独裁横暴な産業体制──それは貧困や病、犯罪、そして自由に成長する権利を奪われた子供たちによってもたらされる荒廃ぶりに見られる体制──に対して抵抗した。それゆえ大学卒業後、私は社会福祉事業に従事したのである。(Baldwin 1918: 8)

そしてアメリカが世界大戦に参戦するや、バルドウィンは職を辞し、市民的自由を護る運動に身を投ずることになるが、その背景にある思いを彼はこう語る。「戦争がアメリカにやってきたとき、こうした自由の理念を護ることは、私にとって一刻の猶予も許さない挑戦であった。その理念は、急進的な経済観の基礎であるばかりでなく、この共和国の建国した人たちの急進的な政治観の基礎でもあったし、そして中世の宗教的自由へのたたかいの基礎でもあった。」(Baldwin 1918: 9) 市民的自由という理念を護るための行動は、バルドウィンにとって、自らに突き付けられた徴兵・徴用を断固として拒否することであった。

　バルドウィンは、証言を以下のことばで締めくくる。市民的自由が未来社会を先導していくことを確信しつつ──。

> 私のようなかなりの異端者の考え方をある一定数の人たちに広めることは、戦争とヒステリーに満ちた時代に、ほとんど絶望的であることはわかっています。また、私の原理に関する限り、まったく非実用的であること──たんなるたわごとであることも承知しています。こうした考えは、今日の世界で通じるものではありません。私はそのことをまったく理解しています。しかしながら、この考えは未来において先導して

いくものであるとまったく確信しています。

　私の人生においてこうした考えが最も大切なことであるとの心境に至ったゆえ、私は、首尾一貫して、自尊心をもって、私が行ってきたこと以外のことはできません。すなわち、私が理念的にも実際的にも尊重するすべてのことの否定に見えるこの法律を意図的に破ることです。(Baldwin 1918: 11)

バルドウィンのこのような思想と行動は、自分の力では変えられない国際的・社会的状況——アメリカの参戦、兵役法の施行、そしてそれらを支える多数の世論——に対して、彼の抱いていた反戦や市民的自由といった理念を擁護し実践していった軌跡でもある。それは、個人の道徳的自主性に基づき、責任ある行動をとるソローの思想を体現しているともいえるだろう。それからおよそ20年後に起こる第2次世界大戦において、反戦の理念を護るたたかいはどのように展開していったのだろうか。

4　第2次世界大戦における戦争抵抗——ユニオン神学生の兵役登録拒否

　真珠湾攻撃の1年ほど前の1940年秋、戦時以外に初めて行われようとされる徴兵への登録日のおよそ1週間前、ニューヨークのユニオン神学校の学生の一団が、「徴兵制と登録に関するキリスト教徒の確信」と題する声明を発表した。その冒頭にはこうある。

　私たちはユニオン神学校の学生のグループです。熟慮と祈りを重ねた結果、キリスト教徒として私たちは、1940年の選抜訓練・兵役法に関しては、政府に対していかにも協力すべきでない、との結論に至りました。[5]

彼らは神学生として、軍隊に召集されることはなかったであろうし、法の下に良心的兵役拒否の地位を得ることもできたであろう。登録のみが、要件であった。しかし、宣教師としての入隊免除を受けることも、国家が規定する良心的兵役拒否者となることも、彼らの戦争に反対する道徳的信念にかなうものではなかった。この声明書の中で、神学生たちは、徴兵抵抗に至るおもに四つの考えを述べている。第一に、彼らは「神の意志と調和して」生きることを望んで

いること。彼らが理解するところの神の意思に行動を方向づけることで、「神の意志に近づける」とは神学生も考えてはいなかったが、彼ら自身の「不完全性と過ち」をもって、「キリストを通して神にある愛をより完全に求めつつ」、神の審判に立つ、と考えた。第二に、徴兵制は戦争の制度の一部である、と神学生は認識した。彼らにとって、兵役法を戦争のシステム全体と切り離して考えることは不可能であった。第三に、彼らは戦争のシステムを「社会秩序の邪悪な部分」と考えた。それというのも、「戦争は、キリストを通して神に見られる愛のあり方に反する」からで、彼らは、戦争にどのような形であれ協力することはできないと確信した。そして第四に、神学生たちは、政府の徴兵に「全体主義的傾向」を見てとった。「私たちの政府が、国の人的資源は1年間の軍事訓練を要すると主張するのは、全体主義的動きである」と彼らは論じ、こうした考えに基づいて、神学生たちは「必要悪としての戦争と徴兵制」を受け入れることはできないとの結論に達した。もし彼らの行為が国家と衝突するのなら、「私たちは国家に従う前に、自分の良心に従わなければならない」と宣言した[5]。

　ここで明らかなのは、一方で、「神の意志」に基づいた神学生の強い道徳的信念は、戦争と徴兵制の問題で彼らに妥協を許さなかったこと。しかしながら他方で、彼らの姿勢というのは、それまでの宗教的兵役拒否者の多くに見られたような個人の内的な、精神的な救済や私的な魂の純潔の保持のためだけにあったのではなかった。そうではなく、兵役法に従うことを拒否した彼らの行為には、個人の神に対する道徳的義務とは異なるものへの責任感を見ることができる。この責任感は、神学生が兵役法によって直面せざるを得なかった二つの問題に対する彼らの見解——聖職者兵役免除と良心的兵役拒否者としての登録——によく表れている。

　聖職者兵役免除は、神学生たちを悩ませた。登録を拒否した8人の神学生の一人であるジョージ・ハウザーは、以前関わっていた活動に照らし合わせて、登録と聖職者免除についてこう振り返っている。「私は、選抜兵役法に登録しなければならないことに深く憂慮した。たしかに登録すれば、神学生として自動的に兵役免除されるであろうが、それでは、なにか責任を回避しているよう

にしか見えなかった。私はキリスト教平和主義者であった。メソジストの青年
運動と共に育ち、大学では、学生キリスト教運動で活動していたのだ。」（ガ
ラ・ガラ 2010：217-218）また、別の神学生であるディビッド・デリンジャーに
とって聖職者免除は、彼自身が放棄しなければならない「特権」であると考え
ていた。彼と同年代の青年の多数が、「徴兵されるかそれを拒否して入獄する
かの責任を負っていた」とき、彼は、「徴兵制と特権的な免除の両方に」反対
していることを表明する方法として、登録を拒否することに決めた。彼にとっ
ては、「異なった出身階層の人たちや宗教的な素養がない人たちが、まずは徴
兵の、そして戦争の重荷を背負わなければならないときに、私は特権的な免除
は受けたくなかった。」実際、彼と仲間の神学生たちは、「この特別な宗教的な
免除に怒り」、免除は「賄賂」だと呼んでいた。（Dellinger 1993: 73, 78）

　神学生たちが直面したもうひとつの選択は、兵役法のひとつの要件である、
良心的兵役拒否者としての登録である。彼らの登録拒否の見解にも、彼らの信
念がより広範な市民的な文脈に置かれていることが表れている。声明の中で、
彼らがなぜ良心的兵役拒否者としても登録に反対するのかを説明している。

> もし私たちが、たとえ良心的兵役拒否者としてでも、この兵役法の下で登録したなら
> ば、私たちはその法律の一部となってしまう。良心的兵役拒否者として私たちが、兵
> 役法の最も粗悪な非キリスト教的な要件から個人的な免除を受けたとて、私たちが兵
> 役法を遵守し、その保護にあずかるという事実を消すことはできない。もし警察（あ
> るいは自警団）が私たちを道で尋問したなら、私たちの所持する政府発行の証明書が
> 私たちは「大丈夫」であると示すであろう——私たちはアメリカの軍事化を進める法
> 律に従っているのだから。もしそのことが私たちのキリスト教徒としての良心を傷つ
> けないとしたら、他に何が傷つけるというのか。（Moroi 2008: 88）

登録された良心的兵役拒否者になるということは、彼らにしてみれば、「アメ
リカの軍事化」を促進する兵役法の一部となることであった。登録すれば、軍
事システムの要素を認可することになると考え、拒否したのである。このまさ
に軍事システムの中での彼らの社会的立場への自覚は、神学生が自身の道徳的
信念をより広い文脈に置いて捉えていたことを示している。彼らは、彼らなり
のやり方で、兵役法の要件への遵守がもたらす意味合いと結果を見通していた

のである。

　さらには、この道徳的信念を社会文脈の中において捉えることは、神学生たちがどのような社会、地域社会をつくりだしていきたいのか、と考えを発展させていくのに直接関係していた。ある神学生はこう回想する。

> ［クェーカー派のアメリカフレンズ奉仕委員会の］クレアランス・ピケットは、私を脇に寄せ、こう語った。もし私が新進の聖職者として兵役免除を受けないのなら、私は徴兵制に登録し、神学校を退学し、良心的兵役拒否者として代替奉仕活動に応募すべきである、と。もし私がそうすれば、彼は、創設される良心的兵役拒否者の奉仕キャンプのひとつの監督者に私をしてあげるとも言った。そこで、国内外に見本となるような非暴力の地域共同体のモデルをつくることができる、と。
> 　私にしてみれば、森の中の隔離されたキャンプに平和主義者の仲間たちと語り、黙想し、祈祷するために引きこもるよりか、私が生活し、働きかけていた荒れた地区にできるだけ長くとどまることの方が自分が信じる非暴力行動により適っていると考えた。ニューアークでは、人種的、階層的な衝突が緊張を高めている中で、私たちは非暴力的に行動していたが、奉仕キャンプの中では、外の世界と接する機会はほとんどない。(Dellinger 1993: 79)

　ドナルド・ベネディクト、メレディス・ダラス、ディビッド・デリンジャーの３人の神学生は、神学を学ぶ傍ら、ニューアークのスラム街で働き、彼らの宣教を受ける人たちとともにそこに住んでいた。よって、この神学生たちにしてみれば、良心的兵役者免除を受けることは、彼らの道徳的信念の社会的文脈における理解に反するばかりでなく、彼ら自身の社会に対する責任感に配慮することなく宗教組織、政府当局によって与えられる作業――「国家的重要作業」――につながっていた。結局、彼らが聖職者兵役免除を受けようとも、登録して良心的兵役拒否者になろうとも、それは、「軍事的徴用のシステムの中での特権的な聖域・避難所」に参加していることであった。そして、彼らにしてみれば、この「特権的な聖域・避難所」の中においては、自らの市民責任を果たすことはできない、と考えたのである。

　このようにして、ユニオン神学校の８人の神学生は、彼ら独自のやり方で、戦争体制に抵抗した。戦争への良心的拒否の数ある方法の中で、徴兵への登録拒否は、最も妥協のないもので、市民の社会に対する責任の問題にあらためて

一石を投ずることになる。「神の意志」とキリスト教平和主義への信仰に根ざした彼らの信念の倫理は、市民責任の倫理と共にあった。神学生たちは、聖職者兵役免除を受け入れなかったのだが、それは、戦争と徴兵に対する彼らの明確な反対姿勢を曇らせるものであったし、また、一般の人には得られない特権に見え、その特権によって戦争と徴兵の荷が一般の人たちに移されていると考えたのであった。こうして、神学生たちの聖職者兵役免除拒否は、より広範な社会にむけての想いがあり、そこには彼らの市民責任の倫理の認識があった。さらに、民間奉仕活動キャンプで作業に従事する良心的兵役拒否者となる法的な選択肢を拒むにあたり、神学生たちは、代替作業では自分たちがつくりたいと望むような社会のための自分たちの関わりの「証明」にはならない、と論じた。彼らにとって理想社会は、たとえそれが非軍事的な作業を提供しようとも、徴兵や徴用制度とは無縁であり、そうした理想社会に近づくことに、神学生たちは責任感を持ち行動していた。

5　おわりに

　ロジャー・バルドウィンは、第1次世界大戦後、1920年にアメリカ自由人権協会（ACLU）の創設者の一人となり、その事務局長を30年間ほど務めた。第2次世界大戦後の1947年には、GHQ のマッカーサー将軍の招へいにより、市民的自由と人権の発展のために日本と韓国を訪れ、日本自由人権協会の設立に関わる。また、1950年からは国際人権連盟（the International League for the Rights of Man）の議長として世界をまわる中、1959年には沖縄を訪れ、非暴力の思想と行動で後に「沖縄のガンジー」と呼ばれることになる阿波根昌鴻さんと会っている。その時のことを阿波根さんはこう記している。

　　…1959年のことでしたが、世界人権連盟議長のロジャー・ボールドウィンさん、実に立派な方であると聞いたが、この人が那覇にきた。沖縄の土地闘争のことを知って、人権侵害があるのではないかと調査に来られたわけです。那覇の教職員会館で講演するということを新聞で知って、わしらはさっそく陳情書をつくり、「ボールドウィンさん歓迎」という横断幕をもって、那覇に会いに行った。陳情書に、「日米両政府は

わしらの家を焼き、農民を縛り上げ、土地を取り上げて、核戦争の準備をしておりますが、これを止める方法がありましたら教えてください」と書いて、質問したのです。

どんなむずかしいことをいうか、と思っていたら、ボールドウィンさんの答えは簡単でした。「みんなが反対すればやめさせられる」、こういわれたのです。わしらは考えました。みんなが反対すれば戦争はもうできないんだ、「ああ、これはそのとおりだ」とわしは納得しました。わしが自分の土地を基地に使わせないための闘いを続け、そして反戦平和のための運動を続ける上で、このことばは実に大きな支えとなったのであります。(阿波根 1992：12)

阿波根さんが起こした反戦平和資料館「ヌチドゥタカラの家」(わびあいの里)には、いまでも「みんなが反対すれば戦争はやめさせられる」ということばが大書され掲げられている。

また、徴兵登録を拒否したユニオン神学生の一人、ディビッド・デリンジャーは、その生涯を通じて平和運動や人権運動に関わり、アメリカ国内で先導的な役割を果たしてきた。ベトナム反戦運動では、1968年シカゴでの全米民主党大会のときに反戦集会を開催し、「暴動を扇動した」かどで起訴され無罪となった「シカゴ・エイト」の一人であり、また、日本のベトナム反戦運動とも交流があった。1966年には市民団体「ベトナムに平和を！市民連合」(ベ平連)の招きで日本を訪れ、小田実と出会い、彼を「私の知る中で最も人情に厚くて思慮深い、創造的な公正と平和への働き手」と評し、その後数十年にわたり国際平和会議などを共催してきた。ベ平連の会議では、お互いにこう確認したという。「反戦運動が本物であるためには、平時の日々の生活での関係において、人間性のより良い部分を涵養し強化するような社会をつくりだしていかなければならない。」(Dellinger 1993: 225)

ここで取り上げた良心的兵役・戦争拒否の事例から、最後にふたつの点を確認しておきたい。まず、彼らの兵役拒否の論理と倫理には、宗教や人道的思想を基盤とした反戦への強い信念のみならず、あるべき平和な社会をつくりだす市民責任も存在していたこと。それは、戦争遂行国家と個人の良心との緊張・対立関係にあっても、個人は市民として、あるべき社会にむけて貢献できるという可能性を示唆している。そして、理念を「護る」ということと「行動す

る」ことの連続性。「自由」や「平和」、「非暴力」、あるいは「平等」、「公正」
といった理念は、彼ら自身の解釈に基づいて理解され、それらを抑えつけよう
とする力に対して、理念を護り実践するために、直接、身をもって、行動を起
こしている。非暴力直接行動は、世界大戦後、公民権運動やベトナム反戦運動
など、さまざまな社会運動で行われ、非暴力の力は決して非力ではないことを
示している。こうした歴史を踏まえ、私たちの生きる21世紀には、非暴力を実
践することによる平和創造の可能性が、広く開かれている。

【注】

1）　日本の事例については、阿部 1969；稲垣 1972；イシガ 1992；Moroi 2018；山村 1987な
どを参照。

2）　ドイツの社会学者マックス・ウェーバーは、このように世俗的権威を相対化し自ら信
じる神の権威に忠実であろうとしたプロテスタント小宗派に、良心の自由の原点をみる。
Weber 1985：10；カルバーグ 2019：43-44；Moroi 2008：18参照。

3）　ソローのこの作品にはいくつかの邦訳があるが、ここでの翻訳はすべて著者による。

4）　1917年6月5日の徴兵登録日から第1次世界大戦終結までに、6万4693人が良心的兵
役拒否者の地位を申請した。その中から実際に徴用されたのは、2万873人であった。し
かしながら、ひとたび軍営に収容されると、そのおよそ5分の4（1万6000人以上）が
考えを変え、良心的兵役拒否の立場を棄てて、戦闘員兵士となった。入隊後も良心的兵
役拒否を主張した者は、わずかに3989人であった。この数は、当時徴兵された280万人以
上（281万0296）からすれば、ほんのわずか（その割合は0.14％）でしかなかった。な
お、第2次世界大戦時には、制度が改善されたこともあり、およそ5万人（4万3000〜
6万8000人）の良心的兵役拒否者がいたが、1000万の徴兵総数からすると、その割合は
約0.5％であった。（Moroi 2008：52, 82）

5）　"A Christian Conviction on Conscription and Registration," October 10, 1940. The
Swarthmore College Peace Collection 所蔵。この事例のより詳しい経緯については
Moroi 2008: 85-91を参照。

〔参考文献〕

阿波根昌鴻（1992）『命こそ宝——沖縄反戦の心』岩波書店

阿部知二（1969）『良心的兵役拒否の思想』岩波書店

イシガオサム（1992）『神の平和——兵役拒否をこえて』日本図書センター

稲垣真美（1972）『兵役を拒否した日本人——灯台社の戦時下抵抗』岩波書店

ガラ, ラリー・ガラ, レナメイ（2010）『反戦のともしび——第二次世界大戦に抵抗したア
メリカの若者たち』師井勇一監訳、明石書店

カルバーグ，スティーブン（2019）『アメリカ民主主義の精神——マックス・ウェーバーの政治文化分析』師井勇一訳、法律文化社

デリンジャー，D・小田実（1999）『「人間の国」へ——日米・市民の対話』藤原書店

山村基毅（1987）『戦争拒否　11人の日本人』晶文社

Baldwin, Roger（1918）"The Individual and the State: The Problem as Presented by the Sentencing of Roger N. Baldwin," the Swarthmore College Peace Collection.

Brock, Peter（1968）*Pacifism in the United States: From the Colonial Era to the First World War*, Princeton, NJ: Princeton University Press.

Dellinger, David（1993）*From Yale to Jail: The Life Story of a Moral Dissenter*, Marion, SD: Rose Hill Books.

Moroi, Yuichi（2008）*Ethics of Conviction and Civic Responsibility: Conscientious War Resisters in America During the World Wars*, Lanham, MD: University Press of America.

—— (2018) "Christian Pacifism and Conscientious Objection in Japan, Part II: Ishiga Osamu." 『明治大学国際日本学研究』第10巻第1号、71–83頁

Thoreau, Henry David（1983）"Civil Disobedience" in *Walden and Civil Disobedience*, New York: Penguin.

Weber, Max（1985）"'Churches' and 'Sects' in North America: An Ecclesiastical Socio-Political Sketch," *Sociological Theory* 3: 1, pp. 7–13.

第Ⅱ部
平和を創造する取り組み
——現代につながる具体的事例——

第7章　沖縄戦の記憶と平和創造

——次世代への継承

山内　健治

1　はじめに

　「沖縄戦」を考える時、言葉としては、「地上戦・捨て石作戦・住民の巻き添え・現地徴用・集団自決・県民犠牲者4人に1人」などが浮かぶ。そして、沖縄戦から学ぶ「平和創造」を考えるとき、戦前からの軍事要塞化、皇国史観による植民地教育、中央政府〈ヤマト〉から沖縄への差別・蔑視、米軍統治下の沖縄、冷戦構造と祖国復帰後も続く基地集中、軍事環境下で起きた幾多の事故・事件、沖縄県側からの日本政府に対する新基地建設反対要求といった時系列の事象が頭をよぎる。

　その歴史過程の中で我々が「沖縄戦」から学んだ象徴的な教訓の一つは「軍隊は一般住民を守らない」ということであったと思う。

　戦後75年の今、戦争体験のアーカイブを再確認しながら「沖縄戦」から問われる「平和創造」のあり方、あるいは次世代への継承方法の模索とは、戦争体験者（犠牲者）の記憶から学んだ教訓を、私たちが、おかれている個々の環境において身体的に再学習し次世代へバトンを渡すことに他ならないことと思う。以下では、沖縄戦の記憶、そして次世代への継承について、その実践例を紹介しながらその方法と課題を模索してみたい。

2　軍事史から個の戦争体験アーカイブへ

　沖縄戦のアーカイブと研究に長年にわたり携わってきた故大田昌秀（沖縄国

際平和研究所理事長・元沖縄県知事）は、『決定版　写真/記録　沖縄戦——国内唯一の“戦場”から“基地の島”へ』（大田 2014：1-3）の冒頭に沖縄戦の戦場でおきた全容の理解が未だ完結していない理由を次のように記している（筆者要約）。

　①日本・沖縄・米国三者がじかに関与した戦闘のため、それら三者の複雑多岐な資料収集と分析の必要性。②実際に戦場で戦ったのは、正規軍人・現地召集の防衛隊・義勇隊のほか、県下の男子中学校や女学校生徒、さらには14歳未満の子供達が含まれ、それら全ての戦争体験を的確に網羅することは容易ではないこと。③従来沖縄戦の研究は、主として沖縄県史と市町村史に依拠してきたが、最近は「字誌」レベルの戦争編が数多く発刊され、その中には看過できない重要な証言が数多く採録されていること。④近年の沖縄戦研究の深化と伴い浮上する課題は、戦死者の未収骨の問題、不発弾処理問題等々のほか、戦争体験者の高齢化に伴う PTSD 問題など、沖縄戦は今も続いていること。

　そして末尾に「ここで強調しなければならないことは、現在、沖縄で大騒ぎの基となっている普天間飛行場の名護市辺野古への新基地問題についてです。辺野古の海風が吹き荒ぶ海岸にテントを張り、90代のおばあさんたちや80代のおじいさんが座り込んで抵抗しています。しかも十数年間もの長きにわたって新たな基地を絶対に造らせないと頑張っているのです。いずれも戦争体験者たちだからできることなのです」（大田 2014：3）と結んでいる。

　この大田昌秀の言質の中にある沖縄戦と現在の繋がりは、今なお沖縄戦のアーカイブが継続していること、将来も深化させなければならない必要性を真摯に問うているのである。

　戦後、しばらくの間、沖縄戦研究の多くは、一般住民の戦場記録よりも戦闘・戦術あるいは軍事史に傾斜していた。理由は、沖縄全土を巻き込んだ戦争は、多くの公私にわたる記録資料を消失したことに加え、生き延びた一般住民の体験証言は米軍統治下において極めて少なく、また、凄惨な身内の戦争体験を目の当たりにしてきた人々は語ることもできなかったという理由も重要な要件の一つである。

　結果、戦後の沖縄戦研究の多くは、英文による米軍側資料と日本軍側資料か

らなる軍事資料に頼らざるをえなかったことにより一部の専門家の戦史編纂の時期であったともいえる。その頃、公刊された軍事史の代表的なものには、日本軍側資料として防衛庁防衛研修所戦史室『戦史叢書　沖縄方面陸軍作戦』（朝雲新聞社、1968年）、米軍側資料として米国陸軍省編・外間正四郎訳『日米最後の戦闘——沖縄戦死闘の90日』（サイマル双書、1968年）がある。

　現在でも、実際、沖縄戦を説明する本・冊子・パンフレット類に使われる導入部の記述には、これらの軍事史から転載・引用しステレオタイプ化されたストーリーが少なくない。

　一例として、内容を列記するとおおよそ次のようなものである。「米軍側のアイスバーグ作戦の艦船・銃器の軍備量と日本側第32軍の軍備の劣勢／4月1日、米軍の本島上陸、ニミッツ艦隊の本格的な攻撃と地上戦開始の写真と記述／米軍側の北部・南部の分断作戦の記述／首里・那覇周辺の激しい両軍の攻防戦・部隊配置の記述と写真／日本陸海軍陣地（壕）の移動状況と現地徴用隊員、学徒を巻き込んだ南部への敗走状況の記述／最後に第32軍牛島満司令官の打電文『璽今各部隊ハ各局地ニオケル生存者ノ中ノ上級者之ヲ指揮シ最後迄敢闘シ悠々ゝ大義務ニ生キルヘシ』、長勇参謀と共に自決した6月23日をもって組織的戦闘は終結した」とする内容である。これらの記述は一軍事史であっても「沖縄戦」の「戦場」の概要ではない。戦場にいあわせた兵隊、現地徴用兵そして何よりも住民犠牲者の記憶と体験が欠落するからである。事実、牛島打電は民間徴用兵を含み戦闘の継続を意味し、その後もゲリラ戦は継続し、一般住民はガマ（自然壕）やジャングルを飢餓の中、迷走し犠牲となったものも少なくない。また、戦史としても一部の二次的資料から成り立ってきた箇所も見受けられる。近年、日米軍側の作戦報告書を再読しながら新たに編纂されてきた市町村史に見られる戦争の記述との整合性を再検証している仲本和彦（沖縄文化振興会公文書管理課・資料公開班）は、前出の『戦史叢書 沖縄方面陸軍作戦』の記述にも記録書類が破棄されたりする中で執筆者の推定部分が少なからず見出せることを指摘している（仲本 2018：3）。

　沖縄戦における一般住民の戦争体験を記録に残そうとする機運は1960年代後半から70年代初頭まで待たなければならなかった。その動機づけの一つには、

従前の軍事史を中心とした沖縄戦史に県民自身が違和感を感じていたことも大きい。沖縄の住民側から見た沖縄戦記録・継承運動と機運は1971から74年にかけて琉球政府・沖縄県より刊行された『沖縄県史第 8 巻　各論編 7　沖縄戦通史』、『沖縄県史第 9 巻　各論編 8　沖縄戦記録 1』、『沖縄県史第10巻　各論編 9　沖縄戦記録 2』に結実する。これら県史の資料は、県行政が主体となって行った包括的なオーラル・ヒストリー（聞き取り調査）事業により集められ、県内各地の個人体験記の収集や座談会記録の方式で、体験者の肉声が記録されていった。こうした一般住民による戦争証言は、「戦争の事実」として、より「沖縄戦」を精緻に描き出し、これまでの公的な記録文書への補足に留まらず史実の修正・解明にも重要な役割を担ってきた。

　同様の動きは、公刊された出版物だけでなく沖縄戦に関わる展示施設のモノの配置あるいはミュージアムでの証言展示にも変化をもたらしている。

　復帰記念事業として建設された「沖縄県平和祈念資料館」の設置条例は1974年 6 月に可決されたものの、沖縄側の専門委員の配置もなく靖国神社と関わりのある「沖縄戦没者慰霊奉賛会」に委託し運営された。結果、75年 6 月の開館当時の展示は日本軍や米軍の銃・砲器物や刀剣が 3 割を占め軍事攻防戦史を中心にストーリー化された内容であり、住民の語りからの視点は極めて脆弱な展示であった。これに対して多くの県民からの批判が巻き起こり、研究者や市民により結成された「沖縄戦を考える会」などによる展示改善要請を受け展示改修の工事が行われた。同館がようやく再オープンに至ったのは78年10月のことである。この間、沖縄県側での議論は沖縄戦の実態を表すためには、展示の中心を住民の生の証言をより活かしたものにすること、戦争遺物の資料はあくまで補足資料であることの確認作業であった（秋山 2019：167-172参照）。

　こうした住民サイドの沖縄戦の継承・記録の運動の方向性は、本土から沖縄を訪問する人への戦跡ガイドにも投影された。1960年代の南部戦跡観光の大半は慰霊墓参団であり軍人賛美のバスガイド案内がほとんどであったという。また1960年代に摩文仁に建立された他県の慰霊碑には犠牲者への鎮魂よりも軍人本位の英霊を讃える碑文が多かったのも事実である。対照的には、1946年に沖縄県真和志村民によって建立された「魂魄の塔」が存在し、その後も沖縄県民

遺族の慰霊と鎮魂の精神的なメモリアルの役割を担ってきた。この慰霊塔は南部に散在した犠牲者の遺骨を村民の手により収集し納骨したものである。現在、遺骨は一部を残して摩文仁の国立沖縄戦没者墓苑に移されている。1970年から1980年にかけての南部の案内は、ようやく観光ガイドから平和ガイドへ質的転換がはかられ、修学旅行、体験学習において住民の避難先での生活やガマ（自然壕）での実態が紹介されるようになっていったのである（北村 2004：51-72参照）。

　1995年に平和祈念公園内に設置された「平和の礎」を訪れた人は、おびただしい数の戦没者氏名が刻銘されていることに圧倒された経験があると思う。2020年現在の刻銘数は、24万1593名（沖縄県 HP より）である。その刻銘一つ一つに個の命があり家族があったことと同時に匿名ではない個の戦争体験が埋め込まれている。沖縄戦から学ぶ教訓とは、この記憶の全てを掘り起こして継承することを前提としている。

　以下では、沖縄から記録・発信されてきた戦争体験の記憶とその継承の実践例として「読谷村の平和行政」、「ひめゆり平和祈念資料館」の活動を紹介してゆきたい。

3　戦争体験の次世代への継承と平和創造

⑴　読谷村の平和行政と『読谷村史　第五巻資料編4　戦時記録（上・下巻）』

　読谷村は沖縄戦の米軍上陸作戦の中、本島最初の上陸地点となり被災し、村のほとんどの土地は米軍用地として接収され多くの字が強制移転を余儀なくされた村である。日本復帰後、10年以上を経過した1988年当時でも、村内面積の約48％が軍用地に接収された状態であり米軍パラシュート降下訓練による事故ほか基地被害に悩まされ続けた自治体である。米軍読谷補助飛行場の返還をはじめ米軍用地撤去の闘い（運動）を行政と村民が一体となって行ってきた「平和村づくり」への取り組みを紹介しておきたい。

　戦後の読谷村の平和行政、あるいは、それと連動した文化村づくり構想の基本には、山内徳信村長により語られた「人間性の豊かな環境・文化村」「平和

に優る福祉なし」「平和な社会であってはじめて文化の花が咲く」「人歩けば道となり、それはやがて文化となる」というスローガンがある。山内村長の村政時代、平和行政の直接の担当者であった小橋川清弘氏（元読谷村立歴史民俗資料館長）に、今回あらためてそのスローガンの背景をインタビューした[1]。以下、その抜粋から紹介しよう。

　「文化とは人々の日々の活動の積み重ねであり、一朝一夕にできるものではない。日々文化活動を自由にできる環境こそが文化村である。各地域共同体的な存在としての行政区（字・むら・シマ）があり、それぞれ500年から600年の歴史を持ち伝統と独自の風習、民俗芸能などをもつ。それらを大事にする取り組みをやった。それが読谷村の基礎づくりの一つとなった。20あまりの共同体の基礎の上に「読谷村」という行政がのっている。自らの伝統や文化に誇りを持つことで共同体の基礎はますます充実し、読谷村の発展につながる。これまで、ずっと「文化村づくり」をスローガンとしたが、そのときの「村（むら）」は、地域共同体の「むら」と置き換えると理解がしやすいと思う。もちろんそこには、日本国憲法の精神を活かそうとする心意気があった。即ち、主権者たる国民は、本村では村民であり、その主権者に一番近い地方政府は読谷村役場である。主権在民を一番体現するのは市町村行政である。復帰後の村づくり運動は、沖縄戦の教訓を活かしつつ、村民主体、村民ぐるみの、21世紀の歴史の批判に耐えうる平和村づくりの闘いであり、その理念こそが、日本の平和憲法の精神であった。平和な社会でなければ文化の花は咲かない。沖縄県民にとって日本国憲法は与えられたものではなく「復帰運動」を通して勝ち取ったものである。本土の人々と憲法の認識の違いの原点はそこにあるのかもしれない」（小橋川談）。

　こうした村行政の指針（理念）のもとに米軍用地返還運動があり、日米両政府へ数々の要望と施策が提出され、米軍飛行場跡地には役場庁舎・村民運動広場・文化施設等の建設が進められてきた。また、庁舎及び文化施設のみならず、文化行政のシンボルとなったのは、今年で46回目をむかえる「読谷まつり」であったと小橋川清弘氏は言う。1975年県内では初となる村立歴史民俗資料館の開館記念事業と並行し開催された「読谷村文化まつり」がその始まりである。この“まつり”は、学校教育（児童生徒）を含めた村民や地域共同体の日々の活動の発表の場として開催され、今日では児童生徒を含めた村民約5000人が関わり、各字単位の伝統芸能や諸団体、個人の文化活動を披露する場となってきた。村民にとっては、自分たちの文化を発信し、また誇りを持つ機会

でもある。1990年代はじめ頃には、多い時で延べ15万人が集まる"まつり"にまでに成長している。近年では前日に「100万人の平和コンサート」も開催され県内外からのアーティストも招き、平和へのメッセージが発せられる。小橋川氏は、このイベントは、"まつり"としてのかたちをとりながらも軍用地返還運動の一翼も担ったという。

　具体的には、日本復帰後も米軍用地返還が進まず停滞する中、1980年半ば頃から日本、沖縄に駐留する米国高官や米軍司令官をまつりに招待することで、「こんなにも素晴らしい文化を持った人たちが住んでいること、ここがその文化を育んできた郷土であること、返還軍用地に文化の花が咲いていること（まつりのメイン会場となる運動広場は読谷補助飛行場跡地）」を伝えてきた。まつりを通して、日本政府を超え、村から米軍・米国政府関係者と直に交流、交渉したのである。平和な環境づくりを実践していく中で、まつり内で表現される伝統芸能あるいは伝統工芸（花織、ヤチムンなど）といった読谷の文化をもって、その素晴らしさの理解から基地撤去を進めようとした読谷村の平和行政＝文化村づくりは、沖縄の基地問題解決に向けた一つの大きな特徴を示した施策であったとも言える。

　平和行政と関連して刊行された成果として、1988年より同村役場より発行された『平和の炎』について解説しておきたい。この冊子は、読谷村の戦争体験者の記録と戦時記録そして基地問題も編集され Vol. 1 から Vol.13（2000年）まで発刊された。正式なタイトルは『平和の炎　読谷村平和創造展──平和郷はみんなの手で』（読谷村発行）である。1980年代後半、沖縄県下の各市町村では戦争関係のモノ・文書・写真の収集がすすめられていたが、読谷村では「戦争展」ではなく「平和創造展」として地域住民や児童生徒の歴史・平和教育にもなるよう毎年、展示会を開催した。その際に展示とあわせて編まれたのが『平和の炎』の始まりであった。Vol. 1 には、すでに戦争体験者の語りを重視した座談会形式が組まれている。この冊子は、沖縄戦前・後の住民の暮らしを特集するだけでなく、Vol. 4 では、読谷村初の中国南京調査をもとに南京虐殺事件を含む旧日本軍の中国侵略の実相を特集し戦争の加害者の責任について論じている。さらに沖縄戦において米軍の機密資料を独自入手し「沖縄戦直前米軍資

料全翻訳」として Vol.8 で刊行している。さらに他の号では、読谷村内で起きた米軍パラシュート降下訓練に伴う事件・事故、戦闘機の墜落事故、基地内からの燃料漏れ事故他、基地被害について特集している。読谷村長名での日本政府への要請文、ジミー・カーター米国大統領への手紙原文、さらに返還軍用地の跡地利用構想を掲載する等、この冊子資料の持つ意味は沖縄戦と戦後の沖縄そして現在を結ぶ「平和構築」の道筋の貴重なアーカイブ資料でもある。[2]

　以下では、『読谷村史　第五巻資料編 4　戦時記録』上巻（2002年）・下巻（2004年）について、その特色と編集過程を記述する（以下『戦時記録』）。

　沖縄県では、1993年から「平和の礎」建立に向けての沖縄戦犠牲者の調査が開始された。沖縄県の主導で行われた「平和の礎」（1995年完成）刻銘事業のための全市町村の悉皆調査は、読谷村史編集室としては大きな弾みを得た気持ちであったという。読谷村では、3709戸（1万9133人）の回答を得て、それに基づいてインフォーマントを選定し聞き取り調査を行い、すべてテープに録音した上で翻字原稿化を開始した。最終的に沖縄戦までの読谷村民戦没者3968人の確定に至った。『戦時記録』では、それぞれの戦没者の名簿を分析している。その内容の特色は、字別の戦没者数、死亡場所（県内・日本本土・海外・不明）、海外であれば、シベリア、満洲、フィリピン、中国、台湾、ビルマ、インドシナ、ニューギニア、南洋諸島（各島ごと含む）などの戦没者の分析も行っている。また、沖縄本島北部地域など地域ごとの戦没者の状況も詳細な聞き取りにより網羅されている。上巻では読谷村民が体験した沖縄戦の実相、諸相や村民の個々の戦争体験等（海外も含めて）を総括的、外観的見地から収録している。下巻では、防衛庁資料をはじめ、日米両軍の膨大な公文書資料を渉猟し、英文資料の翻訳も含めて広く沖縄戦を再検討している。さらに戦後帰村時や復興時の行政資料等も丹念に掘り起こしてその要約も収録している。

　読谷村史の特徴は、村民一人一人の異なる戦争体験を丹念な聞き取り調査による掘り起こしにあったと言える。このことについて、当時の編集責任者であった小橋川清弘氏は次のように語る。

　　「特筆しておきたいのは、聞き取り調査のことである。最初はその字の中心的イン

フォーマントからはじめ、そのなかで具体的な氏名が出てくるとその方を訪ね話を聞く。するとまた次の方の氏名が出てくるから、そこも訪ねる。こうしたことの積み重ねであった。さらに、対馬丸の生存者の方のヒアリングには7年の歳月が必要であった。最初に断られ、また断られ、遂に7年後、実現した。理由は「孫が私のあの年になった」ということであった。また、一人の話者に10年かかったこともある。自身の手で我が幼子を亡くしてしまった方は、そのことを語ることができなかったが、遂に話してくれた。3968人という戦没者のそれぞれに人生があったのにと思いつつも、生き残った人々を中心に追いかけていたように思う。テープ起こしの過程では、編集スタッフが遺族・体験者の心の痛みに入りこみキーボードを打つ手が止まることも度々あった」（小橋川談）。

『戦時記録』では、体験者の語りの事実を可能な限り正確に記述・網羅するため、原稿はその場で全文読み上げて監修する方式を採用し、上巻の1998年から下巻の2002年まで延べ135回、監修委員会を開催し読み上げ校正を実施している。結果、約2000頁に及ぶ単独の『戦時記録』編としては、異例の圧巻であり専門家のみならず、他の市町村史の戦時記録の参考ともなってきた。

現在、同書の戦争体験・戦時記録は、インターネット上で公開されている。平和学習ほか戦争とは一体どのような光景なのか、目的は何であれ、「平和」を考える時、同書の一節、あるいは一人の体験記録でもよいので、広く若い世代に読むことをすすめる。

現在、小橋川清弘氏は、読谷村内での児童向けの平和学習や戦跡案内だけでなく県内外の高校生や大学生にも平和講座を請われて若い世代に話すことがある。その際の若者へのメッセージの留意点についてインタビューしたが、その中で印象に残る箇所を最後に引用しておきたい。

　「今から、50年を70年を生きていく子供たちに話す時に重要な視点は、明治期から現在までの日本の歴史をしっかり教えていくことだと思います。戦争時のことだけでなく、現在の慰安婦や徴用工問題も含めて中国・東南アジア、韓半島、沖縄の人々に対する、差別の意識がどの時点で、どのよう生まれてきたかといった歴史をしっかり教えていかないと、これから生きてゆこうとするこの子供たちが、東アジアの国々の人々とは全然違う歴史認識を持った人になってしまう可能性があると思う。そうなると日本だけ東アジアの孤児になってしまいますよと説明する。だから常に、自分たちの足元の歴史を正しく知ることで人々を差別してはいけないよ、という話をやさしく

する。具体的には、中国や朝鮮半島の人々や、東南アジア、台湾の人々や、そういった人々に対して、日本が侵略戦争という形でやってきたことを簡単な例から説明するようにしています。それと、加害者と被害者の大きな違いは、加害者が謝っても、被害者側があなたはこれだけ謝ってくれたから、もう許してあげるよというところまで謝ってあげないと双方の和解は成立しないという話もします」（小橋川談）。

　小橋川氏のインタビューからは、「沖縄戦」を沖縄という場所で起きた惨劇、あるいは太平洋戦争の一コマとしてみつめるのではなく、広く日本の100年の通時的な歴史認識と将来へ向けた通文化的な我々の歴史観のあり様を問う史事としてとらえる必要をあらためて痛感した。

⑵　ひめゆり平和祈念資料館の取り組み——戦争からさらに遠くなった世代へ

　ひめゆり平和祈念資料館は、1989年6月にひめゆり同窓会によって設立された戦争体験者自らにより創設された資料館である。年間62万人を超える人々が訪れ、修学旅行他、年間2000校を超える学校関係者が利用している。元ひめゆり学徒たちによる体験講話などを通じて直接の体験を聞くことのできる平和学習の場でもある。

　2019年には開館30周年を迎え、2021年の春には展示等のリニューアルの予定である。沖縄戦の体験者が減ってゆく中で「戦争からさらに遠くなった世代へ」をキーワードに現在、継承の新たな取り組みがなされている。資料館の歴史については同館の公式HP及び、ひめゆり平和祈念資料館資料委員会執筆・監修『ひめゆり平和祈念資料館ガイドブック（展示・証言）日本語版』沖縄県女子・一高女ひめゆり同窓会、ひめゆり平和祈念資料館（2004年）等を参照していただきたい。本章では、同館に2005年より勤務されてきた非戦争体験世代でもある仲田晃子さん（44歳・学芸員）へのインタビュー（2020年10月28日）を中心に、次世代への平和創造への方法と課題を紹介したい。[3)]

　以下は、仲田晃子学芸員へインタビューした内容の一部抜粋である。

　（質問）非体験者世代として説明員をされるきっかけについて
　「当時、館内での説明は、体験者が活発にしていたので、それを観察したり講話も聞いていた。当初より、説明担当でもあったので戦争体験談を将来的に引き継ぐ用意

の心づもりもあり、私のような若い非体験者がどのように引き継ぎ説明できるのか、模索することからスタートした。私は体験者に代わるつもりは最初からなくて、例えば、本土から来た方は、戦争というと空襲のイメージがあるんです。地上戦というのが空襲とどう違うのか、そういったところから説明することはできるなと思い説明をはじめていました」（仲田談）。

（質問）「戦争からさらに遠くなった世代へ」の継承もしくは若い世代への説明で工夫や感じることについて。

　「子供たちとの距離があるというのがとてもよくわかります。子供たちが、戦争から距離があるというのは、日々感じていて、歴史的な出来事として感じてとらえているというか。自分に置き換えてもそうなんですけど、ひいおじいさん、ひいおばあさん世代の話って、自分にとって引きよせる話題じゃないというか、今の子供たちでいうと、おじいさん、おばあさんも戦後生まれなのです。戦争はダメだというのは、繰り返し聞いて育っているんですが、どうしてダメなのか、戦争証言の映像や、証言本とか読むコーナーがあるんですけど今の子もよく見てるんです。だから、少しその証言・映像から思ったこととかとの繋ぎをやってあげると話を受けとっているなというのは感じていて、ただ、接点をどうしたらいいのか、関心を持ってもらう工夫がいります。就学旅行生に接していると、やはり知ることが、喜びというか、わかると、これはこれと次々に繋がり興味を持つので、特に、子供たちが、中高生だと、彼ら彼女らの関心にそうような説明をしないといけないと思う。私が展示室でやりたいなと思っているのは、やはり証言映像とか、証言集に触れて欲しいので、そこまでの道案内に工夫しています」（仲田談）。

（質問）展示内容でそうした接点の説明で苦悩・工夫されている点について具体的に伺いたいのですが、例えば病院壕内の説明について他。

　「例えば、病院壕の展示の木棚のベットなどでは、傷病兵の手や足を切る説明だけでは、非常に怖いことだけが強調されるので、そうじゃないことをいつも心がけるのですが。まず、これが病院だったんだということです。壕の中が病院で、木製棚はベットになっていて、前線で大怪我をした人たちが運ばれて来る。病院壕もたくさんあったんだけれども、ちゃんと手術室もあって看護婦もいて、衛生兵もいて、そこに人手が足りないので、地元の中高生に当たる生徒たちが、動員されている。兵隊さんたちが運ばれてきて大怪我しているけど、大きな怪我だと手足を切断しなければならない大きな手術もしていたという話をしていきます。手足を切るのは、命を救うため、命は助かるだろうという医療的な判断がされていると思うんですが、それが病院壕ですよと説明する。一つ一つ想像してもらったら、人が死んでしまう局面という

のは、爆弾がきてバーンとして死んだというような、雑なイメージで終わって欲しくないなというのがあって、戦争というのは、私の世代でもそうだと思うんですけど、どんな風に人が苦しんでいくのかとか、追い詰められていくのかとか、具体的に想像できないままに終わらせず、どうやって、人が悲惨な体になっていくか、できるだけ丁寧に説明します。そうでないと、昔は劣っていて、ベッドに棚だけあるようなのを見て、古い病院はみんなこうだったんじゃないかとか勘違いしている子供たちもいることにも気づき、灯りがないのは、昔だからとか思っていたりとか。だから、説明では当時であってもこういうのは通常ありえない、昔の病院でも今と変わらない医療器具も多く使っていたし、医療者はいる、しかし戦争になると無計画な状態になるので、子供たちまで、訓練されてない学校の生徒まで病院に入って働かなければならないことになったんだよと説明します。そうすると、何か方向性をえて、納得するというか、自分たちが、訓練うけないまま医療現場に入ったらどうなるのか、その意味を自分の立場として考えるようです。上の世代は、そういうことを言わないでも、子供が、戦場に行って働かされるということの意味がわかるのですが、今の高校生とかは考えたこともない話なので」（仲田談）。

（質問）これからの戦争体験の継承について仲田さんの思うこと、考えていることについて。

　「戦争って人の命や暮らしに直結して関わることなので、ただの歴史の話ではなくて、やはり、何度でも思い起こしておくべきことだと思うんです。しかも沖縄戦の話は沖縄の人にとって大事というだけでなく、こういう経験があったというのは、多くの人に役立てて欲しいと思って体験者の方々が話をしてきて資料館も作ってきたわけですが、その意味も継承をしていきたいわけです。世代も変わってゆくことで、これをなぜ大事にするのか。今までだと、戦争の話を聞いたり戦争の記憶を継承してゆくのは大事だよねというのは、言わずもがなという感じがあったが、それが前提でない世代もいる。だから、なぜ大事だと思っているのかということをちゃんと言っていかないといけないと感じています。その辺が、まだ言葉が弱く自分自身もうまく整理できていないと思う部分もあるんですが、なんというんですか、みんなにとっても大事だという事を。先ほども言いましたが、展示室の中で体験映像だとか本とかは、子供たちであっても、よく見ている。知りたいこともあるのだろうなというのもあるので、どんな風に大事かということを助ける活動をもっとしていかないけといけないと感じています。一方で、最近考えているのは、敷居を下げるというのを考えています。戦争のことをやるということになると非常に姿勢を正さないといけない。ちゃんとしないとだめみたいな。以前だと平和学習の修学旅行は3日間丸々かけてやっていた時期もあったのですが今は時間の余裕がない。また、例えば普通に生活していると

沖縄戦のことを考えるのは非常に難しいと思うんですよね。よっぽど、関心のある人は勉強してくると思いますが、わざわざ休みの日に、資料館に来ようとか、ガマに入ろうとかは思わないので。それから修学旅行の機会以外で、ガマにきたりする機会はあまりないですよね。気軽に参加できる機会をつくろうと少しでも意識してます。関心はあるけど、なかなかそういうところには、多くの時間はさけない人の方が多いですよね。そういう人たちと考えたり学んだりする機会は大事だと思い始めています。家族の中に戦争を体験した身内の方が少なくなってきているので、例えば「親子フィールドワーク」（小学生高学年以上を対象した親子の戦跡めぐり）もその一例です。日常の中で、戦争のことを感じたり考える機会づくりの必要性を感じています。今度の展示のリニューアルでもイラストを多く使う予定です。特に夏休みとかに多いんですが、小さいお子さんと親ごさんで来る方が多い。資料館の展示はやはり子供と一緒に見られるものが、必ずしも今まで多くはなかった。親と子供と一緒に見られるものを作りたいというのが今回の計画には当初よりありました。絵というのは子供はとりつきやすいでしょうし、子供たちは展示全部見るわけでなくても、興味あるモノとか目につくものを見にきて、その前で親ごさんと子供さんが会話する場面を度々みかけてきたので、一方的に説明を聞く場所だけではなく、何かの絵やモノの前で親子で会話する場も必要なのではと思います。そうした意図もあって今度の展示にはイラストを工夫する予定です」（仲田談）。

　ひめゆり資料館のリニューアルの一つの特徴は、イラスト（絵）による若い世代・子供たちへの説明を増設するほか証言映像への新たな外国語キャプションの追加、ひめゆりの学徒たちの沖縄戦以前の平和だった頃の写真や、生き残ったひめゆり学徒の戦後の歴史ほか、これからの若者へ伝えるための表現をもり込むという。

　展示のみならず、次世代への継承ツールとしての企画について一例を紹介しておこう。３年前より開催されている「"ひめゆり"を伝える映像コンテスト」は、"ひめゆり"をテーマにジャンルを問わず自由な発想とアイデアの映像作品をコンテスト形式で募集し公開するものである。若い世代に映像を作成してもらう中で歴史を考える場の試みともなっている。これとは別に、2018年８月には「メモリーウォーク」と題してアンネ・フランク・ハウスが開発した映像製作を通したワークショップを開催している。これは、オランダからヤン・ポール・ダブルマン氏と沖縄から宮平貴子氏を講師として招き、沖縄・大

阪・京都・埼玉などから集まった若者に沖縄戦のモニュメント「ひめゆり学徒
散華の跡碑」（荒崎海岸）と「忠霊之塔（米須）」を対象に分担取材して 4 日間で
映像を作成、ユーチューブ（動画共有サイト）に公開するという試みであった。
インタビューの相手は戦争体験者だけでなく、モニュメントの存在も知らない
人へのインタビューも含まれ、製作過程では、今後も沖縄戦の記憶やモニュメ
ントの存在を残していくための方法を若者なりに考える場となったという。若
い世代が、歴史を聞くだけではなく、自分が後世にどう伝えたらいいのか、参
加者が歴史を伝える側になるワークショップでもあった。この他にも多くの映
像やアートを駆使した若者への企画が新たな動きを見せはじめている。

　戦争体験の風化という表現が聞かれるが、その意味するものは、戦争記録を
単に知識として継承していく課題だけではなく、これから生きていく子供たち
に命の大切さや平和について自分の身近な出来事から考えさせることが必要と
なる。平和教育の場として10代の子供たちに、そうした機会を提供し続けてき
た「ひめゆり平和祈念資料館」の重要性をあらためてインタビューより痛感し
た。

4　おわりに

　本章のはじめに「沖縄戦」から問われる「平和創造」のあり方、あるいは次
世代への継承について課題を模索してみたいと述べた。戦争体験を精緻に記録
し次世代に手渡すことには膨大な時間と人々のエネルギーを要する。十分には
紹介できなかったが、現在、沖縄では、市町村のみならず、数多くの市民団体
や個人による戦争体験の記録と次世代への継承に関わる活動が、より広がりを
見せている。それは文芸・映像・歌・演劇や美術アート作品等、多くの若者の
活動にも見られる。

　にもかかわらず、意図的にフレーム化された文書や言葉に基づき歴史を歪曲
しようとする動きが日本の戦争が回顧される時、常に存在してきた。「沖縄
戦」で言えば、教育の要である教科書検定にも及んできた過去の経緯がある。
文部科学省担当官は、沖縄戦の「集団自決」に関する記述を強いて日本軍の直

接関与・軍命による記述の削除、あるいは住民虐殺の記述の削除等の意見を付するなどしてきた。これらに対し沖縄県民は法廷で、あるいは12万人を超える「教科書検定意見撤回を求める県民大会」を開催し対抗して闘って来た。[4]

　次世代への歴史認識を歪まさせてはならない。これは現在を生きる我々全世代の責務でもある。

　本章のはじめに我々が「沖縄戦」から学んだことの一つには「軍隊は一般住民を守らないということ」と述べたが、無論その意味するものは、それだけではない。軍事環境・戦時体制下で生起した数々の住民犠牲や戦場への学生・児童の動員、「集団自決」、友軍同士の殺戮、住民をスパイ視した結果の虐殺、慰安婦問題等、生命の保全・命の救済に逆行する歴史的事実は数限りないが、それはひるがえって中国、朝鮮半島、東南アジアそしてその他の地域の人々への差別意識がいつはじまり侵略戦争がどのように展開したか、長年、積み上げられてきた平和な市民生活が、いかに簡単に壊されて行くのか、その歴史的構造を探る再認識のプロセスでもある。

　そして、沖縄県民が集積してきた戦争証言を否定すること、それは過去の日本の植民地支配、東アジア他で展開した侵略戦争の中で生起した国家と軍事組織の誤ち〈犯罪〉を隠蔽することに他ならない。我々が「沖縄戦」から学ぶことは太平洋戦争末期の戦場の一コマとしてではなく、国家防衛の名の下でアジアに拡大した日本の植民地・同化教育政策、他国への軍事侵攻、結果、生起した支配や虐殺ほか、「戦争」のもつ本質を問うことでもある。

　我々は、この教訓を、個々の置かれている環境において再学習していく必要がある。それは「戦争」や「国家」という曖昧で抽象的な用語・概念の中での作業ではなく、個々の命、兵隊も住民も子供の命も巻き込んだ戦争の市井の記憶をたぐりよせることからはじまるように思う。戦争体験者の記憶と歴史的事実、そして非戦争体験者から次世代へのバトン─平和創造─の現在（岐路）に我々はいると思うのである。末尾に、沖縄県教育委員会より刊行された『沖縄県史　各論編　第6巻　沖縄戦』（2017年）を、「戦争と平和」に関する参考文献として若い世代により広く読まれることを望み本章を終えたい。

【注】

1)　山内徳信氏は1974年から1998年まで読谷村長を 6 期務めた。小橋川清弘氏は、役場職員としてその行政業務にあたったが『読谷村史　第五巻資料編 4　戦時記録』上・下巻の刊行にあたっては実質的な監修・編集長を務めた。また、同氏は、『平和の炎』の創刊からその発刊に関わり、「平和村づくり」構想の実践に関わってきた。本章の読谷村の記述は、小橋川氏へのインタビュー（2020年10月23日）を中心にまとめた。長時間のインタビューに応じてくださったこと感謝申し上げます。

2)　『平和の炎　Vol.8　第 8 回平和郷はみんなの手で［沖縄戦直前米軍資料全翻訳］』（1995）の元本は　米軍が、沖縄本島上陸直前の最終情報として 2 月28日付でまとめた軍事資料であり、空撮写真・地図ほか詳細な本島の情報が記載されている。同資料の英文タイトルを読谷村では「秘密　アメリカ合州国太平洋艦隊及び太平洋地区軍　沖縄群島　沖縄群島情報・告示第161-44号（1944年11月15日付）に対する第 2 補足情報　太平洋艦隊及び太平洋地区軍司令部　告示　第53-45号　1945年 2 月28日付」と訳し『平和の炎』に全文掲載している。読谷村の基地被害や軍用地返還運動の経緯と将来構想については『平和の炎　Vol.10　第10回読谷村平和創造展──平和郷はみんなの手で』に特集されている。また同 Vol.10では、読谷村から日本政府や米国大統領に宛てた要請文・直訴文の原文、米軍側の一部回答文も収録されている（読谷村 1998：173-198）。

3)　資料館のリニューアル計画は、ひめゆり平和祈念資料館『資料館だより』第65・64・62号の記述を参考にした。今回、その背景や現在までの取組みについて、仲田晃子さんへのインタビュー内容を中心にまとめた。この場をかりて御礼申し上げます。なお、ひめゆり学徒の戦後については（仲田 2019：154-155）を参照されたい。

4)　教科書検定問題に経緯については山口剛史2017：694-706「沖縄戦と教科書」『沖縄県史各論編 6 沖縄戦』に詳しい。また、沖縄県歴史教育者協議会編『歴史と実践第28号「沖縄戦と2007教科書検定」』には、2007年の教科書検定における集団自決への日本軍関与の削除問題が多角的に議論されている。

〔参考文献〕

秋山道宏（2019）「沖縄戦体験の継承活動」吉浜忍・林博史・吉川由紀編『沖縄戦を知る事典　非体験者が語り継ぐ』吉川弘文館

上里勤・里井洋一・地主園亭・山口剛史編（2007）『歴史と実践第28号「沖縄戦と2007教科書検定」』沖縄県歴史教育者協議会

大田昌秀（2014）『決定版　写真／記録　沖縄戦──国内唯一の"戦場"から"基地の島"へ』高文研

沖縄県教育委員会（1974）『沖縄県史第10巻　各論編 9　沖縄戦記録 2 』

──（2017）『沖縄県史　各論編　第 6 巻　沖縄戦』

北村毅（2004）「沖縄戦跡の「表通り」と「裏通り」──「沖縄戦の記録／継承活動」の源流」早稲田大学大学院人間科学科『ヒューマンサイエンス　リサーチ Vol.13』51-74頁

仲田晃子（2017）「三章二節　博物館・資料館」沖縄県教育委員会『沖縄県史　各論編　第

　　　6巻　沖縄戦』688-693頁

──（2019）「いき残ったひめゆり学徒の戦後」吉浜忍・林博史・吉川由紀編『沖縄戦を知る事典　非体験者が語り継ぐ』吉川弘文館、154-155頁

仲本和彦（2018）「沖縄戦の研究の新たな視座」沖縄県公文書館『沖縄県公文書館研究紀要』第20号

ひめゆり平和祈念資料館『ひめゆり平和祈念資料館だより』第65号（2020年5月31日）、同64号（2019年11月30日）、同62号（2018年11月30日）

ひめゆり平和祈念資料館資料委員会（2004）『ひめゆり平和祈念資料館ガイドブック（展示・証言）日本語版』財団法人沖縄県女子・一高女ひめゆり同窓会

米国陸軍省編（1968）『日米最後の戦闘——沖縄戦死闘の90日』外間正四郎訳、サイマル双書

防衛庁防衛研修所戦史室（1968）『戦史叢書　沖縄方面陸軍作戦』朝雲新聞社

吉浜忍・林博史・吉川由紀編（2019）『沖縄戦を知る事典　非体験者が語り継ぐ』吉川弘文館

読谷村（1988-2000）『平和の炎』Vol.1〜Vol.13　読谷村役場

読谷村史編集委員会編（2002）『読谷村史　第五巻資料編4　戦時記録　上巻』読谷村

──（2004）『読谷村史　第五巻資料編4　戦時記録　下巻』読谷村

琉球政府（1971）『沖縄県史第8巻　各論編7　沖縄戦通史』

──（1971）『沖縄県史第9巻　各論編8　沖縄戦記録1』

山口剛史（2017）「第三章三節　沖縄戦と教科書」沖縄県教育委員会『沖縄県史　各論編　第6巻　沖縄戦』694-706頁

第**8**章　現代の戦争

佐原　徹哉

1　見えない戦争

　世界では戦争が増えている。ウプサラ大学平和・紛争研究所のデータによると、2016年に全世界で42の国々が関係した118件の紛争が発生していた。この数字は2017年に37国133件、2018年に39国128件と推移しており、平均すると毎年39国で126件の紛争が発生していたことになる[1]。この 3 年間で戦争に関係した国家は47だが、これは世界196国中の 4 分の 1 に当たる。47国の人口の合計は43億4200万人で、世界全体の57％に相当する。つまり、人類の二人に一人が直接・間接に戦争の影響を受けているのだ。

　こういう話をすると、決まって、「あなたの話は大げさだ、もう何十年も大きな戦争は起こっていないし、大多数の人々は平和に暮らしているじゃないか」と反論する者たちが出てくる。だが、そうした連中は現実を直視できない空想の世界の住人と呼ばざるをえない。彼らは、戦争とは国家の正規軍同士が近代兵器を駆使して展開する武力衝突であり、大規模な破壊が行われ、膨大な数の犠牲者が出る出来事だと信じている。特に戦後の平和教育によって総力戦のイメージで「戦争」をとらえる者たちにはこの傾向が強い。しかし、こうした「戦争」のイメージは時代遅れである。

　図 1 は第 2 次世界大戦後の紛争の発生件数を示すグラフだが、国家間戦争（interstate conflict）、内戦（intrastate）、国際化した内戦（internationalised intrastate）、植民地への軍事介入（extrastate）に分類されている[2]。これを見ると、国家間戦争は年数回の頻度しか発生しておらず、過去15年間に限って言えば、ほぼ死滅

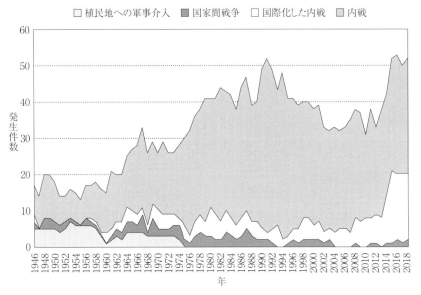

図1　種類別武力衝突、1946-2018

出典：UCDP

したと言って良い。戦争とは国と国とが戦うものだという古臭い戦争観にとらわれていると、内戦が頻発する現実を認識できず、戦争がない状態、つまり平和だと錯覚してしまうのだ。

　では何故、戦争の形態が変わってしまったのだろう。国家間戦争が減少した理由の一つは、侵略戦争が犯罪と考えられるようになり、国連を中心に国際的な「戦争」に関する諸規範が整備されたことである。国際法が定める「戦争」は、専ら国家同士の武力衝突を意味し、交戦主体、宣戦布告、戦闘員と非戦闘員の区別、使用できる武器や戦術などに関する様々な規定に則って行われねばならない。現代ではこうした武力行使は国連安保理決議を受けた場合か自衛の場合に限られており、国家が武力を行使しにくくなった。尤も、アメリカやイスラエルのように「自衛」の概念を極端に拡大して恣意的な武力行使を続けている国もあり、戦時国際法の整備が国家間戦争の抑止に果たす役割は限定的だ。

　より大きな理由は、軍事技術の進歩により兵器生産が国内では完結できなくなって多国間を跨ぐ兵器産業のネットワークが発展し、これに冷戦期に進行した軍事ブロック化による多国間の軍の指揮系統の階層化・一体化が相まって、国際的な軍産複合体が生まれたことである。冷戦期はアメリカを頂点とする西側軍産複合体とソ連を頂点とする東側のそれが並立したが、冷戦後はアメリカ一極集中が起こり、最先端の軍備を備えた米軍を頂点に同盟国やクライアント国家がヒエラルキー状に配置される体制となった。この状況では所与の国家が単独で軍事力を行使できる余地は殆どなく、国家間戦争はヒエラルキーに属さない国を米軍が「懲罰」する場合か、ヒエラルキーの下位に位置し、それ故に二戦級の装備しか許されない国同士が国際秩序に影響を与えない程度の限定的な武力行使を行う場合に限られる。

　国境を超えた軍事力の統合はこのような具合に国家間戦争を抑制しているのだが、戦争自体の抑止には繋がらない。軍事的一体化の背後にある国境を超えた軍産複合体は大量の武器を生産し、戦争のリスクを高めている。軍事ヒエラルキーの維持に必要な新兵器開発も戦争を助長する。例えば米軍が新型の戦闘機を採用すると従来の主力機は日本などの同盟国に払い下げられ、不要となった日本の主力機はフィリピン等に譲渡されるといった具合に兵器がリサイクル

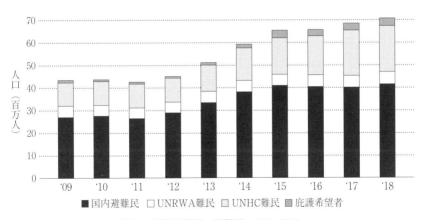

図 2　世界の難民・避難民、2009-2018

出典：UNHCR

されるからだ。そのため新兵器の開発はヒエラルキー下位の国々に殺傷能力の高い武器が下げ渡されることを意味し、地域紛争の危険性が高まるのだ。

　こうした傾向は既に冷戦期から現れていたが、戦争の殆どがアフリカやアジアなどの世界システムの周縁で展開される内戦であり、国家間戦争に発展した場合も国際秩序に影響を与えない限定的な地域紛争として制御されていたため、中心諸国の人々は平和が持続していると錯覚していた。しかし、周縁地域の犠牲によって中心諸国が安寧を謳歌できる時代は過去のものとなった。

　戦争の増加は経済活動に悪影響を及ぼすが、2018年に世界経済が紛争などの暴力で被った影響は141億ドルに達し、経済活動全体の11.2%を占めた。これはアフリカ全体のGDPの2倍に相当する規模であり、世界経済の成長を阻害している。戦争による難民の大量発生も中心諸国に影響を及ぼしている。世界の難民・避難民は増加の一途を辿っており、2009年には4330万人だったが2018年には7000万人を突破した。このうち、国外に避難した難民は2590万人だが、その7割はシリア、アフガニスタン、コンゴ民主共和国、南スーダン、イエメン、ソマリアなどの戦争が続く地域の出身者であるため、祖国に戻れない状態が長期化している。従来の難民は隣国に一時的に避難し、戦闘が収まると帰国していたため、難民支援は避難所の開設や食料・医療の支援で済んでいたが、避難が長期化すると受け入れ国で暮らしてゆくための就業支援・教育・福祉制度の整備も必要になってくる。その上、紛争地域の隣国も政情が不安定であることが多いため、より安全な先進国への移住希望者が増えている。2014年に発生した欧州難民危機はその一例である。この時、欧州の玄関口となったギリシャでは、大量の難民が押し寄せたため、主要産業である観光業が手痛い打撃を受けただけでなく、エーゲ海の島々では市民生活が破綻状態に陥った。一方、危機の最中に100万人以上の難民を受け入れたドイツでも難民の社会統合のための制度整備のために莫大な財政支出を余儀なくされた。難民急増の原因の一つは、不法移民の防波堤の役割を果たしてきたリビアが内戦によって無政府状態となり、密航業者を取り締まれなくなったことだが、難民ビジネスは地中海の対岸にも拡大し、イタリア・マフィアなどの犯罪組織の資金源となっている。こうした事態も、その根本原因は戦争の増加なのだ。

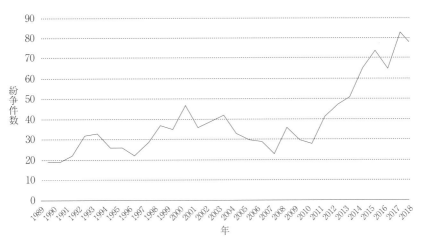

図 3 非国家紛争、1989-2018

出典：UCDP

　我々が目を逸らしてきた「見えない戦争」の問題が明らかとなったところ
で、再び図 1 に戻ってみよう。これを見ると、戦争は第 2 次世界大戦後1991年
まで一貫して増加傾向にあり、その後10年ほどは減少に転じたのち、2008年前
後から再び増加傾向に転じていることが分かる。1991年までは植民地の独立な
どで国の数が増え続けていた時代であり、戦争の増加は国家の増加と対応関係
にあった。1990年代後半に発生件数が減少したのも、ソ連解体等の政治変動が
収まり国の増加が頭打ちとなったからだと見ることができる。この時期には世
界が平和に向かっていると楽観視されたが、21世紀に入ると減少が止まり、
2008年以降は増加に転じてしまった。この間、国家の数に顕著な違いが見られ
ないことを考えると、従来とは違う変化が起きているということになる。

　図 1 の元になったデータは、国が当事者の戦闘で 1 年間に25人以上の死者が
出たケースを一件として数えている。しかし、戦闘は国家だけが行うものでは
ないため、この方式だと国家とは無関係な武装集団同士の戦闘が統計から漏れ
てしまう。そこでウプサラ大は1989年から非国家主体による紛争の統計も取り
始めた。それが図 3 である。これを見ると非国家主体による紛争は1989年以

降、一貫して増加しており、特に2008年からは急増していることが分かる。つまり、2008年以前には国家が関与した紛争と非国家主体の紛争には顕著な相関性が見られなかったが、2008年以降は双方ともに類似した上昇曲線を描いている。どうやらここに問題の鍵がありそうだ。次に具体的な事例を取り上げながら、近年の戦争の質的変化を解明しよう。

2　ソマリア事件の衝撃

　1989年の冷戦の終結でアメリカの軍産複合体は新たな軍拡の口実を探し始めた。そこで考え出されたのが、国際秩序を紊乱する「ならず者国家」を取り締まる「世界の警官」という役割である。これは、冷戦後の世界は、湾岸戦争のイラクのような野心的国家が地域秩序に挑戦する事例が増加するので、唯一の超大国であるアメリカは「民主主義と人権と自由経済」を維持するため圧倒的な軍事力を保持しなければならないという理屈である。[7]その一環として米国が主導する国連が積極的な「平和創造」を遂行するという構想も浮上した。そのテスト・ケースとなったのがソマリアである。

　ソマリアを含む「アフリカの角」の住民は部族制度の下で暮らしていた。19世紀後半の植民地分割により、ソマリ人の土地は英・仏・イタリアに分割されたが、1960年に英領と旧イタリア領ソマリランドが合流・独立し、ソマリア共和国となった。1969年に成立したシアド・バーレ政権は部族制を廃止して国民統合を進めようとしたが、これに反発した部族が各地で反乱を起こし、88年には内戦状態に陥った。反政府部族連合は統一ソマリ会議を結成し、1991年にバーレを追放してアリ・マフディを暫定大統領に選出したが、新政権内部で対立が激化し、アイディード将軍を支持する勢力が首都モガディシュを制圧した。マフディは国連に介入を要請し、米軍を主力とする国連平和維持部隊が1993年にソマリアに進駐した。[8]

　この作戦は、従来の平和維持活動とは全く異なり、武力行使によって抗戦勢力を屈服させて「平和」を創出するというものだった。だが強制的に武装解除しようとする国連部隊に民兵が応戦し、事態は収拾不能となった。そうした

中、10月にアイディード将軍を逮捕しようとした米軍が護衛によって撃退され、米兵18人が戦死する事件が発生した。米軍は報復として1000人余りのモガディシュ市民の無差別虐殺を行ったため、激昂した市民は米兵の遺体を引き回した。この事件によってアメリカはソマリア撤退を決定し、国連部隊も1995年に引き上げた。こうして「平和創出」構想は破綻し、アメリカは国連を利用する政策を転換し、単独行動主義に向かうことになった。

3　「民主化」が促進する戦争

　「世界の警官」構想のように、冷戦後のアメリカでは特異な「民主化理論」が信奉されている。その骨子は、民主主義は普遍的な制度であるから独裁体制を除去すれば自ずと「平和」と安定が実現し、経済発展がもたらされるというものである。独裁に反対し、民主主義を擁護することでアメリカの覇権を強化できるとする「ソフトパワー」理論もこの信仰を補完した。これに基づいて、アジア・アフリカの「親米国」に対する政策も転換された。

　従来のアメリカは「反共・親米」であれば独裁政権であっても積極的に支援してきたが、冷戦後はこれらの国々に民主的改革を求めた。「民主化理論」に従えば、支援を打ち切って独裁政権が倒れても、その後に誕生する「民主的」政府は親米国となるので、アメリカは負担軽減と覇権強化の一石二鳥を実現できると考えられたからだ。しかし、実際には、内戦が激化し、民族・宗教対立が深刻化することになった。例えばコンゴでは、アメリカの支援を受けてきたモブツ独裁体制が民主化を迫られる中で、反対派が結成した「コンゴ・ザイール解放民主勢力連合」との内戦が1996年に勃発し、体制が崩壊したが、今度は「解放民主勢力連合」内部で「民主制」移行をめぐる対立が激化し、「コンゴ民主連合」と「コンゴ解放運動」が反乱を起こした。4 年に及ぶ内戦には 7 つの隣国が介入し、数百万人の市民が亡くなる惨事となった。内戦は2002年のプレトリア合意で終結したが、2006年に40年ぶりに行われた選挙は安定をもたらすどころか、新たな内戦の引き金となった。選挙結果を不服として「人民防衛国民会議」が反乱を起こしたからである。2012年にも「3 月23日運動」が蜂起

し、ウガンダを拠点に越境攻撃を繰り返すようになり、翌年には「コンゴ解放愛国者同盟」が政府から離反し、カタンガでも分離主義運動が再燃した。このように、コンゴでは「民主化」を契機に地方反乱が続発し、武装勢力同士の衝突が日常化し、バントゥ系のヘマとスーダン系のレンドゥの間で虐殺と報復が相次いでいる東部のイトゥリ州のように住民レベルの民族対立も拡大している。

　スーダンでも同様の事態が進行した。スーダンは多民族国家で、北部ではアラブ・ムスリム系、南部ではキリスト教やアミニズムを信仰するアフリカ系の住民が多数を占めている。英領植民地時代に首都ハルトゥームを拠点に全土を集権的に支配する搾取体制が作られ、北部エリートが国の富を独占し、辺境部の住民が貧困に喘ぐ構造が生まれた。これを背景に内戦が勃発（1955〜72年）し、その後も油田発見等により政府が南部の自治権を剥奪してシャリーア導入などのイスラム化政策を進めたため1983年に内戦が再発した。[11]冷戦後、アメリカはスーダン内戦の仲介を開始し、2005年には南部の反政府勢力に有利な内容の和平案をスーダン政府に受け入れさせた。しかし、この動きに刺激されて、今度は、西部のダルフール地方で自治権拡大を求める反政府勢力の反乱が激化し、政府寄りの民兵「ジャンジャウィード」が報復として民間人を虐殺する事件が発生した。[12]2011年には南スーダンが独立したが、多数派のディンカ人を基盤とする政治勢力と少数民族の対立から2013年に内戦が勃発し、これにスーダン政府に支援された民兵が加わって南部は無政府状態となった。

　コンゴやスーダンの例が示すように「民主化」は政府の統治能力を低下させ、地域・民族・宗教などに基づく対立を表面化させ、その結果、暴力の行使主体が多様化し、多数の民間人が紛争に巻き込まれて虐殺される事態を生みだした。その最悪のケースは1994年のルワンダ・ジェノサイドである。[13]

4　社会主義連邦制の問題

　「民主化」圧力によって既存の統治制度が短期間に崩壊し、無政府状態に乗じて様々な武装勢力が割拠するパターンは現代の地域紛争に広くみられるもの

で、植民地主義の負の遺産に苦しむ脆弱な国家だけではなく、強固な統治体制を備えた国々でも発生する。その代表的な例が東欧・ソ連圏である。

　1989年に東欧各国で共産党政権が倒れ、複数政党制と市場経済への移行が始まった。「民主化」後の東欧では、公営企業の解体による大量の失業、医療・教育制度の崩壊、民営化に絡んだ官僚の汚職と政治腐敗、司法当局と犯罪組織の癒着等が横行する中で、社会再編が進行した。反ユダヤ主義と民族排外主義が強まり、ロマなどの少数民族に対する人権侵害が頻発し、ブルガリアやルーマニアでは内戦前夜の状態を呈するに至ったが、国家の解体は避けられた。一方、連邦制をとっていたユーゴスラヴィアやソ連では国家の解体が社会再編に先行したため、内戦を回避できなかった。

　社会主義連邦制は複数の「主権国家」の連合体という体裁をとるが実際には単一の中央集権国家であり、軍事・行政・警察だけでなく生産と消費・市民生活・文化・宗教活動が共産党の下に一枚岩で運営されるシステムで維持されていた。体制変動はこうしたシステムを解体したため、連邦から離脱した国家は、統治制度・国民経済・市民社会を一から構築しなければならなかった。しかし、社会の上層では旧共産党エリートが利権をめぐって分裂し、これに体制外の新興勢力が加わった複合的な権力闘争が進行した。一方、末端では新たな状況に適応するための市民レベルでの生存競争が激化した。こうした過程が、法体系が未整備で司法警察機構が機能しない中で進み、加えて、軍の解体状況の中で大量の武器が容易に入手できたため、利権を握る有力者の下で新たに構築されたパトロン・クライアント関係を基盤にした武装集団が登場し、紛争が頻発することになった。

　ユーゴでは複数政党選挙で誕生したスロベニアとクロアチアの民族主義政権がハンガリー等から武器を密輸してパラミリタリー軍事組織を建設したことが内戦の引き金となった。多民族編成のユーゴ連邦軍は内部から解体して自らもパラミリタリー化し、なし崩し的に紛争が激化した。最悪のケースはボスニア・ヘルツェゴヴィナ共和国であった。ここはボシュニャク人（ムスリム）セルビア人（東方正教会系キリスト教徒）クロアチア人（カソリック系キリスト教徒）がそれぞれの民族主義政党の下でパラミリタリー化しただけでなく、民族の内

部も複数の派閥に分かれたため、小規模な軍閥が互いに支配地域を広げようと競い合う複雑に入り乱れた内戦となった。軍閥は支配地域の行政・警察を統制下におき、産業を支配して小国家を作り、異民族の市民を追放する民族浄化を行い、その文化的痕跡を抹消しようとして宗教施設を破壊したため、宗教戦争の様相を呈した。[14]

　ボスニア内戦が長期化した理由の一つは各勢力が外部の支援を受けていたことにある。クロアチア人はクロアチア共和国が、セルビア人はユーゴ連邦が支援していたが、ボシュニャク人はアメリカとムスリム諸国の支援を受けていた。セルビア人を敵視した西側メディアのキャンペーンにより、ムスリム諸国では、ボスニアのイスラム教徒がキリスト教徒に一方的に虐殺されていると信じられていたからだ。そこに付け込んだのがアルカイダである。アフガン戦争後に行き場を失っていたジハード主義者は、クトゥブ主義者であったボスニア大統領アリヤ・イゼトベゴヴィチの手引きによってボスニアにやってきた。これはアメリカ主導でボスニア和平を実現することを目論んでいたクリントン政権にとっても好都合であり、国連の武器禁輸措置を欺くため、湾岸諸国の資金で東欧・イランから調達した武器を、国連職員証を携えたジハード主義者が人道支援物資に偽装してボスニアに送り込むメカニズムがCIAによって構築された。これはアフガン・スキームの応用である。こうして内戦中に作られた武器密輸ネットワークは、戦後も人身売買、密航、密輸ルートとして温存され、アルカイダのテロに利用されることになった。[15]

　ボスニア内戦と酷似した構図はチェチェン紛争にも見ることができる。ソ連末期、ロシア連邦大統領ボリス・エリツィンとソ連大統領ミハイル・ゴルバチョフの権力争いに刺激されて、チェチェンではジョホール・ドゥダエフ率いる民族主義者の「チェチェン民族大会」と「チェチェン・イングーシ共和国」の抗争が激化していたが、1991年8月のクーデタ未遂事件でエリツィンを支持したドゥダエフはチェチェンの実権を握った。ソ連が解体し独立国家共同体に移行すると、エリツィンはロシア連邦からの独立を目指すドゥダエフを排除しようとしたが失敗し、その後の3年間、チェチェンは事実上の独立状態となった。その間、チェチェンでは既存の産業が壊滅して密輸や紙幣偽造などが横行

するマフィア経済化が進み、犯罪組織が急成長したため、エリツィンは1994年
12月にチェチェン侵攻を開始した。ロシア軍は首都グローズヌィを陥落させた
が、ドゥダエフ派はゲリラ戦を展開して頑強に抵抗し、シャミーリ・バサーエ
フ配下のテロリストがロシア領内で多数の市民を人質にとる事件も発生したた
め、ロシア国民の間では厭戦気分が広がった。1996年8月にチェチェン側がグ
ローズヌィを奪還すると、エリツィンはチェチェンに有利なハサヴユルト合意
を受け入れた。

　和平後のチェチェンではバサーエフに率いられたジハード主義者の勢力が拡
大してアルカイダの拠点も作られ、近隣諸国にもサラフ主義が広がった。バ
サーエフはコーカサス全域にイスラム国家を樹立しようと1999年8月にダゲス
タンに侵攻したため、事態を憂慮したロシアのプーチン首相はチェチェン戦争
を再開した。ロシア軍は2002年までにチェチェン全域をほぼ平定したため、
チェチェン側はグルジアやアゼルバイジャンなどに拠点を移してテロ戦術に専
念し、モスクワ劇場襲撃やベスラン学校占拠事件などを起こしたが、支持者が
離れて孤立していった。組織内のチェチェン民族主義者は少数派となり、外国
人ジハード主義者が多数派となる中で運動自体も変質して民族独立運動から純
粋なジハード主義運動に変貌し、2007年には「カフカス首長国」の樹立を宣言
するに至った[16]。

　民族独立運動がジハード主義に変質する現象は他の地域でも見られる。アフ
ガニスタンを拠点に1998〜2000年にフェルガナ盆地に越境攻撃を繰り返したウ
ズベキスタン・イスラム運動は、ウズベク人のタヒル・ユルダシェフとジュマ
ボイ・ホジャエフ "ナマンガニ" が創設した組織でウズベキスタンのイスラム
国家化を目指していた。しかしアメリカのアフガン侵略後によって拠点をパキ
スタンに移してからはタジク人、キルギス人、ウイグル人などのメンバーが増
加し、「トルキスタン・イスラム党」と改称し、中央アジア全域のイスラム国
家化を掲げるようになった[17]。中国領・新疆のウイグル民族主義運動を起源とす
る「東トルキスタン・イスラム運動」[18]もこの組織に加わっている。ウイグル人
テロリストはシリア内戦やフィリッピンのマラウィ事件でも活動していること
が確認されているように、ジハード主義者の活動は地域性や民族性を超えた脱

領域的性格を強めており、これが21世紀の戦争の新たな特徴となっている。

　以上のように、冷戦以後の戦争は「民主化」、つまり、独裁体制の崩壊や社会主義連邦制の解体によって、既存の支配機構が機能不全に陥り、混乱に乗じて出現した複数の武装勢力が抗争を繰り広げる形で展開されることが多くなった。政府が事実上存在しない状態で展開されるため、武装勢力同士の衝突が主軸となり、政府軍対反政府勢力という従来のような対立軸は見えにくくなった。それに伴って、戦闘員と非戦闘員の区分も曖昧になり、市民が標的となる傾向も強まった。武装勢力は国家権力の掌握ではなく、地方・民族・宗教の擁護を掲げるのが一般的であるため、戦争が民族的・宗教的性格を帯びる傾向は冷戦期以上に強くなった。

　武装勢力の主な資金源は、略奪・資源の盗掘・密輸・人身売買・違法送金であるため、犯罪組織と融合しやすく、その権益を維持するために戦争状態を長引かせようとする傾向も見られる。密輸を通じた犯罪組織のネットワークは国境を超えて展開するので近隣諸国にも戦争が拡大する。その典型が「難民ビジネス」である。戦火を逃れてヨーロッパに向かう難民は国境を越えるたびに密入国業者に莫大な手数料を支払っている。この密入国ネットワークは武器と戦闘員を紛争地域に送り込む回路でもあり、密輸業者は二重に利益を貪ることができる。こうした業者は庇護の見返りとして武装勢力に上納金を納めており、密輸の利益は戦争の資金源となる。極端なケースでは武装組織の司令官が密輸業者の元締めを兼ねることもある。業者にとって戦争の拡大はビジネスの繁栄を意味しているから、難民の増加が戦争の拡大を促進することになる。UNHCR などの国際機関や難民を支援する NGO などの慈善団体もこうしたメカニズムの一環を担っている。

5　対テロ戦争とジハード主義の拡大

　戦争の脱領域化はアメリカが提唱した「テロに対する戦争」とも密接に関係している。これは2001年の 9・11事件を契機に開始されたように装われているが、実際は「世界の警官」政策の延長にすぎない。この政策は、当初想定した

地域秩序に挑戦する国家が出現しなかったため、1990 年代末に「人道的介入」なる方便にすり替えられた。だが、人権を守るためには国家主権を制限できるとの論理で軍事介入を推進する政策は、倫理性を欠いていた。グアテマラの先住民虐殺やインドネシアのアチェや東チモールでの虐殺事件を支援してきたアメリカが、ユーゴスラビアのコソヴォ自治州でのアルバニア人テロリストの鎮圧作戦を「人道危機」だと強弁して空爆を行った理由は、NATO の域外展開の転機を作るためだったからだ。それと比べて、「対テロ戦争」は「テロ支援国家」を「懲罰する」という単純な論理で構成され、「国際テロ組織を全て粉砕するまで、戦いをやめることはない」永久戦争であるため、アメリカの戦争機械がフル稼働するには遥かに好都合な方便だった。

　ここで忘れてならないのは、「対テロ戦争」がジハード主義者にとっても好都合だったことだ。ビンラーデンは、アメリカとその同盟国を「シオニスト・十字軍連合」と呼び、反米闘争を提唱することで世界各地のジハード主義者をアルカイダの旗のもとに結集させようと目論んでいたが、ブッシュが「テロリズムに対する十字軍」を叫んで、ムスリム諸国を侵略したので、多くの若者がアメリカとその同盟国がムスリムの敵であると確信し、アルカイダの支持者は格段に増加した。こうして、「対テロ戦争」がジハード主義の伸長を手助けするというメカニズムが稼働を始めた[19]。

　「対テロ戦争」の最初の標的となったのはアフガニスタンのタリバン政権であった。アメリカは確たる証拠も無しにタリバンを「テロの共犯者」と決めつけ、2001 年 10 月に空爆を開始し、2 ケ月ほどでアフガン全域を制圧した。タリバンはパキスタンの諜報機関によって 1994 年に作られた組織で、2 年ほどでアフガン主要部を制圧し、相対的に安定した統治を実現していた。タリバンは支配地域にシャリーアを導入することで無政府状態を克服したため、住民から一定の支持を受けていた。しかし、アメリカの占領下で「民主的」政権が誕生すると、腐敗が横行するアフガン政治の伝統が復活し、経済再建の失敗も手伝って治安の悪化が進行した。占領政策の失敗に乗じてタリバンは復活し、出口の見えない内戦が始まった[20]。

　全く同じことがイラクでも繰り返された。イラクは石油産業に依存した典型

的なポスト・コロニアル家産制国家であった。英国委任統治終了後も長く政争
が繰り返されたため、イラクが近代国家としての体裁を整えるのは1968年のバ
アス党革命後であり、農地改革や教育・医療制度の近代化、工業化の促進など
によってイラク社会に安定成長がもたらされた。バアス党体制は大統領に権力
が集中する一党独裁であり、バアス党員が全ての公的機関に浸透し、公営企業
を通して経済活動を牽引した。1979年に大統領に就任したサダム・フセインは
全国津々浦々に党の末端組織を浸透させて、この体制を完成させた。湾岸戦争
後、アメリカの経済制裁の影響で国民の生活が窮乏化したが、バアス党を軸に
したパトロン・クライアント関係は逆に強化され、フセイン体制は揺るがな
かった。業を煮やしたアメリカのブッシュ政権は、イラクが大量破壊兵器を保
有する「テロ支援国家」と決めつけ、2003年にイラク侵略を開始した。イラク
軍は壊滅し、年末には逃亡していたフセイン大統領も逮捕されて戦闘は終結し
た。[21] こうして米英主導の占領統治が始まったが、イラクの混乱が本格化するの
はそれ以降である。

　混乱の原因は「イラクの民主化」と称するアメリカの占領政策そのものに
あった。イラクの復興業務の原資は石油収入で賄われることになったが、プロ
ジェクトの大部分はハリバートンやベクテルといったアメリカの民間企業に委
ねられた。イラクの学校・病院・橋・水道などを空爆で破壊したアメリカが復
興事業で利益を貪ることにイラク国民は憤慨した。[22] 更に大きな失態は、アメリ
カが固執した「脱バアス化」である。35年間もイラク国家を動かしてきたバア
ス党員はイラク社会の隅々に浸透していた。パージによって、軍人や警官だけ
でなく、自治体職員、公営企業の従業員、医師、教師たちが職を失い、代わっ
て登用された者たちは無能な上に腐敗していたため、行政一般が機能不全を起
こした。例えば、軍の司令官は部下の人数を水増しして報告し、その分の給与
を着服しただけでなく、余分な装備を横流しした。また、新規採用者の多くが
フセイン政権時代に冷遇されたシーア派住民だったため、スンナ派住民への報
復や嫌がらせも横行した。[23]

　アメリカが警備業務を民間軍事会社に委託したことも状況を悪化させた。ブ
ラックウォーター社のような軍事請負企業による住民虐殺が続発したため、イ

ラク人たちは自発的にレジスタンス運動を開始し、各地で占領部隊を襲撃した。2004年8月にはムクタダー・サドル派のシーア派民兵「マフディ軍」が武装蜂起し、バスラを中心に米英軍と戦闘するなど、レジスタンス運動は急速に拡大した。しかし、米英の侵略者に対するイラク国民の広範な連帯は生まれなかった。混乱に乗じて勢力を拡大したジハード主義者が、シーア派の宗教施設をテロ攻撃し、宗派対立を煽ったからである。

　フセイン時代のイラクではジハード主義者の活動は完全に抑え込まれていたが、侵略を契機に国外から過激派が流入し、主にスンナ派地域に浸透した。中でもヨルダン人のアブムスアブ・ザルカウィに率いられた集団は、テロと通常のゲリラ戦を組み合わせた新たな戦術を展開して広大な地域を支配した。ザルカウィ・グループはアルカイダと結びついて「イラクのアルカイダ」と呼ばれたが、その後は独立して「イラクのイスラム国」を称するようになった。彼らは支配地域に厳格なシャリーア統治を敷き、抵抗するものは容赦なく抹殺したため、その残虐性に嫌気がさしたスンナ派部族が自発的な連合体「サフワ評議会」を結成して反撃を始めた。その結果「イラクのイスラム国」は衰退し、崩壊の瀬戸際まで追い詰められたが、2011年に隣国シリアで内戦が勃発すると状況が一変した。

6　「アラブの春」とシリア内戦

　2011年1月にチュニジアのベン・アリー体制が民衆デモによって崩壊したのを契機に北アフリカから湾岸地域にかけて、独裁体制や専制君主制に抗議する大衆運動が広がった。西側メディアはこれを「アラブの春」と呼んだが、どこでも「民主化」が容認されたわけではない。エジプトのムバラク退陣は歓迎されたが、バーレーンでは湾岸協力会議の合同軍によるデモ鎮圧が容認されたように、体制転換は欧米とイスラエルの利益に沿って選択的に統制されていた。その上、ジハード主義者を利用したお手盛りの「民衆運動」が捏造され、「望ましからぬ」体制を打倒する口実に利用された。例えば、石油収入で潤うリビアはアフリカ連合の共通通貨構想の提唱者だったため、アメリカとフランスが

ジハード主義者を支援して政府転覆を画策した。両国は「市民保護」を口実に「飛行禁止区域」を設定してリビア軍を空爆し、ジハード主義者に武器を供与して地上部隊の代わりに使った。10月にはムアンマル・カダフィ大佐が殺害され体制転覆は完了したが、これ以後、リビアではアルカイダやムスリム同胞団といったジハード主義者が跋扈し、それと戦うハリファ・ハフタル元帥が率いる世俗主義者の勢力や親カダフィ派も加わった抗争が激化し、無政府状態に陥った。

　同様の体制転換はシリアでも画策された。シリアのアサド政権は対イスラエル戦の前線を担う一方、アラブ社会主義路線を堅持してサウジ、カタールなどの湾岸諸国とも対立していたため、2011年4月に反政府デモが起こると、近隣諸国や欧米が反体制派への支援を開始した。サウジはシリアのアラブ連盟加盟資格停止や経済制裁を主導するとともに、「イスラム軍」や「イスラム戦線」といったジハード主義者の武装集団を支援した。トルコも、諜報機関が反体制派を装ってシリア軍将兵を殺害するなどして内戦を扇動するとともに、ムスリム同胞団系の亡命活動家が結成した「シリア国民連合」なる団体をカタールと連携して後援し「唯一の合法的シリア政府」だと主張した。アメリカもこの動きに加わり、ジハード主義者への武器供与を開始した。その一環であったリビアの武器を回収してシリアに送り込む作戦では、陣頭指揮に立っていた米国大使がベンガジでジハード主義者に殺されるという不手際も犯している。

　支援国が武器援助をエスカレートさせ、大量の外国人義勇兵を送り込んだことでシリアの状況は悪化した。反体制派は、理念やイデオロギー、活動拠点、指導者間の不和などにより離合集散を繰り返した上、ムスリム同胞団系のイスラム主義者の政権を望むトルコとカタールに対抗してサウジが別のジハード主義組織を援助するなど支援国の思惑の違いも絡んで、反体制組織同士の抗争が激化し、混乱に乗じてアルカイダ系のヌスラ戦線が台頭した。[24]

　ジハード主義者は好んでキリスト教徒や穏健派のムスリムを迫害したため、政府に批判的だった人々もアサド政権を好意的に見るようになった。シリア北部のロジャヴァでは、社会主義者のクルド人が中心となって結成された人民防衛部隊（YPG）が、ジハード主義者と戦うために政府と同盟関係に入ったし、

アルメニア人や亡命パレスチナ人の組織もシリア政府支持に傾いた。この状況に業を煮やしたトルコとアメリカはジハード主義者にサリン・ガスを使用した偽旗作戦を行わせ、直接介入の口実にしようとしたが、ロシア・中国の反対で実現しなかった上、2015年9月にはシリア政府の求めに応じたロシアが空軍を派遣し、レバノンのヒズボラやイランの革命防衛隊が義勇軍を増強したことで政府側が攻勢に転じた。

　シリア内戦はこのように、政府対反体制派という単純な構図ではなく、反体制派が複数の勢力に分かれて相互に戦闘を繰り返すというボスニア型の展開を辿った。ここに思惑を異にする外部の勢力が介入したことで「終わらない内戦」となったのだが、内戦の長期化は予想外の事態をもたらすことになった。「イスラム国」(IS) の出現である。

　「サフワ評議会」の結成により壊滅寸前に追い込まれていた「イラクのイスラム国」は、シリア内戦が勃発するとシリア北部に拠点を移し、混乱に乗じて反体制派の諸勢力を次々と屈服させて武器と人員を補充した。こうして勢力を回復すると、2014年6月にはイラク第二の都市モースルを制圧し、カリフ制国家の復活を宣言して「イスラム国」と改称した。IS は半年ほどでシリアとイラクに跨る広大な地域を支配し、自前の軍隊と政府を持つ国家の体裁を整えた。IS は民主主義や人権はおろか人類文明そのものを否定する特異な存在であり、支配地域でキリスト教徒やヤズィディー教徒を大量に虐殺して国際的規範に挑戦した。

　IS は従来の国際秩序の枠を逸脱した人類共通の敵であり、国際関係を大きく変えることになった。ロシアはこの「ならず者のインターナショナル」が自国の直接的脅威となることを見抜き、ソ連崩壊後初となる海外派兵を決断したし、アメリカもヤズィディー教徒への「ジェノサイド」を防ぐとの名目で空爆を開始した。シリアで利害を異にする両国は公式には連携していないが、不慮の衝突を避けるために飛行空域を調整するなど事実上の共同作戦を展開するようになった。米軍の強みは IT 技術を集約し狙った標的を正確に捕捉する誘導技術にあるが、これは地上戦では役に立たない。そのためアメリカ主導の連合軍が空爆を強化しても IS の勢力は衰えなかった。加えて、シリアの「反体制

派」への武器供与を続ける限り、IS の補給線を断つこともできない。そこで、アメリカは戦略を練り直し、ジハード主義者から YPG へ支援の対象を変更した。だが、これは同盟国トルコとの対立を生んだ。トルコは YPG を自国の反政府組織クルディスタン労働者党の傀儡だと考えていたからだ。米露が協調し、アサド政権が延命するのを阻止するため、トルコがロシア軍機を撃墜して NATO をシリア内戦に引きずり込もうとしたこともアメリカとの溝を深めた。こうした中、2016年 7 月にトルコでクーデタ未遂事件が起こると、イスラム主義者のエルドアン政権はアメリカと手を切り、ロシア・イランに接近し、三国でシリア和平を主導して行くことになった。

7　脱領域化する戦争

　IS の登場は中東以外の地域でも戦争の性格を変化させている。反体制勢力が地方政権を樹立するのは珍しくないが、IS は他国との共存を拒否し、国際承認を求める意思もなく、カリフ制国家の領域は全世界に及ぶと嘯いて、各地のジハード主義者に海外属州の建設を呼びかけたからだ。これは従来の内戦概念を根底から覆す変化である。

　これまで見たように「民主化」やアメリカの侵略によって中央政府の統治機能が麻痺すると、無政府状態に乗じてジハード主義者が跳梁跋扈して低強度戦争が長期化する現象は頻発している。例えば、ソマリアは1995年の国連撤退以後、各地で部族を基盤とした民兵やゲリラ組織の勢力圏が乱立する無政府状態に陥っていたが、シャリーアに基づく厳格な統治を導入することで一定の秩序をもたらそうとしたイスラム法廷会議が民衆に支持され、首都モガディシュを中心に支配地域を拡大した。イスラム法廷会議が2006年のエチオピアの介入で首都を追われると、アルカイダと結びついてイスラム国家樹立を目指すジハード主義組織アッシャバアブが結成され、ソマリア中・南部に広大な領域支配を行った。アッシャバアブはケニアやエチオピアにも脅威を及ぼし始めたため、アフリカ連合がモガディシュを奪還したが、地方を拠点にテロ活動を続けている[25]。同様の展開はイエメンやアフガンでも見られる。

　ジハード主義者は、こうした経験を通じて無秩序状態がイスラム支配に好都合なことを学び、自らが主体的に無政府状態を作り出す戦術を練り上げた。それは、テロを通じて治安機構を疲弊させ、警備が手薄となった地方を軍事的に制圧して拠点を作り、周囲に支配地域を広げるというものである。それを最初に実践したのが IS であり、世界各地のジハード主義組織に同様の戦術を使って海外属州を建設するよう号令したのである。従来のジハード主義者は一定の地域や国家内でイスラム体制を建設することを目指していたが、IS はこの動きを横に結びつけて世界的な運動に変えてしまった。フィリピンを例にそのメカニズムを見てみよう。

　フィリピンはカソリック教徒が多数を占める国で、ムスリム住民が多い南部のミンダナオ地方は、植民地時代からマニア政府に冷遇されてきた。ミンダナオのムスリムは様々な民族から構成されているが1969年に結成された「ミンダナオ民族解放戦線」は共通の迫害経験を持つムスリム先住民はバンサモロという単一民族だと主張して独立運動を開始した。1972年に本格的な武装闘争が始まり、フィリピン政府はミンダナオの一部にバンサモロ自治区を作ることに合意したが、あくまで独立を目指すグループはこれに反発し、より宗教色が強い「モロ・イスラム解放戦線」を結成した。1990年代に入るとジハード主義組織「アブサヤフ」も登場した。この組織はアフガン内戦に参加したアブドゥラジャク・ジャンジャラーニに率いられ、アルカイダとも結びついていた。[26] 彼らはミンダナオ南部からスールー諸島を拠点に、誘拐や破壊活動を繰り返した。[27]1998年にジャンジャラーニが殺害されると複数グループの緩い連合体に変わり、動力員も落ち込んだが、2016年 6 月に IS の東アジア州へ合流し、その総督に古参幹部のイスニロン・ハピロンが就任すると勢い盛り返した。2017年 5月末にハピロンたちはミンダナオ南部のマラウィ市で蜂起し、市街地を制圧した。フィリピン軍はマラウィ奪還に半年以上を要し、延べ20万の兵力を投入せねばならなかった。フィリピン軍の誤算は、ハピロン指揮下にはアブサヤフだけでなく、マウテ兄弟などのミンダナオ各地のグループ、マレーシアやインドネシアのジハード主義者、更にはチェチェン人、イエメン人、ウイグル人の戦闘員が大量に集結していたことである。マラウィ事件は IS 本体が関与した大

規模な陰謀だったのだ。IS は、東南アジアを統括する部局「カティバ・ヌサンタラ（マレー諸島局）」を持っており、インドネシアやマレーシアでリクルートした戦闘員をシリアに送り出してきたが、IS 本体が劣勢となると東南アジアでの属州建設に力点を移し、アブサヤフなどの複数の過激派グループを傘下に収めて東南アジア全域を視野に入れた戦略を展開するようになっている。[28] この脅威に対して東南アジア各国は治安情報の共有や軍事的な連携を進めるようになった。

　このように IS の登場は、元来ローカルな性格を持つイスラム主義者の運動がカリフ制国家の世界制覇の呼びかけに応えて横に結びつき、複数の国家に跨った大規模な戦争を引き起こす契機となった。これまでの内戦の一般的な形態は、所与の国家の一部で展開される限定的な地域紛争であり、その影響はせいぜい国境を接する隣国にしか及ばなかったが、ジハード主義者の戦争は様相を一変させた。戦争は遠く離れた国にも飛び火し、西側先進国の主要部でもテロによる無差別な市民の虐殺が起こるようになった。国家間戦争は過去のものとなり、外の敵から「国を守る」という国家安全保障の考え方は完全に時代錯誤となってしまった。

8　国家安全保障を超えて

　IS の登場は非国家主体が紛争の主役となっている現状を象徴しているが、問題の本質はジハード主義の伸長ではなく、国民国家が歴史的使命を終えてしまったことにある。公用語によるコミュニケーションを基礎とした均質な文化を共有する人々が内部完結した分業体制を備えた国家の枠内で経済的・文化的に発展するというモデルは半世紀以上も前に有効性を失っている。国際資本主義の力は強大となり、世界の過半の富を支配し、それを背景に、新たなエリート層は国民文化の中からではなく、英語圏の名門大学で教育を受け、多言語に精通した人々によって形成されつつあるし、生産活動は国境を超えて世界中に拡大したネットワークによって担われている。資本による労働の搾取は世界的な規模で再編されており、一国の枠組みに依ってシステムを変革しようという

試みは成功しない。[29] 国の内側に閉じこもるのではなく、外に開かれた連帯と協力を進めて行くことが肝要なのだが、国家が消滅して世界政府が実現するのはまだ先のことだろう。当面の課題は、近隣諸国が協力して国民国家の空洞化を緩和することである。中央アジアの破綻国家をロシアと中国が支えることでジハード主義者の脅威に対抗するという発想で結成された上海協力機構のようなモデルが想起される。この組織は「欧州共通の価値」を浸透させることで「民主的」で安定したヨーロッパを目指すという欧州連合とは正反対の発想で作られた国際機関であり、内政不干渉を原則とし、体制の違いには目をつぶって共通の利益だけを追求するという発想で作られている。

　地域連合は内戦状態にある国々を立て直すのに効果的な枠組みとなる。紛争当事国の隣国は難民の流入や密輸・犯罪組織の跋扈といった共通の問題に直面している。隣国が協力して武装勢力を鎮圧し、武装解除を進める取り組みは、西アフリカの５ケ国が結成したＧ５サヘルのような形で既に始まっているが、紛争の解決と社会再建は隣国の繁栄にとっても不可欠であり、復興を促進するインセンティブにもなる。何より、こうした地域連合はアメリカの基準を他国に押し付けようとする圧力に小国が対抗するのに有効な手段である。

　より長期的な課題は、戦争状態を恒常化させる元凶である軍産複合体を如何にして解体するかであろう。核兵器廃絶のような取り組みは崇高なものだが、通常兵器をどのように管理するかも重要だ。とりわけ、世界中に拡散した軽火器を回収し、武装解除を進める方策を立てねばならない。そのためには、まず、国家安全保障に執着する時代遅れな政治家・軍人・官僚たちに退場を願い、彼らに代わって、世界的な規模での軍縮を進めるイニシアティブを組織してゆく必要がある。

【注】

1)　UCDP Dataset Download Center, UCDP/PRIO Armed Conflict Dataset version 19.1及び UCDP Non-State Conflict Dataset の集計 https://www.ucdp.uu.se/ Accessed on 22 February 2020.

2)　UCDP, "Armed conflicts by conflict type and year." https://www.pcr.uu.se/digitalAssets/667/c_667494-l_1-k_armed-conflict-by-conflict-type--1946-2018.pdf/

Accessed on 22 February 2020.

3) Christopher Carr, *Kalashnikov Culture: Small Arms Proliferation and Irregular Warfare*, (Westport: Praegar Security International, 2008).

4) Institute for Economics & Peace, *Global Peace Index 2019: Measuring Peace in a Complex World*, (Sydney, June 2019). http://visionofhumanity.org/reports Accessed on 22 February 2020.

5) UNHCR, *Global Trends: Forced Displacement in 2018*, (20 June 2019) http://www.unhcr.org/statistics Accessed on 22 February 2020.

6) UCDP, "Non-state conflicts by year." https://www.pcr.uu.se/digitalAssets/667/c_667494-l_1-k_non-state-conflicts--1989-2018.pdf / Accessed on 22 February 2020.

7) The White House, *National Security Strategy of United States 1991*.

8) I. M. Lewis, *A Modern History of the Somali*, (Athens: Ohio University Press, 2002).

9) 武内進一「アフリカ大戦化するコンゴ内戦」『NIRA 政策研究』13（6）（2000年）20-23頁。

10) 武内進一「コンゴ東部紛争の新局面」『国際政治』159（2010年）41-56頁。

11) 栗本英世『未開の戦争, 現代の戦争』（岩波書店、1999年）。

12) Richard Cockett, *Sudan: The Failure and Division of an African State*, (Yale University Press, 2016).

13) 武内進一『現代アフリカの紛争と国家──ポストコロニアル家産制国家とルワンダ・ジェノサイド』（明石書店、2009年）。

14) 佐原徹哉『ボスニア内戦──グローバリゼーションとカオスの民族化』（有志舎、2008年）。

15) Cees Wiebes, *Intelligence and the War in Bosnia 1992-1995*, (Hamburg & London: Lit Verlag, 2003).

16) Gordon M. Hahn, *The Caucasus Emirate Mujahedin*, (Jefferson: McFarland & Company, 2014).

17) Vitaly Naumkin, *Militant Islam in Central Asia: The Case of the Islamic Movement of Uzbekistan*, (Berkeley: University of California, 2003).

18) Todd Reed & Diana Raschke, *The ETIM: China's Islamic Militants and the Global Terrorist Threat*, (Westport: Praegar Security International, 2011).

19) 保坂修司『ジハード主義、アルカイダからイスラーム国へ』（岩波書店、2017年）。

20) Robert D. Crews & Amin Tarzi, eds., *The Taliban and the Crisis of Afghanistan*, (Cambridge & London: Harvard University Press, 2010).

21) Phebe Marr & Ibrahim al-Marashi, *The Modern History of Iraq*, 4th ed., (Boulder: Westview Press, 2017).

22) 本山美彦『民営化される戦争、21世紀の民族紛争と企業』(ナカニシヤ出版、2004年)。

23) Fawaz A. Gerges, *ISIS: A History*, (Princeton & Oxford: Princeton University Press, 2017).

24）　青山弘之『シリア情勢——終わらない人道危機』（岩波書店、2017年）。

25）　Stig Jarle Hansen, *Al-Shabaab in Somalia: The History and Ideology of a Militant Islamist Group*, (London: Hurst & Company, 2016).

26）　Victor Taylor, "Abu Sayyaf Group: The Beginnings of the Abu Sayyaf Group," Jan 20, 2017, http://mackenzieinstitute.com/beginnings-abu-sayyaf-group/ Accessed on 22 July 2017.

27）　Rommel C. Banlaoi, *Al-Harakatul Al Islamiyyah: Essays on the Abu Sayyaf Group*, (Quezon City: Philippine Institute for Political Violence and Terrorism Research, 2008).

28）　Jasminder Singh, "The 2017 Marawi Attacks: Implications for Regional Security," *RSIS Commentary*, www.rsis.edu.sg/ Accessed on 22 February 2020.

29）　Renaud Duterme, *Petit manuel pour une géographie de combat*, (Paris: La Découverte, 2020).

第9章　メディアは平和創造に貢献できるか

蟹瀬　誠一

1　はじめに

　ある南海の孤島で、ドイツ人とフランス人が仲良く暮らしていた。新聞は1ケ月に一度しか配達されない。だから独仏両国の間で実際に戦争が始まっていても、新聞が届くまではふたりは友人同士だった。ところが1ケ月分の新聞が配達され戦争のことを知った途端、両者の関係はにわかに険悪になった……。

　これは米ジャーナリストで政治評論家ウォルター・リップマンの名著『*Public Opinion*』（世論）の中に出てくる挿話だ。マスメディアの発達によって、人間が自らの目で認知する環境よりも新聞、ラジオ、テレビ、ソーシャル・メディアが提供する疑似環境をより重視し、その環境に依存するようになることを物語っている。20世紀初頭、テレビが誕生する前に、リップマンはすでにメディアが人々の心を支配する時代の到来を予見していたのだ。

　高度な情報通信技術が発達した現代のネットワーク社会では、リップマンが生きた時代と比べメディアの影響力は飛躍的に増大している。今や私たちは朝起きて窓から空を見上げるかわりにテレビやスマホの画面を覗き込んで天気を調べている。

　本章では平和の概念と対極にある戦争やテロリズムとメディアがどのような関係にあるかを考察しながら、メディアがこれからの平和創造にどのような形で貢献できるのかを考えていく。

2　変容するメディア環境

(1)　メディアはメッセージ

かつて筆者が東京特派員を務めた米ニュース週刊誌『*TIME*』は「スモッグ（smoke と fog をつなぎ合わせた合成語で大気汚染のこと）」など新しい事象を表わす造語をいくつも生みだしてきた。「テレバイズド（televised）」もそのひとつだ。日本では馴染みが薄いが欧米ではすっかり英単語として定着しており、「テレビで〜をみる」という意味だ。「テレバイズド・ウォー」といえば、「テレビで生放送された戦争」ということだ。

今、私たちは湾岸戦争やイラク戦争のように何万キロも離れた場所で勃発した戦争を自宅でしかもリアルタイムで見ることができる。あたかもその現場に立ち会っているような錯覚の中で日々のニュースに接しているのだ。それが疑似体験であるにもかかわらず、テレビやインターネットメディアを通じてみる映像こそがリアリティをもつ世界だと認識するようになってしまっている。

戦争だけではない。1988年の米大統領選を取材中に、共和党候補で現役副大統領だったジョージ・ブッシュ（父）と民主党候補のマイケル・デュカキス元マサチューセッツ州知事による歴史に残るテレビ討論が開かれた。両者は死刑制度を巡って真っ向から対立。ちょうど会場に居合わせた米 NBC 放送の看板キャスターのトム・ブロッコウにどちらの候補が勝ったかと尋ねてみた。すると「テレビ画面を通して見てみなければ、勝敗は分からないよ」という思いがけない答えが返ってきた。

まさに "The medium is the message"（メディアはメッセージだ）と文明評論家マーシャル・マクルーハンがその著書 "Understanding Media: The Extensions of Man"（1964年）で述べたとおり、メディアが伝達するコンテンツだけでなくメディアそれ自体がメッセージ性をもっていて社会に大きな影響を与えるのだ。

(2)　劇場化からフィルター・バブルへ

　「事実だとして認めようじゃないか。政治は新しいステージに入ったのだ。テレビというステージだ。長々と続く公開討論の時代は終わった。今、人々が求めているのは"変革の時代だ"とかいった短いスローガンだ。華やかで気の利いたひと言なのだ」

　2020年の米大統領選のことを言っているのではない。じつは60年以上前に米国で公開された映画『*A FACE IN THE CROWD*』（邦題：群衆の中のひとつの顔）の中でメディア企業のトップが言い放ったセリフである。メディア先進国米国では、半世紀以上前にすでにテレビは政治をショー劇場に変え、人々は「平和」や「民主主義」といった複雑で厄介なテーマより単純で刺激的なサウンドバイト（テレビニュース番組で挿入される短い発言）を好むようになっていた。真面目な思考は停止し、その代わりに報道にも娯楽映画を観るような面白さを求めるようになっていたのである。

　それと同時に、テレビで映されたものが「現実」として認識されるようになると、自分で目撃したことや頭で考えたことよりも、テレビに映し出された物事が本当ではないか、自分が間違っているのではないか、と疑ってしまうような感覚が広がっている。「疑似環境の環境化」という現象だ。

　見世物小屋としてのテレビやネットニュースがもっとも恐れるのは人々に退屈だと思われることだ。だから報道番組も「興味を惹くか退屈か」という基準で編成されるようになった。「ニュースの重要度じゃなくて、見たいモノから見せるんだ」と某民放報道番組の幹部が著者に公言して恥じなかったことを今でも記憶している。

　テレビがつくり出す「スペクタクル社会」というのは基本的に知識人を排除する社会なのだ、とブルガリア生まれの記号論学者ジュリア・クリステヴァは痛烈に批判している。

　インターネット時代に入ってソーシャルメディア（SNS）が普及すると、その傾向はさらに一段と深刻化している。SNSが「フィルター・バブル」をつくり出したからだ。フィルター・バブルとは、インターネットの検索サイトが提供するアルゴリズムによって各ユーザーが見たくないような情報を遮断する

機能のせいで、まるで気持ちの良いバブル（泡）の中に包まれたように自分が見たい聞きたい情報にしか接しなくなることだ。私たちは意見の合う人間だけをフォローし、それ以外をバブルの外に排除するようになってしまっている。

　その結果、社会の分断はいっそう深刻化している。対立する意見を闘わせてお互いを切磋琢磨しながら妥協点を見つけるという民主主義の重要なプロセスを自ら放棄しているため、分断は対立を生み、対立の激化は平和を脅かしているのだ。米国のトランプ元大統領などはその顕著な例だろう。テレビ番組は自分にに好意的なフォックスニュースしか信じず、物事を深く考えないで直感的にツイッターで発信し、自分はいつも絶対的に正しいと思い込んでいる。その病的な虚言癖と傍若無人な言動で、冷戦終結後から各国が築き上げてきた国際協調に基づいた国際秩序をわずか1年程で崩壊させてしまった。これでは戦争が起きることはあっても平和創造にはほど遠い。

3　戦争とメディアの共生関係

(1)　情報技術の飛躍的進歩

　人類の技術の進歩は平時よりも戦時に飛躍的に進んできた。例えば、現在使われている多くのエネルギー技術は軍事研究から生まれている。火力発電で使われるガスタービンは軍用技術の転用だし、太陽電池も軍事目的の宇宙開発の産物だ。原子力発電は原子爆弾の平和利用として始まった。

　情報技術も同じだ。我々が日常的に使っているパソコンは元を辿ればミサイルの弾道計算のために開発された電子計算機だった。情報を瞬時に共有できるインターネットの開発にも膨大な軍関連資金がつぎ込まれてきた。迅速かつ正確な情報伝達こそが戦場での勝敗と兵士の生死を分けるからだ。こう見てくると、技術進歩のためには戦争が必要なのではないかとさえ思えてくる。

(2)　戦争を売った男

　メディアと戦争とは長年、一種の「共生関係」を続けてきた。事実を伝えたいというジャーナリストの正義感とは裏腹に、報道機関は時として企業利益優

先主義や独裁者やテロリストの巧みな情報操作によって平和実現よりも戦争や
テロの片棒を担いできたからだ。

　かつて筆者は、湾岸戦争（1991年）の裏側であらゆる手段を使ってメディア
を操り、米国を戦場に駆り立てた首謀者を単独インタビューしたことがある。
その男の名はロバート・グレイ、69歳（当時）。首都ワシントンで“スーパーロ
ビイスト”の異名をとった元ヒル・アンド・ノールトン社の会長（当時）であ
る。ネブラスカ州の田舎町で機械工の次男として生まれたグレイは、他人を思
い通りに操りたいという人間の心理を巧みに商売に繋げ、ワシントンで億万長
者にのし上がった。81年にはロナルド・レーガン大統領就任式の共同議長まで
務めている。

　　「私の仕事はある目的をもった情報を人々に提供することだ。その情報がバランス
　　のとれたものかどうかはそれほど重要なことではない」

　フロリダの豪邸でインタビューに答えてくれたグレイ氏は、ダークスーツに
紫のネクタイという洒落た格好で自らの仕事を自信たっぷりにそう説明した。
ひと言でいえば情報操作である。長年ロビー活動を行ってきた彼の顧客リスト
にはハイチの独裁者デュバリエや天安門事件後の中国政府、全米運輸組合、台
湾・韓国・日本の大手企業等など大金持ちがズラリと並んでいた。

　そんなグレイ氏にとって最大かつ最後の大仕事が湾岸戦争だった。振り返っ
てみよう。

　1990年8月2日、イラクが突然クウェートに対して大規模な軍事侵攻を開始
した。米国内ではすぐさま在米クウェート人によって「自由クウェートのため
の市民」という草の根運動が組織され祖国の窮状を訴えた。各地の大学のキャ
ンパスでは「クウェートを救え」と書かれたTシャツが配られ、学生たちの
決起集会も開かれた。それでもベトナム戦争で苦い敗北を経験した米国民は軍
事介入には消極的だった。

　ところがそのムードを一変させる出来事が起きた。同年10月の米議会人権執
行委員会でのクウェート少女ナイラ（当時15歳）の証言である。彼女は、ク
ウェート市内の病院でボランティアとして働いていたときにイラク兵が保育器

から赤ん坊をつかみ出し「冷たい床に放置して死亡させた」と涙ながらに訴えたのだ。ナイラ証言は全米にテレビで生中継され、イラクの残虐行為を許してはならない国内世論は一気に軍事介入に傾いた。米議会も武力行使を容認し、91年1月に米国は湾岸戦争へ突入したのである。

しかし、戦争終結後にそれまで隠されていた事実が明らかになった。学生たちの反イラク集会やテレビ局に持ち込まれたイラク兵の残虐行為のビデオ映像、そして衝撃の少女ナイラ証言もグレイ氏の会社がクウェートから資金を得てお膳立てしたものだったのだ。クウェート解放後に現地で調査した人権団体ヒューマン・ライツ・ウォッチはナイラ証言が「虚構」だったと断定している。少女はなんと在米クウェート大使の愛娘だったことも判明した。メディアも世論も見事に手慣れのスピンドクター（情報操作屋）に操られたのだ。その結果が湾岸戦争だった。

「あれは歴史上最も大掛かりなキャンペーンで、じつに上手くいった」とグレイ氏は罪悪感の欠片もなく満足げに振り返った。情報操作を見破れなかったメディアは情報戦争の敗者になっただけでなく、世論操作の共犯者となったのだ。

> 「私たちテレビ報道機関にとってもっとも心を奪われるのはニュースレポートによ
> うに見える映像です。だからPR会社は戦争を売るにせよ、商品を売るにせよ、ニュー
> スのように見せかけるのです」

当時湾岸戦争のレポートを担当していた米ABC放送キャスターのジョン・マーチンは反省の念を込めてそう著者とのインタビューで振り返った。

敵の残忍性をことさら誇張する世論操作の手法はもちろんグレイ氏の専売特許ではない。例えば、第1次世界大戦中にフラン軍宣伝担当部門は手のない赤ん坊の写真を公開し、ドイツ兵は赤ん坊の手を切り取るような残虐な連中だと宣伝することによって国民の反ドイツ感情を煽った。ご丁寧にドイツ兵が赤ん坊の手を食べているイラストまで掲載したフランスの刊行物もあった。

「民主主義的理想、独立したジャーナリズムといった観点から見ると、私たちは情報操作の戦場で負けています。湾岸戦争で大敗し、そして今も負け続け

ているのです」と、ハーパーズ誌社長兼発行人だったジャーナリストのジョン・マッカーサーは指摘している。

⑶　テロリズムとメディアの共生

　さらに、今そこにある深刻な問題としてテロリズムと報道の共生関係がある。現代のテロリズムはメディアによって報道されることが最初から計画の一部として組み込まれている。メディアが報道すればするほど、テロリストの目的は達成されてしまうという構図ができあがってしまっているからだ。

　米国有数のシンクタンクであるランド研究所で長年テロリズムの研究をしているブライアン・ジェンキンズは1975年の論文で「テロリズムは劇場」だと指摘した。世の中はコンテンツを消費する観客で溢れていて、テロリズムはそうした観客の目を奪い魅了する最強のコンテンツだというのである。

　メディアはジャーナリズムの使命としてテロ事件を報道する。テロリストが起こした爆弾事件や人質事件が悲惨であれば悲惨であるほどニュース価値は高まり、人々の関心も増える。それによって新聞・雑誌の販売部数が増加し、テレビの視聴率が跳ね上がる。いきおい報道合戦は加熱する。新聞・雑誌の販売部数が増え、テレビの視聴率もさらに跳ね上がる。結果として、テロの恐怖は世界に拡散してしまう。テロリズムと報道はまさに「共生関係」にあるのだ。

　テレビはテロ事件報道に多くの時間を割くだけでなく、「テロ活動にとって不可欠な要素となっている」と米歴史学者でテロリズム研究の専門家として知られているボイヤー・ベルは指摘する。

　　「（テロリストが銃を構えた仲間に）"撃つなアブドル、まだゴールデンタイムじゃない"と叫んだというのは決してあり得ない話ではないのです」

　英国のマーガレット・サッチャー元首相も IRA（アイルランド共和国軍）との闘争の中で「メディアはテロリストやハイジャック犯にパブリシティの酸素を供給するもの」としてメディア報道を厳しく批判していた。（NYT 1985年6月16日）
　国内では、1972年に極左テロ組織「連合赤軍」メンバー5人が長野県の浅間

山荘で管理人の妻を人質にとって立てこもり、警察や機動隊と10日間におよぶ攻防戦を繰り広げたことがある。死者3名重軽傷者27名を出した浅間山荘事件は連日連夜テレビで生中継され、最高視聴率89.7％、平均視聴率50％超という脅威の数字を記録。まさに日本国民の関心がテロ事件に釘付けになった典型的な例である。

　メディアは、報道すればテロリストの要求に屈したことになり、報道しなければ一般市民に重大事件の存在を知らせないことになるという厄介なジレンマに追い込まれているのだ。具体的な例をさらにいくつか見てみよう。

　1978年から95年にかけて16件の爆弾テロ事件を起こし全米を震撼させた"ユナボマー"（本名セオドア・カジンスキー）事件では、犯人がニューヨーク・タイムズ紙とワシントン・ポスト紙に手紙を送り、新たな爆弾テロを止めるかわりに自分の論文「産業社会とその未来」を掲載しろと要求している。議論の末に両紙とも彼の要求どおり論文を掲載せざるを得ないと判断した。

　84年、日本で発生したグリコ・森永事件の犯行グループは営利目的であると同時にメディアを利用して世間に知られたいという願望があったようだ。警察を挑発し世間が面白がるような「怪人21面相」と名乗り、グリコ、森永の食品に毒を入れたという脅迫状を企業だけでなくメディア各社にも送り付けている。マスコミが連日報道を繰り返したため、両社の商品は店頭から消えた。

　近年、テロとメディアの関係はさらに新しい段階に入っている。インターネットとソーシャル・メディアの普及によってテロリストが既存メディアを通さず世界中に恐怖を発信できるようになってしまったからだ。過激派組織イスラム国（IS）が自己礼賛PR映像や残虐な人質殺害映像をYouTubeに投稿して世界を震撼させたのはその典型的な例である。その映像を多くのマスコミがニュース・コンテンツとして世界に報道し、テロリストたちを喜ばせる結果になった。

　では、テロリズムや戦争といった政治的危機をメディアどのように報道すべきなのだろうか。難問だがいくつかのパターンがある。

　ひとつは、英国のDA（Defense Advisory）通告制度だ。戦争やテロなど国家の安全保障に関する報道に関しては政府とメディアが定期的に公務機密法

（Official Secrets Act 1989）に則って調整するのである。

　これに対して、米国ではメディアの取材活動や報道は原則的に自由という原則に基づき、報道機関は各自適切と思われるガイドライン設定して自主規制を行う。全世界に衝撃が走った2001年同時多発テロの際にはブッシュ政権のライス国家安全保障担当大統領補佐官が主要テレビ局にイスラムテロ組織アルカイダの声明を放送しないように要請したが、最終判断は個々のメディアに委ねられた。

　日本の場合はどうか。法的には取材活動や報道は原則的に自由のはずなのだが、実際には大手メディアが加盟する集団管理型「記者クラブ」制度が自由な取材活動を阻害している。

　　「日本のメディアは、一緒に取材をして、一緒にコメントを聞き、一斉に社に走って書き、自社の紙面が他社と一緒だと安心するというように、仲良しクラブみたいな感じがします」

　同時多発テロの翌年3月末に開催されたシンポジウム「海外テロ事件と報道」（外務省主催）で、コントロール・リスクス・グループ（CR）日本法人社長（当時）山崎正治は日本の報道の現状をいみじくもそう指摘した。

　独自取材を重視しそれぞれの記者が自由に掘り下げた取材を行う欧米のメディアと比べると、日本の記者クラブ制度は特異なメディア側の自主規制制度として定着してしまっている。

4　メディアと平和創造

　これまで見てきたように、多かれ少なかれ、メディアは戦争と添い寝をしてきたといっても過言ではないだろう。そんなメディアに平和創造への貢献など期待できるのだろうか。

　希望がないわけではない。手元の辞書によれば、平和とは「争いがなく、穏やかであること」とある。ただし、米詩人で宗教家のヘンリー・バン・ダイクが言うように、米露が相互に核ミサイルを突きつけていた冷戦時代のような

「恐怖の上に成り立った平和は抑制された戦争」に他ならない。真の平和とは、世界の人々が意見の相違を乗り越えてお互いの喜びや苦難に共感できるようになることである。

(1)　災害と歴史的和解

　『敗北を抱きしめて』の著者である米国の歴史家ジョン・ダワーが東日本大震災発生後に述べた言葉は示唆に富んでいる。

> 　「個人の人生でもそうですが、国や社会の歴史においても、突然の事故や災害で、何が重要な事なのか気づく瞬間があります。すべてを新しい方法で、創造的な方法で、考え直すことができるスペースが生まれるのです。関東大震災、敗戦といった歴史的瞬間は、こうしたスペースを広げました。……しかし、もたもたしているうちにスペースはやがて閉じてしまうのです」

　そんなスペースを広げておくために、戦争・災害報道は大きな意味をもつといえるのではないか。例えば、阪神淡路大震災や東日本大震災ではテレビ局は総動員で現地に取材陣を送り込み、紅蓮の炎の前で呆然と立ち尽くす人々、巨大な津波に押し流される家屋、そして瓦礫の下から救出される被災者の姿などを全国に生中継した。それを見た国内外の多くの人々から政治信条の違いを超えて記録的な額の義援金が寄せられただけでなく、ボランティアで救援活動をする人々も集まった。

　海外でも自然災害報道が憎悪を和解へと変えたケースが『歴史和解の旅』（船橋 2004）で紹介されている。

　1999年の夏、トルコでイズミット地震と呼ばれるマグニチュード7.6の大地震が発生した。1万7000人余りが死亡し、60万人が家を失う大惨事だった。そのとき最初に駆けつけた外国の災害救助隊はギリシャのチームだった。ギリシャからの援助物資がトルコの競技場に運び込まれる映像が流れる中、トルコのテレビ局リポーターは興奮しながらこう伝えたという。

> 　「あの中には大量の輸血用の血液も含まれています。ギリシャの人々の血です！」

　そのわずか３週間後、今度はギリシャを大地震が襲った。死者143人、負傷者1600人。５万人が住む家を失った。駆けつけたトルコの救援チームが瓦礫の下からギリシャ人の子供を救出する場面を地元のテレビ局が生中継すると、ギリシャ全土が感動と興奮の渦に巻き込まれた。

> 「トルコ人がやってくれたんです。今、トルコの救助隊員がボトルの水を飲んでいます。そのボトルはギリシャの救助隊員がいましがた飲んでいたそのボトルです。これが愛でなくてなんでしょう。美しい、なんと美しい！」

　ギリシャのテレビキャスターは感極まってそう叫んだという。
　歴史的に険悪な関係が長く続いてきた両国がこの出来事だけで完全に雪解けしたとはとうてい言い難いが、両国民の心が対立から融和に動いたことは間違いない。

⑵　戦場に向かう母たち

　テレビが真実を明らかにして歴史を動かした事例も少なくない。かつて世界に衝撃を与えた東欧革命の隠れた主役はじつはテレビだった。いかに当局が情報管理しようとしても、西側の自由さがテレビ映像を通じて東ドイツ国民の心を魅了したのだ。ベルリンの壁が崩壊しドイツ統一という巨大な地政学的変化が起きた際には、現地の人々の歓喜する姿を世界中の人々がテレビ中継を通してリアルタイムで共有した。
　筆者はロシアの首都モスクワで取材中にテレビメディアの力を目の当たりにしたことがある。市内の古びたビルの一角にある「反戦母の会」事務所を訪れた時のことだ。そこには何枚もの洋服を着込んで旅支度をしている十数人の中年女性たちがいた。何処へ行くのかと訊ねると、なんと銃弾飛び交う極寒のチェチェン共和国へ乗り込んで出征した息子を連れ戻すのだという。

> 「危険は覚悟しています。でも、私は息子が意味のない戦争で人を殺すことも自分の命を落とすことも許せないのです」

　出発直前の母親のひとりが真剣な眼差しで筆者にそう語った。何が彼女たち

をそこまで駆り立てたのか。母親が子供を守ろうとする強い愛情もさることながら、現地の惨状を伝えるテレビ報道もまた大きな役割を果たしていたのだ。

　チェチェン紛争はロシア人にとって初めてのテレビ中継された戦争だった。その心理的インパクトは計り知れないものがあっただろう。生々しい戦地の様子が連日家庭のテレビ画面に映し出された。特に独立系テレビ局は独自取材で焼け焦げた兵士の姿など戦場の悲惨な映像とともに、ロシア政府の軍事介入に対する批判を続けた。それはちょうど米国における60年代のベトナム戦争報道が国民の反戦意識を高めたのと同じ現象だった。現地から送られたリアルなテレビ映像が兵士の母たちの心を揺さぶり、危険な戦場へ足を運ぶ決意をさせたのである。

(3)　有名、無名な英雄たち

　有史以来、人間は戦争を起こし、殺し、奪い、辱める行為を行ってきた。ナチスのヒトラー、ロシアのスターリン、カンボジアのポルポト、中国の毛沢東などが行った大量虐殺を振り返ると人間の本性は悪魔ではないかと暗澹たる重いにかられる。

　しかしその一方で私たちは誰しも高貴で英雄的に行為を行なう能力も備えている。世界一周ヨットレースで優勝を目前にしていた英国のピート・ゴス選手は、背後から嵐が近づいていた競技相手の艇からの救助信号を聞いて、ためらうことなく引き返し救助に向かった。レースには負けたが、命がけでライバルのフランス艇の選手を救った。ナチス支配下のポーランドで多くのユダヤ人の命を救ったオスカー・シンドラーの行為はスピルバーグ監督の映画『シンドラーのリスト』で長く世に伝え続けられるようになった。日本領事だった杉原千畝も上司の命令に背いて8000人近いユダヤ人にロシア経由でオランダ領のキュラソー島に避難する許可証を発行したことで知られている。

　この他にも、貧困撲滅に身を捧げたマザー・テレサ、非暴力運動でインド独立を勝ち取ったマハトマ・ガンジー、命がけで公民権運動を率いたマーチン・ルーサー・キング牧師、アパルトヘイト（人種隔離政策）廃止を実現した南アのネルソン・マンデラ大統領など、人間の尊厳のために立ち上がった人たちが

数多くいる。

　平和創造にメディアが貢献できるとすれば、そうした有名、無名の勇気ある人々の言動を広く世界に知らせ、貧困、飢餓、抑圧、戦争などの構造的暴力に毅然と立ち向かい、人類を対立の過去から共生の未来へと誘うことだろう。その際に忘れてはならないのは文豪アーネスト・ヘミングウェイが残した次の言葉だと筆者は思う。

　「いかに必要であろうと、いかに正当化できようとも、戦争が犯罪だということを忘れてはいけない」

〔参考文献〕
蟹瀬誠一「情報と戦争」（1995）『放送文化』12月号、122-134頁
──（1996）「テレビ現場からみたTBS問題」現代ジャーナリズムを考える会・編『テロリズムと報道』現代書館
──「テレビがつくる劇場型政治」（2005）筑紫哲也ほか『ジャーナリズムの条件──報道不信の構造』岩波書店、40-49頁
──（2019）『ドナルド・トランプ　世界最強のダークサイドスキル』プレジデント社
──編（2007）『もっと早く受けてみたかった国際政治の授業』PHP研究所、18-32頁
福田充（2009）『メディアとテロリズム』新潮新書
船橋洋一（2004）『歴史和解の旅』朝日新聞社
仲正昌樹（2018）『悪と全体主義──ハンナ・アーレントから考える』NHK出版
Fromm, Erich（1994）*Escape from Freedom*, Holt Paperbacks.
Lippmann, Walter（1922）*Public Opinion*, Free Press.
Macarthur, John R（1992）*Second Front: Censorship and Propaganda*, University of California Press.
McLuhan, Marshall（1994）*Understanding Media: the extensions of man*, The MIT Press.

第**10**章　多文化共生のまちづくり

──中野区でのゼミ活動を通じた学生による地域実践を中心として

山脇啓造・山脇ゼミ

1　はじめに

　2019年12月末の在留外国人数は約293万人で、日本の総人口の約2.3％である。前年末に比べ、外国人の総数は約20万人（7.4％）増加し、過去最高となった。2019年10月末の外国人労働者の数も約166万人で、前年同月から約20万人（13.6％）増加し、過去最高となった。[1]

　日本の外国人受け入れ政策は、1989年の入管法改定による日系人労働者の受入れや1993年の技能実習制度創設によって第1ステージが始まったとすれば、2018年の入管法改定によって、第2ステージに移った。2019年4月には、在留資格「特定技能」が創設され、法務省に出入国在留管理庁が設立された。同庁は、それまで旧入国管理局が担っていた出入国管理と在留管理に加え、外国人支援や共生社会づくりも担うようになった。

　2020年になって、新型コロナウイルス感染症が世界各国に広がり、日本でも4月から5月にかけて緊急事態宣言が発令された。コロナウイルスは、日本人であろうと外国人であろうと、等しく感染の危険がある。そして、社会の一部で感染が広がれば、社会全体に感染のリスクが高まる。感染封じ込めのモデル国と見られていたシンガポールやドイツでも、外国人労働者の間で感染が拡大した。日本のコロナ対策にとっても、外国人住民を日本社会の構成員と位置付ける多文化共生の観点は欠かせない。今後しばらく、日本の新たな外国人受け入れは停滞するかもしれないが、今こそ、中長期的な観点に立って、「国籍や民族などの異なる人々が、互いの文化的ちがいを認め合い、対等な関係を築こ

うとしながら、地域社会の構成員として共に生きていく」社会づくりに取り組み、「多様性と包摂性のある社会の実現による『新たな日常』の構築」を目指すことが期待される。

　明治大学国際日本学部は2008年度に設立され、2013年4月に中野区の再開発地区に設置された新キャンパスに移転した。それ以来、筆者が担当するゼミでは、中野区を中心として「多文化共生のまちづくり」をテーマに活動してきた。2013年度のゼミにおいて、中野区の外国人留学生や外国人住民を対象にした実態調査を行った上で、2013年12月には田中大輔中野区長（当時）を招いて、なかの多文化共生フォーラムを開き、ゼミ生たちが中野区への政策提言を行った。フォーラムの内容は、翌日のNHKテレビで「JR中野駅周辺　外国人も暮らしやすい街づくりを」と題して、朝日新聞では「多文化共生、中野区に宿題　留学生増、住みよい街に　明大生議論」と題して、そして中日新聞でも「留学生の力地域に生かす　明大生、中野区に政策提言」と題して報道されるなど、再開発地区への注目度が高かったこともあり、メディアの高い関心を集めた。

　それ以来、山脇ゼミでは、毎年一回、中野区長を招いた「なかの多文化共生フォーラム」を開催してきたほか、「中野区長と外国人留学生の懇談会」や「中野区長と外国人住民の懇談会」の開催、中野区主催なかの生涯学習大学（55歳以上の中野区民を対象とした社会教育プログラム）との合同ゼミ実施、中野区観光協会主催の各種イベントへのスタッフとしての参加など、地域と連携しながら、中野区における多文化共生をめざした活動を続けてきた。

　以下、2018年度と2019年度に山脇ゼミが実施した「やさしい日本語」in中野プロジェクトと国際交流運動会に焦点を当て、活動を担当した学生自身が報告する。やさしい日本語とは、誰にとっても分かりやすいように、簡単な語彙や文法で、短くはっきりと話す日本語のことである。1995年の阪神・淡路大震災の時に、外国人住民が情報弱者となったことから、災害時の情報伝達の手段として、その研究が始まった。2000年代には、自治体による平時の外国人住民への行政・生活情報においても活用されるようになり、近年は外国人観光客とのコミュニケーションにおいても用いられるようになった。また、大阪市生野

区のように、やさしい日本語によって、日本人住民と外国人住民のコミュニケーションを活発にすることを狙った取り組みも始まっている。「やさしい」には、「易しい」だけでなく、「優しい」という意味も込められている。つまり、日本語非母語話者に対して、日本語能力等に配慮して、「優しい」気持ちで話しかけることが重要であり、やさしい日本語の普及が受け入れ社会における多文化共生の意識づくりに寄与することが期待されている。山脇ゼミも、そうした観点からやさしい日本語プロジェクトに取り組んでいる。

2　やさしい日本語 in 中野プロジェクト

1）2018年度の活動

島村幹人（2019年3月卒業、8期生）

　山脇ゼミ8期（4年生12名）は、「やさしい日本語」の普及を通して、中野の街を盛り上げることを目的に、「やさしい日本語 in 中野」というプロジェクトを2018年度に立ち上げた。ゼミでは、啓発動画や資料の作成を中心に活動する動画班と、外部団体との交渉や企画の運営を中心に行う営業班の二班体制をとり、動画制作、ワークショップ、ツアーの3つの企画を行った。

①　動画制作

　「やさしい日本語」の周知と、ワークショップやツアーへの関心、協力を仰ぐ目的で作成した。ゼミ生作成のマスコット（やさぞう）がナビゲータとなって登場し、「やさしい日本語」の使い方を簡単に解説した。内容は飲食店の入店時と会計時の二部構成で、「禁煙」や「○○しか使えません」という日本語学習者には難しいとされる表現を言い換えるものとした。フェイスブックでは公開からおよそ2週間で再生回数1万回を達成し、特に日本語教師など、「やさしい日本語」に関心がある層が集まるコミュニティを中心に、活動を知ってもらうことができた。一方でユーチューブでの再生回数は公開半年を経過しても僅か400回に満たず、「やさしい日本語」への社会全体の関心は薄いことが課題として浮き彫りになった。動画制作後に「やさぞう」はプロジェクトを広め

るためのシンボルとして、ステッカーや缶バッジを制作し、地域の方や留学生等、多くの人々に配布した。

② やさしい日本語ワークショップ

これは後のツアーに協力いただける中野の地域の方や、明治大学の学生、卒業生等を対象に、「やさしい日本語」の有用性や実用例を紹介する30分間のプログラムで、明治大学国際日本学部設立10周年記念イベントのひとつとして開催した。この企画を行った結果、それまで「やさしい日本語」に触れてこなかった人に対してはその理解を深める効果的なものとなり、またゼミ生と地域の方の繋がりが深まったことで、学生と地域住民が一体になってこのプロジェクトを進める機運が高まった。

③ やさしい日本語ツアー in 中野

2018年度最後の企画が「やさしい日本語ツアー in 中野」だった。その内容はゼミ生と留学生で班を編成し、中野区鷺宮および野方の商店街を巡るものである。訪問する各商店には事前に連絡し、ツアー中の会話は店頭も含めすべて「やさしい日本語」で行うこととした。結果的にはこのプロジェクト全体の目的である「中野を盛り上げる」ことに最も繋がった企画になったといえる。地域と留学生の双方に「やさしい日本語」でコミュニケーションをとって生活ができることを認識してもらったことで、地域社会が多様化し、活性化するきっかけを作ることができたのではないだろうか。またツアー終了後のアンケートでは、次年度以降もプロジェクトの継続を望む声が多数あがり、多文化共生社会の構築による地域活性化に前向きな思いを持った方が増えたことは大きな成果である。

３つの企画に共通しているのは、行政主体ではなく、学生と住民という地域の草の根ともいえる存在が中心となって「やさしい日本語」を用い、地域社会を盛り上げる活動ができたことで、これは前例の少ないものだったと思う。一方で、今年度プロジェクトを実践できたのは鷺宮と野方の地域が主だった。この流れを中野区全体に広げるために、私たち草の根から、企業や行政をも巻き込んで、より大きなムーブメントにしていく課題が残った。

２）2019年度の活動

河合知世、安田優希（2021年3月卒業、10期生）

　2019年度の山脇ゼミ10期（3年生16人）は、前年度、中野で築いた「やさしい日本語」のネットワークを基礎として、前年度よりも地域・企業・行政と幅広く連携を取りながら「やさしい日本語」の普及活動を行った。主な活動としては、やさしい日本語ブース、やさしい日本語勉強会、やさしい日本語はしご酒の企画運営を行った。前年度に行ったやさしい日本語ツアーは、野方・鷺宮地域で「やさしい日本語」を認知してもらうきっかけ作りに留まった。そこで、より長期的かつ広範囲に「やさしい日本語」を普及するべく、2019年度は対象・場所の異なる複数のプロジェクトを実行した。

①　やさしい日本語ブース（2019年10月～2020年1月）

　やさしい日本語ワークショップを開催するために、私達自身が「やさしい日本語」でのコミュニケーションを実践する必要があると感じた。見聞による知識だけではなく、「やさしい日本語」の需要や意義を肌で感じるために、私達が学ぶ中野キャンパスにやさしい日本語ブースを設置した。毎週水曜日のランチタイムに、中野キャンパスのラーニングラウンジにブースを開設し、外国人留学生とゼミ生がご飯を食べながら会話を楽しむ場を作り出した。日本語母語話者以外へアプローチをすることで、「やさしい日本語」の需要があることが分かった。また、「やさしい日本語」でのコミュニケーションを通じて、新たな繋がりを作ることができるという成果を出せた。一方で、日本語学習に意欲的な留学生の参加が主であり、毎回の参加者数は限られていた。

②　やさしい日本語ワークショップ

　やさしい日本語ワークショップは、今年度計3回開催した。ワークショップの対象者は、一回目（10月15日）は鷺宮商店街の皆さん、二回目（11月15日）は株式会社マルイの社員の皆さん、三回目（12月4日）は酒井直人中野区長を含めたなかの多文化共生フォーラムの参加者である。開催の目的は対象者の「やさしい日本語」への理解度を深めることとした。長期的な視点に立ち、「やさしい日本語」を普及させるためには、ただ「やさしい日本語」の認知度を上げ

るだけではなく、個人一人ひとりが「やさしい日本語」を深く理解して、実際に使えるようになることが必要であると考え、企画した。

　ワークショップの内容は、対象者によってその度に変更をしたが、主な内容としては１．ゼミ生のプレゼンテーションによる「やさしい日本語」の講義、２．プリントを用いた「やさしい日本語」への書き換えの練習、３．「やさしい日本語」を使用するシチュエーションを想定した実践練習の３つを盛り込んだ。計３回のワークショップ開催を通して、前年度の活動で築き上げた野方・鷺宮地域の商店街の方との繋がりに留まらず、より広く一般の方に「やさしい日本語」との接点をもたらすことができた。

　株式会社マルイの社員を対象にしたワークショップでは、現場社員の方が実際の接客対応を想定しながら、活発な議論をしている姿も見受けられたが、今後、企業において「やさしい日本語」が浸透していくことになれば、社会に大きなインパクトを与えていくことにもなるであろう。一方、当初目標としていた対象者の「やさしい日本語」への理解度を深めることは達成したものの、実際の活用に課題が残った。「説明を聞いて理解したつもりであっても、実際に使おうとすると言葉に詰まってしまう」というような参加者も多く、いかにしてより実際に使えるレベルまでもっていくかが次の課題として見えた。

③　やさしい日本語はしご酒

　最後にやさしい日本語ワークショップにて学んだことを実践する機会を創出し、普段あまり接する機会のない地域の方と留学生との繋がりの場を生むために、やさしい日本語はしご酒を、2020年１月16日に開催した。中野区の鷺宮商店街の皆様にご協力いただき、鷺宮駅周辺の店舗で行った。留学生、日本人学生のグループが複数の店舗を回り、各店に待機している地域の方と会食しながら、会話を楽しんだ。結果として、地域の方と留学生の繋がりを生むことができた。カジュアルなイベントだったため、双方ともに満足度が高く、楽しかったという意見が多かった。また、実際に「やさしい日本語」を使って会話をする場となった。しかし、「やさしい日本語」を使うことを常に意識することは難しいように感じた。自然に会話するとなると、「やさしい日本語」ではなくなってしまう（例：話すスピードが速くなる、使用する語彙レベルが上がる等）。留学生の

日本語レベルもまちまちであったため、一人一人に配慮したり、「やさしい日本語」を使ったイベントであることを常に意識してもらう工夫が必要であった。

　上記のような活動を通じて、前年度から引き継いだ活動を、さらに拡大することができたと感じる。特に、ワークショップやはしご酒など満足度が高く、次年度以降にも活かせる活動を開催できたことは大きかった。一方で、「やさしい日本語」の難しさにも直面した。日本語レベルや母語ごとの苦手分野は話者により異なってしまう。相手に配慮をすると言っても、一人一人に合った「やさしい日本語」を見極めるのは至難の技だ。そんな中で、「やさしい日本語」の普遍的なルールはかなり限られてしまう。そのため、「やさしい日本語」を広める際には、文法や語彙のルールよりも心意気（相手に配慮する優しい気持ち）を重視するべきだと感じた。今後も、「やさしい日本語」を広める活動を試行錯誤し、改善していきたい。

　なお、2020年度は、2019年11月に開催された東京都多文化共生プレゼンコンテストで山脇ゼミが最優秀賞を受賞した企画である「やさしい日本語市場（やさいち）」を、中野区で2020年11月に実施した。やさしい日本語を使って日本人と外国人が交流する対面イベント（買い物通り、おしゃべり喫茶、文化紹介広場）の実現に向けて準備を進めていたが、コロナ禍のため、オンライン・イベントを実施した。[4]

3　国際交流運動会 Nakano Borderless

中村洋介（2020年3月卒業、9期生）

　山脇ゼミ9期（4年生15名）は、2018年12月に開催された東京都主催の「多文化共生プレゼンコンテスト」で最優秀賞をいただいた企画である国際交流運動会 Nakano Boderless を、2019年11月に明治大学付属中野高等学校（以下、中野高校）で実施した。ゼミ生を含め、14か国出身の157名が参加した。以下、運動会を企画した理由、開催までの準備の過程、当日の様子を報告する。

1）運動会を企画した理由

　この企画に至るまでに、私達は、中野区が主催する生涯学習大学（55歳以上の中野区民対象）との合同ゼミ、オーストラリアでのゼミ合宿、明大オープンキャンパスに訪れた高校生とその保護者へのアンケートなどによって、多文化共生について様々な人のヒアリングを行った。その結果、中野において日本人と外国人が交流する機会が少ないこと、そしてその交流が生まれない大きな要因として「言語の壁」があることが分かった。

　そこで私達は、言語の壁を越えた交流の機会を提供することで、中野区における多文化共生のまちづくりに貢献しようと考えた。偶然にも2018年の夏に行われていたのがサッカーW杯である。国籍や言語の壁を気にすることなく、肩を組み合って応援している。私達はそんな人々の姿を見て、スポーツは様々な障壁を乗り越えて、人々に交流を促すものであるということを再確認した。

　そして、運動会は日本人に馴染み深く、チーム制であることや競技が複雑でないことなどから、国籍や言語の壁を越えた交流が生まれやすいのではないかと考えた。こうして私達は、運動会を開催することにし、前述のコンテストでプレゼンを行い、最優秀賞を受賞した。Nakano Borderless という名前には、年齢、性別、国籍、そういったことに関係なく、皆が一緒に楽しく生きる＝「ボーダレスな社会」を作ろうという私達の思いが込められている。

2）運動会の開催に至る経緯

　コンテストの直後に山脇ゼミ主催の「第7回なかの多文化共生フォーラム」が開かれた。このフォーラムは、山脇ゼミの一年間を総括するイベントとして毎年開かれ、中野区長等、地域関係者に参加いただいている。フォーラムで再度、運動会のプレゼンをしたところ、酒井直人中野区長からお褒めの言葉をいただき、中野高校の運動場での開催を提案され、その場に同校の西富和幸理事（当時）もいらしたことから、運動会の開催に向けて動き出すこととなった。

　大学の学期末試験が終わり、2019年3月に実行委員会を立ち上げた。その際、宮島茂明中野区観光協会理事長、グローバルトラストネットワークス（GTN）の尾崎幸男氏と田口恭平氏、中野高校の西富和幸理事（当時）に顧問に

就いていただいた。同協会とGTNは以前から山脇ゼミがお世話になっていた団体である。その後、毎週一回、ゼミの時間に準備を進めつつ、その議事録を必ず、顧問の方々にメールで送り、適宜、アドバイスをいただいた。そして、中野区における産官学の連携をめざし、その活動を進めていった。

　まず、「産」の部分であるが、GTNのお二人から、中野に本社を置くキリンホールディングス株式会社と株式会社丸井グループの二社を紹介していただき、中野ボーダレスへの協賛を依頼したところ、快く協賛依頼を受け入れてくださった。さらに、中野区の青年会議所や商工会議所など、その輪を広めることができた。

　次に、「官」である。私達の活動を特に支援してくださったのは中野区役所の職員の方々である。助成金に関する情報から集客の仕方まで、幅広くアドバイスいただいた。2019年5月には中野区の「東京オリンピック・パラリンピック機運醸成事業」の助成を受けることとなった。当日も、中野区の酒井直人区長をはじめとする職員の方々にお越しいただいた。

　そして、「学」である。もちろん私達が在籍する明治大学の支援を受けたことも挙げられるし、会場を貸してくださった中野高校からは大きな支援を頂いた。さらに、中野区の小学校への広報活動を通して、親子で参加してくださる方も多くいらっしゃり、幅広い世代の方に多文化共生の輪を広めることができたように思う。

3）当日の様子

　開催日は11月3日で文化の日であるが、私達はこの日を「多文化の日」と命名した。当日の参加者は競技に参加した方だけに限定すると83名、その内外国にルーツを持つ方は34名で、出身国は14か国となった。ゼミ生も含めると当日総勢157名が関わるイベントとなった。そして国籍関係なくチームを5つに分けて、チーム対抗とした。運動会の進行は、やさしい日本語を用いるとともに、やさしい日本語を説明する簡単な資料を参加者に配布した。

　競技種目は、障害物競走、綱引き、大玉転がし、リレーの4種目とした。日本人にとっては馴染み深く、外国人参加者にとっては新鮮かつ日本の文化を味

わってもらえるように工夫した。その結果、競技を知らなくても、チームメイトから細かいルールを教えてもらいながら、競技を楽しんでいる姿を見ることができた。さらに、運動会の最後には世界の音楽に合わせて踊る盆踊りを、運営スタッフも含めた参加者全員で踊った。中野区のマスコットキャラクターであるクルトンも参加してくれた。機器の不調もあり、音楽がスムーズに流れなかったところもあるが、国を超え、皆が楽しそうに交流していた姿は、まさに私達が理想としていたものである。

　運動会終了後のアンケートでは、全ての回答者からもう一度このイベントに参加したいとの結果を得た。ある留学生からは、「この運動会をきっかけに中野区の皆さんが国籍関係なく仲良くなってくれたらうれしい」というコメントを頂いた。さらに、「なかの区報」（2020年2月20日発行）には、第一面から三面までを使った国際交流運動会の特集が組まれた[5]。

　課題としては、外国人の参加人数が当初想定していた数より相当少なかったことと運動会終了後にも参加者がつながるような機会を作り出すことができなかったことが挙げられる。ゼミの後輩（10期生）には、Nakano Borderless 実行委員会を引き継いでもらい、山脇ゼミが中野区における多文化共生の地域づくりにさらに貢献していくことを期待したい。

4　おわりに

　以上が、ゼミの活動を担当した学生達による活動の報告である。2013年度から中野区での活動を始め、学生たちと一緒に、地域関係者とのつながりを広げ、そして深めてきたことが、やさしい日本語 in 中野プロジェクトそして国際交流運動会のような大きなイベントの実現につながったのではないかと思われる。筆者が初めて地域関係者とつながったのは、国際日本学部の横田雅弘教授の2013年度の講義科目「まちづくり教育論」での、中野区の酒井直人広報課長（現中野区長）や中野区観光協会（2012年6月発足）の宮島茂明理事長との出会いであった。酒井課長は大変フットワークが軽く、幅広いネットワークを持った方で、中野区の行政、民間を問わず、多様なキーパーソンの参加を横田

教授に提案した。その中のお一人が宮島理事長であった。宮島理事長からは、「中野キャンパスにはビルしかないかもしれないが、学生の皆さんには中野のまちをキャンパスと思ってほしい」とのお話があり、それ以来、山脇ゼミが主催するイベントのたびに観光協会のお世話になってきた。

　こうして、山脇ゼミの活動は、一歩ずつ地域との連携を深め、中野区における多文化共生のまちづくりを進めてきたが、以下の2点が今後の課題である。

　第一に、行政との連携の進化である。中野区には、多文化共生を担当する部署がなく、区政における位置づけがあいまいであった。山脇ゼミが様々な政策提言を行っても、生かされることが少なかった。近年、外国人区民が急増し、住民に占める割合が5％を超えたこともあり、2019年度にようやく担当係長が置かれた。2020年度は係員2名が増員された。多文化共生の推進をめざした条例制定の準備も進んでいる。2020年6月に、山脇ゼミは中野区保険医療課と相談し、国民健康保険を「やさしい日本語」で説明する動画を制作したが、今後は、区役所との連携をさらに深めていきたい。なお、中野区には国際交流協会（1989年設立）があり、日本語教室や外国人相談、交流イベントなどを開いている。これまで、筆者が協会の講座で講演したり、山脇ゼミの活動の広報にご協力いただいたりしているが、今後は、イベントを共催するなど、本格的な連携の可能性を探りたい。

　第二に、活動の継続性の確保である。やさしい日本語の地域での普及そして定着のためには、単発的なイベントだけでは限界がある。一方、3年生と4年生から構成されるゼミは、毎年、半数が入れ替わる。筆者のゼミは、基本的に学生が取り上げたい地域の課題を見つけて、取り組んできた。それだからこそ、ものすごいエネルギーが生まれ、筆者の期待を上回る成果を上げてきた。先輩が取り組んだという理由だけで取り組むと、どうしても学生のやる気は下がる。今回、中野区報でも特集が組まれるほど、地域から高い評価をいただいた国際交流運動会は、9期生がゼロから企画したからこそ、情熱的に取り組み、実現に至ったイベントである。一方、10期生は、2020年1月の学期末試験が終わって以来、毎週一回、自主的に中野キャンパスに集まり、そしてコロナ禍が始まってからはオンラインで集まり、やはり自分たちが企画した「やさし

い日本語市場」の実現に向けて準備を進めた。地域関係者からは、運動会の
2020年度の開催への期待が示されたが、コロナ禍もあり、残念ながら運動会の
開催は見送られた。

　2006年の教育基本法の改定によって、「大学は、学術の中心として、高い教
養と専門的能力を培うとともに、深く真理を探究して新たな知見を創造し、こ
れらの成果を広く社会に提供することにより、社会の発展に寄与するものとす
る」（第7条）と、大学の社会貢献の役割が明記された。一方、中央教育審議会
の答申「新たな未来を築くための大学教育の質的転換に向けて」[6]（2012年8月）
において、「教員と学生が意思疎通を図りつつ、一緒になって切磋琢磨し、相
互に刺激を与えながら知的に成長する場を創り、学生が主体的に問題を発見し
解を見いだしていく能動的学修（アクティブ・ラーニング）への転換」が唱えら
れて以来、全国の大学に課題解決型の学習が広がっている。全国で外国人住民
が増加する中で、「多文化共生のまちづくり」は大学の社会（地域）貢献のテー
マに、そして課題解決型の学習のテーマにふさわしいと言えよう。筆者のゼミ
の活動がそうした取り組みの参考になれば幸いである。

【注】

1)　出入国在留管理庁「令和元年末現在における在留外国人数について」（報道発表資料、
　　2020年3月27日）、厚生労働省「『外国人雇用状況』の届出状況まとめ」（報道発表資料、
　　2020年1月31日）。
2)　総務省「『地域における多文化共生の推進プラン』の改訂」（報道資料、2020年9月10
　　日）。
3)　出入国在留管理庁と文化庁は、国や地方自治体の外国人住民向け情報発信におけるや
　　さしい日本語の活用に向けて、2020年8月に「在留支援のためのやさしい日本語のガイ
　　ドライン」を公表した。
4)　「やさしい日本語市場」の詳細は、山脇ゼミのホームページ参照。https://yamawaki-
　　seminar.o0o0.jp
5)　「なかの区報」2020年2月20日号「特集 FUN FAN なかの 地域の架け橋となる学生た
　　ち」https://www.city.tokyo-nakano.lg.jp/dept/102500/d028366.html
6)　中央教育審議会「新たな未来を築くための大学教育の質的転換に向けて～生涯学び続
　　け、主体的に考える力を育成する大学へ～（答申）」（2012年8月28日）https://www.
　　mext.go.jp/b_menu/shingi/chukyo/chukyo0/toushin/1325047.htm

第11章　日中授業交流を通じて平和とは何かを考える

――歴史教育者協議会・日中交流委員会の活動を事例として

1　はじめに

　日本のかつての戦争や植民地支配をめぐる歴史認識の溝は、現代社会を生きる私たちにとって、どのような存在だろうか。敗戦から75年がたち、そうした歴史は、若い世代にとってすでに遠い存在になっており、対話や和解の必要性がどこにあるのかを学んだり、見聞きする機会は多くない。

　そうしたなか、私は、近年、以前よりも日々の生活のなかで、かつて日本が戦争や植民地支配を行った、中国や朝鮮半島への排他的、排外的な場面に出くわすことが多くなったように感じている。

　例えば、朝の情報番組の冒頭で、連日のように中国の交通トラブルや歩行者が道に突然空いた穴に落ちたといった類の事故や事件の内容を見かける。また、ニュースのなかで韓国の大臣やその親族の不祥事について、連日、日本の政局よりも時間を割いて扱っていることにも出くわしたことがある。テレビ局は、こうした報道を視聴率が取れるから流しているのであり、中国や韓国のいわば「ダメっぷり」を見て、留飲を下げている視聴者がいるからに他ならない。

　他にも、床屋に行けば、店主の中国や韓国、北朝鮮に対する一方的な見解を聞かされることもある。店主からすれば、客が好む話をすることが商売上、望ましいと考えているのかもしれない。さらに、大学の授業で中国へのフィールドワークを案内すると、参加を希望していた学生が、中国への不信感を持つ保護者の反対で断念するということが何度もあった。大学生に限らず、子どもた

ちの対外観や隣国観は、保護者から世代をこえて影響を受けているといっていいだろう。

このように、近年、歴史認識や歴史教科書の戦争記述に関わる論争、領土問題といったナショナリズムに直接的に関わる対立だけでなく、植民地主義という形で戦後も今日まで残されてきた中国や朝鮮半島への差別的な意識が、従来よりも露骨に表出しているのではないだろうか。もしくは、そうした場面に出くわしても違和感を感じる感度が麻痺している人が増えているのではないだろうか。

こうした社会状況において、そもそも、対話の必要性に気づかなければ何も始まらない。今日、平和とは何を意味するだろうか。誰と、何を、どのように話し合い、具体化すれば、隣国との歴史をめぐる対話を実現することができるだろうか。

そこで、本章では、歴史教育者協議会（以後、歴教協と省略）・日中交流委員会が、2014年から6年間にわたって南京の高校で行ってきた、授業交流を事例に、国境をこえた歴史をめぐる他者理解と対話方法について考えてみたいと思う。

なぜ、授業交流なのか。それは、かつて兵士を送り出す装置になった教室を、そうした過ちを繰り返さないために平和を語り、創っていく場にするためである。

歴教協は、1949年に創立した全国の初等、中等教育で社会科を教えている教員を中心に、高等教育や多様な教育にたずさわる方々から構成される学会である。月刊誌、『歴史地理教育』を刊行し、全国すべての都道府県に支部を持つ、歴史学や歴史教育に関わる学会としては、全国規模の組織である。

同会は、日中交流を1980年代から行ってきたが、本章で扱うような特定の学校と授業交流を継続したことはこれまでなかった。南京で高校生と学び合うなかから、どのような平和を創造する手立てが見えてきたのか、読者の皆さんと考えてみたい。

2　日中韓共同歴史教材の作成から日中授業交流へ

　日本の戦争や植民地支配に関わって、日本と関係国との対話、和解、そして共生への道筋は、様々な方法でこれまで模索されてきた。そのなかでも、私が参加してきたプロジェクトは、日中韓共同歴史教材の作成である。

　2005年に最初の共同歴史教材『未来をひらく歴史』高文研を刊行すると、2012年には、通史とテーマ史の2冊から構成される後継本を出版した。そして、現在も2021年の刊行をめざして新しい共同歴史教材の編纂作業を継続している。

　約20年にわたるプロジェクトは、日中韓の歴史学や歴史教育の相違を相互理解するための大切な機会、時間となった。それは、歴史認識の対話の土台を支えるものであり、欠かせないものであることも分かった。しかし、課題も明らかになってきた。

　まず、共同歴史教材を作成しただけでは、日中韓の歴史認識の対話、和解には必ずしも結びつかないことである。なぜなら、どのような教材であれ、それを使う教員がいかに授業のなかで活用するかによって左右され、同時に児童や生徒がいかに学び、歴史認識を深めるかは多様だからだ。

　ヨーロッパでは、和解と共生のためにつくられた共通歴史教科書が、ドイツとフランス、ドイツとポーランドの間に存在する。いずれも使用実績は限られ、過去の戦争を学ぶうえで欠かせない教材になっているとは言い難い。こうした状況も、共同歴史教材や共通歴史教科書の活用がいかに難しいかを示している。

　次に、共同歴史教材の作成過程では、日中韓の執筆者が、妥協点をさぐり、強引に「共通認識」をつくるのではなく、むしろ歴史認識の相違を相互理解し尊重することを重視してきた。そして、これまで行われてこなかった日中韓共同歴史教材の作成というプロジェクトを遂行するなかから、新しい歴史の見方や歴史叙述のスタイル、歴史教育のあり方を提起し、日本の戦争や植民地支配を国境こえて学び合うことに役立てられるのではないか、と考えてきた。しか

し、現時点での私の答えは、作成だけでは不十分だと感じている。

　共同歴史教材の作成過程は、グローバル化の加速と同時期といえ、世界各地の地域統合を進めることにもつながるのではないかと予測する声もあった。ところが、イギリスのEU離脱決定やヨーロッパ各国の移民排斥などが示しているように、分断や対立といった排外主義をおしとどめるまでには至っていない。つまり、共同歴史教材の作成や、それが果たす役割を過信することは避ける必要がある。

　日中韓の共同歴史教材の作成に、上述したような課題が存在しているなかで、なかでも日本と中国の間には、特徴的な課題がある。

　まず、中国は日本と最も長く戦争をした国であり、それだけ対話や和解のためには乗り越えなければならない課題が多いこと。次に、歴史教科書における戦争記述が、両国間で長く歴史認識の溝の象徴とされ、相互理解のために教科書の重要性が指摘されてきたにも関わらず、中国のそれへの研究は今日まで限られること。ましてや、授業でどう使っているのかに至っては、継続的な調査を行った研究成果は、ほぼ無いといっても過言ではないだろう。つまり、中国の歴史教科書を分析しても、子どもたちの歴史認識を理解することは簡単ではなく、そもそも、どう使われているかが分からない限り、歴史認識の形成過程は、部分的にしか分からない、ということになる。

　さらに、張連紅（南京師範大学抗日戦争研究センター）によれば[1]、中国の有名大学500人以上に、全国の大学で教科書として使われている『中国近代史綱要』に書かれた抗日戦争の内容についてアンケート調査を行ったところ、「1/3の学生は基礎課程の教科書における抗日戦争に関する内容を認めていない。中国の大学生の抗日戦争史の認知に関する違いと衝突は、実は中国社会全体の抗日戦争に対する認識の縮図である」という。

　例えば、「50.2％の大学生は抗日戦争に興味を持つのに対し、45.8％は興味の程度が普通で、4％は無関心である」。また、「71.5％は中国共産党の抗日戦争における砥柱中流を認めるが、28.5％は反対である[2]」という。他のデータを合わせ読む限り、現代中国の大学生の歴史認識は一様ではなく、それはまさに「中国社会全体の抗日戦争への認識の縮図」といえ、そうした状況を日本側が

どこまで把握できているのかが問われている。

　つまり、対話や和解の糸口や手がかりは多様化しており、具体的な交流の場を設けることが急務である。交流の場の整備は、ひいては共同歴史教材を活用することにもつながり、平和というものを国境をこえて語り合う手助けになると考える。

3　南京における授業交流とはどのようなものか

　授業交流の目的は、中国の若い世代が教室で、日々、何をどのように学んでいるのかを知るところにある。そうすることで、歴史認識がどのように形成され、日本の若い世代とどのような対話が可能であるのかをさぐるためでもある。

　南京での授業交流は、2014年から毎年1回、金陵中学と南京市第一中学（ともに日本の高校に相当。以後、金陵および一中と省略）、もしくはそのどちらかで行っている。両校とも南京を代表する高校であり、学習環境はハード、ソフトの両面で恵まれたものが用意されていた。こうした学校は、中国全体で見ても限られるように思われる。

　授業は、日本と中国の高校教員が、各校の生徒に対して授業を行うというもので、終了後には両国の教員が高校生を交えて懇談会を行い、双方の授業内容について意見交換を行うスタイルを採っている。今日までのところ、中国の教員が日本において、日本の高校生に授業を行うことは実現していない。

　これまでの授業交流のテーマは、以下になる。[3]

・2014年
　金陵
　　日本側…森口等「日中『抗日』戦争をどう教えるか」（授業実践報告）
　　中国側…抗日戦争に関する授業（日本側が授業を見学）
・2015年
　金陵
　　日本側…小林孝純「日中戦争における反戦運動について　一枚の反戦ビラを手がかりに」

中国側…孫凱「戦後の日中関係史　—国交回復・領土問題—」
・2016年
　金陵
　　日本側…佐藤義弘「唐代のシルクロードを往来した人と物」
　　中国側…王旭輝「自然と神話の対照記　—日中の歴史と文化を知ろう—」
　一中
　　日本側…若杉温「明はなぜ琉球を優遇したのか　—明の海禁政策と琉球王国の繁栄—」
　　中国側…譚海軍「記憶と国家追悼式　—南京大虐殺の国家追悼を事例に—」
・2017年
　金陵
　　日本側…北條薫「日中戦争と長谷川テル」
　　中国側…王晨「中独関係が初期の抗日戦争に与えた影響」
・2018年
　金陵
　　日本側…高橋咲「欧陽脩と日中文化交流の歴史」
　　中国側…崔暁燕「日本へ留学した中国人留学生とマルクス主義の伝播」
　一中
　　日本側…村井俊之「孫中山による講演『大アジア主義』から読み取れることは何か」
　　中国側…唐璐「辛亥革命時代の孫文と南京」
・2019年
　金陵
　　日本側…永島梓「山本宣治と彼が生きた時代」
　　中国側…彭自昀「文化財からみた南京」
　一中
　　日本側…鈴木裕明「日本における五・四運動と吉野作造」
　　中国側…鄭善萍「明治期の教育改革」

　日中双方とも戦争に関わるテーマを扱うことが多かったが、それだけでは授業交流にならないということで、古代史や交流史、2019年であれば五・四運動から100年という節目の年にふさわしい内容を扱った。
　中国側の授業には、以下に述べるようないくつかの特徴がみられる。
　まず、教員が一方的に講義をして生徒がそれをずっと聞き続けるスタイル

や、年号・歴史用語を穴埋めにして暗記に特化した授業を、どうにかして克服しようと努めていることだ。資料や絵図、実物資料を読み解いたり、クラスメイトと比較、検討したりしながら、班討論や発表をうながす教材、発問を用意している。

　例えば、2015年の孫凱の授業では、その一部で日中の領土問題を扱った。その際、孫は、生徒たちを機械的に中国、日本、アメリカの立場を主張する3つのグループ分け、各自の考えとは関係なく、担当することになった国の主張を根拠とともに発言するようにうながした。議論は対立する場面もみられたものの、結論としては領土問題について議論を継続していくことが最も平和的な解決につながるというものに落ち着いた。感情論に流されず、根拠を述べることを大切にした授業だといえるだろう。

　2016年の譚海軍、2019年の彭自昀の授業は、生徒の班発表を柱としており、プレゼンテーションの大切さや、何をテーマにして発表するのか、という各班や各自の問題意識、班討論を重視した内容であった。つまり、画一化された授業内容や、教員が導くままの授業展開というものではなく、生徒の主体性を喚起することに努めていたところに特徴がある。

　2017年の王晨の授業は、日中戦争における中独関係を、南京という場所（現場）から考えるものであり、日本との戦争が二国間で行われていたのではなく、世界のなかの中国、国際戦争としての日中戦争という色彩の強い内容であった。

　日中戦争を日中だけでなく中独や日中独関係から読み解こうとする研究は、日本でも近年大きく進展している。王の授業は、中国における同様の研究が進展していることをうかがわせる内容であり、高校の授業において歴史学の研究成果を生徒に示そうとした意欲的なものであった。

　授業終了後の懇談会では、双方の歴史教育の特徴や日々の教育活動に関する意見交換が行われる。そこでは、中国の教員が日本と同じように、生徒指導や受験対策、事務作業などに追われ、なかなか教材研究に手が回らないこと。学校のなかに自由な雰囲気がなければ、教条的で一方通行的な教え込み授業に陥りやすく、豊かな教材研究があって初めて生徒たちの問題意識や歴史認識、表

現力を深めることができるという発言が相次いだ。

　一方、その場に参加している高校生たちの多くは、授業内容よりも、日本の学校生活や日常生活、文学作品からアニメ、ドラマといったことに興味があるようで、形式的に用意された質問やリップサービスではない、リアルな現代中国の高校生の日本への関心や思いを聞くことができた。

4　授業交流を続けるなかからみえてきたこと

　授業交流を続けるなかで、いくつかのことについて、これまでよりも理解を深めることができた。まず、歴史教科書の分析からは分からない、生徒たちの歴史への視野、歴史認識の深め方である。それは、中国の生徒のなかには、他者を想起する、もしくは前提とした授業を受ける経験を通じて、みずからの意見を述べるトレーニングを繰り返し行っているケースがある、ということである。

　授業中の発問には、いくつかの種類が意図的に使い分けられていた。知識を問うもの。複数の知識を駆使して自分の意見を表現するもの。そして、意見の根拠を自問し、クラスメイトに伝える、というものである。根拠の乏しい意見は、クラスメイトから指摘、補足がなされるだけでなく、異なる見解を示されるなど、生徒たちによる議論をつくろうとしていた。これは、教員と生徒との信頼関係があって初めて成立する空間であり、日常的に上述してきたような授業が行われていることをうかがわせた。

　各授業者が事前準備、授業中、終了後の懇談会などにおいて、常に意識していたことは、自国史をどのように教えるかであり、それを世界史のなかにいかに位置づけるのか、という点である。こうした視点は、どうしても自国中心、一国史的に陥りがちな授業展開を改善させ、これまでの授業方法、教材研究、授業展開、発問のあり方などを省みる機会になっていることは特筆すべきだと思われる。

　それでもなお、どうしても教員であれ、生徒であれ、自国を中心に歴史を見てしまうことは避けられない面もある。しかし、日中双方の授業担当者が、そ

うした点を克服しようと真正面から向き合う姿を生徒たちに示すことは、対話や和解を国境をこえて考えていくために大切なことではないだろうか。

　さらに、今後、共同歴史教材を教室で活用していくためには、上述してきたような教室での授業の現状と課題、そして歴史教育の実践史を理解する必要があることが分かった。こう考えると、共同歴史教材という存在は、教室で教員と生徒との学び合いによって命を吹き込まれ、ようやく対話や和解の道具となりうるのである。

　最大の成果は、日中の教員間に授業交流を通じて信頼関係が築かれてきたことだ。６年間という短い期間ではあるが、そのなかでお互いに学び合ったことは少なくない。中国人教員の前で授業を行う、という感覚から、交流回数を重ねるごとに孫先生、王先生、鄭先生といった名前を持つ同業者としてとらえるようになっていった。

　日本の教員からすれば、中国の授業を見学した当初は、人権や民主主義といった普遍的なキーワードから授業内容を批判的にとらえることも少なくなかった。たしかに、愛国主義の強調や日中戦争における日本側の戦争犯罪への厳しい指摘に接することもあった。しかし、授業交流を続けるなかで、なぜ愛国主義にこだわるのかや、日本の戦争犯罪への厳しい意見を授業で扱う理由を学ぶ機会になったことは言うまでもない。それは、反日教育ではなく、戦争を知らない若者たちに対して、いかに自分に関わる歴史なのかを主体的に考えてもらうための教員たちによる創意工夫、模索過程であったように思う。

　中国の教員も日本側から学ぶことが少なくないからこそ、１年に１度だけ行われる授業交流を貴重な機会ととらえ、毎年、日本側の意見やそれまでの交流をふまえて授業内容を工夫しようと努めたのだと思う。こうした授業を通じた対話は、中長期的にみれば、日中戦争をめぐる和解にも役割を果たすことができると思われる。

　日中間に存在する戦争をめぐる歴史認識の溝を対話によって和解、共生へと向かわせるためには、その歴史を学ぶとともに、本章で書いてきたようなリアルな中国社会、そこで暮らし、私たちと同じように学校に通い、教室で授業を受けている姿を知ることが欠かせない。それらが変化に富み、多様性を有する

ことが分かれば、他者を鏡にみずからの歴史認識を深めることの大切さを学ぶことにつながるだろう。

5　おわりに

　本章で取り上げた事例は、無数に存在する中国の学校のわずか二校での交流にすぎない。それを過大評価することはできないが、二校から見えてきたものが少なくないことを踏まえると、さらに研究・調査を進めれば、日本側の中国理解だけでなく、日中双方の対話や交流を助けることにつながると考えられる。

　なぜ、日中授業交流にこだわるか。それは、日本の戦争をめぐる対話と和解を進めるためであることはすでに記してきた。そして、今日まで残る植民地主義にみずから気づき、日々の生活の中にある偏見や差別を克服していくためでもある。未完の和解を実現するためには、具体的な対話の場が必要である。その一つとして授業交流を役立てたい。

　今後は、共同歴史教材から授業交流へ。そして、授業交流から共同歴史教材へ、という流れをつくっていくことが求められるだろう。それらを両輪とした歴史教育は、国家間の歴史学や歴史教育、歴史叙述の相違を相互に尊重するだけでなく、自国中心史観や一国史的な歴史理解を克服しうる新しい歴史への視座や方法を生み出す一助になるのではないだろうか。

　平和とは何か。それをどう築いていくか。それは、今を生きる私やあなたを必要とする人や歴史が国境をこえて存在することに気づくこと。そして、それを感じることができる場を、仲間たちと創っていくことだと考える。日中授業交流は、なにも過去の克服や学校、教室という範囲だけにとどまるものではない。そこでの出会い、学び、交流は、平和を希求する人々が暮らす現代社会のなかで応用可能だといえるだろう。

【注】
1)　張連紅「中国大学教育の基礎科目における『抗日戦争』——『中国近現代史綱要』を

　　中心に」馬暁華編『新たな和解の創出　グローバル化時代の歴史教育学の挑戦』（彩流
　　社、2020年）149-150頁。
　2）　砥柱中流とは、どんなに苦しい状況にあっても、大義のために動くことを意味する。
　　ここでは、中国共産党が長期化する抗日戦争において、人々の目標となる存在であり、
　　重要な役割を果たしたことを表している。
　3）　これまでの授業交流の詳細は、歴史教育者協議会『歴史地理教育』の2016年8月号、
　　2017年7月号、2017年10月号、2017年12月号、2018年1月、2020年7月号、2020年7月
　　増刊号、2020年11月号、2020年11月増刊号、2020年12月号の各号に掲載されているので
　　参照されたい。

第12章　北海道における植民地支配の記憶と継承

—— 「民衆史掘りおこし運動」を中心に

本庄　十喜

1　はじめに

　2015年9月「70年ぶりの里帰り」と題して、日本から韓国をめぐる一事業が10日間にわたって開催された。それは、北海道各地に眠る朝鮮人強制動員犠牲者の遺骨115体を、彼らの出身地である韓国へ奉還し墓地へ埋葬するための試みであった。北海道から本州に渡り下関から釜山、そしてソウル市立追慕公園での埋葬を目指したこの道程は、かつて犠牲者たちが関釜連絡船で日本へ連れてこられたルートを逆に遡り、故郷への「帰還」を目指すものであった。

　この事業で「帰還」を遂げた115体の遺骨は、日本と韓国、在日朝鮮人の若者たちを中心に構成された「和解と平和のための東アジア共同ワークショップ」（「東アジア共同ワークショップ」）が1997年から18年間にわたり道内各地で地中からまさに「掘り起こし」、「強制連行・強制労働犠牲者を考える北海道フォーラム」（「北海道フォーラム」）とともに身元と遺族を探し続けたものであった。

　本章では、この97年に始まる「東アジア共同ワークショップ」および「北海道フォーラム」の開催過程[1]と、そのきっかけとなる道内の「民衆史掘りおこし運動」の一端を紹介し、それらを通して、植民地支配の記憶をめぐる活動とその継承方法のあり方、そしてそれらの可能性について考えてみたい。

2　「民衆史掘りおこし運動」と北海道

⑴　「北海道百年」に抗して

　アジア太平洋戦争の敗戦をへて1950年代は、かつての「大日本帝国」に集う「均質的臣民」という幻想が解体し、中央集権的な歴史の見方に対する「異議申し立て」が多様な立場の人たちから発せられ始めた時代であった。つまりは、それぞれの「地方」において歴史的に形成された独自の生活文化や社会経済的諸条件の実相を踏まえることによって、「中央史」どまりの底の浅い歴史認識はより深まり、豊かなものになると広く意識されるようになっていったのだ。そうして、60年代から70年代にかけては地域における民衆史研究が飛躍的に発展し、女性史や被差別部落史などの地域史への組み込みが始まっていく。

　このようにして、国家の「正史」からこぼれ落ち、教科書には掲載されてこなかった名もなき地域民衆の歴史を、その地に生きる人々自らが調べ、記録し継承していこうとする試みが日本各地で取り組まれていったが、「国民的歴史学運動」の批判的継承とも解されるそれらは、やがて総じて「民衆史掘りおこし運動」と呼ばれるようになっていく。

　北海道の「民衆史掘りおこし運動」が展開するのもまさに同時代であった。とりわけ68年は、明治維新百周年だとして全国的に「明治百年祭」、道内では「開道（開基）百年」の一大キャンペーンが佐藤栄作内閣・町村金五道政の下展開し、国家の輝かしい近代立国「正史」や「開拓史」が盛んに喧伝され、道内では例えば「北海道百年記念塔」の建立が着工する（70年竣工、「百年」にちなみ高さは100m）。そのような「上から」のキャンペーンに抗し、地域民衆の「下から」の視点から「百年」を明らかにしようという運動が北海道でも始まったのだ。

　その先頭に立ったのが地域の教師たちであり、彼らの多くは北海道歴史教育者協議会（道歴教）に所属していた。道歴教の機関誌『北海道教室』では90、91号（68年5月、7月）と2回にわたり「人民の北海道百年史」を特集し、さらに道歴教編『はたらくものの北海道百年史』（労働旬報社、1968年）を出版、官

製主導の「百年」キャンペーンではすっぽりと抜け落ちていた北海道「開拓史」のいわば「闇」の部分である、囚人労働やタコ部屋労働、労働運動や農民運動、さらに戦時下の治安維持法による弾圧や北海道空襲、艦砲射撃などによる民衆の被害についてなど、当時まだ緒についたばかりの地域民衆史の「掘りおこし」の成果と課題を提起し、道歴教の関心事を鮮明にしていったのである。

⑵ 「北見歴史を語る会」と「オホーツク民衆史講座」

そのような中、当時道東・北見市の高校社会科教員であり、自らは当初北海道に逃れてきた自由民権運動家の足跡を探っていた小池喜孝は、地域での「集団的な歴史掘りおこし」を目指して、72年の冬「北見歴史を語る会」を結成する。そこでは、それまで注目されてこなかった女性の立場からの「開拓史」である北見の「開拓女性史」の「掘りおこし」とともに、紋別郡白滝村の囚人墓地の遺骨発掘や、常紋トンネル建設時のタコ部屋労働犠牲者の遺骨発掘と供養碑設置運動などが行われた。そのような過程で、アイヌ民族や北方少数民族のウィルタ、元タコ部屋労働者やタコ部屋の監視員だった棒頭など虐待の「加担者」など、歴史の「生き証人」の生の声を積極的に聞き、彼らを運動の中心にするという独自のスタイルが徐々に確立していった。

「北見歴史を語る会」の第5次（76年）講座として始まった「オホーツク民衆史講座」（「講座」）では、タコ部屋労働者に加え、置戸・イトムカ水銀鉱山での中国人・朝鮮人犠牲者の発掘作業と「殉難碑設置運動」に取り組むことになる。この活動には、76年6月に結成した「置戸鉱山の歴史を語る会」の人々との連携があった。調査の結果、彼らはイトムカ鉱山関係の朝鮮人43名、置戸鉱山関係の中国人38名の犠牲者名を明らかにしていった。中国人強制労働の「生き証人」で、戦後は北見市で中華料理店を営んでいた張冠三の協力の下、犠牲者の確認と遺骨の発掘が実現すると、やがて慰霊碑を建てるための建碑期成会が結成された。会員は100名を超え、募金は予定の倍の100万円に達し、76年7月、ついに町営墓地中央に「置戸鉱山、中国人・朝鮮人殉難慰霊碑」（「不戦の碑」）を建立する（小池 1994：239–240）。

　その後も「講座」は戦争や植民地支配についても「地域」の視点に立ちつつ積極的に学習した。この取り組みは、道内における植民地支配や侵略戦争の「被害」と「加害」という認識に立った初めての「掘りおこし運動」と言えよう。囚人やタコ部屋労働の「掘りおこし」から、やがて自分たちが「加害者」であるとの視点をもった住民たちは、いよいよ植民地支配や戦争というより広い視野を有する「掘りおこし」に取り組んでいったのである。

3　「空知民衆史講座」の誕生と朱鞠内の「掘りおこし」

(1)　「空知民衆史講座」

　このようにして、道内では主に道東で60年代後半から「民衆史掘りおこし運動」が展開するが、地域の「隠された歴史」の「掘りおこし」が、やがて道内の他地域へも派生していった。そのような試みのひとつが、空知地方の僧侶や大学教員、地元住民らを中心に結成された「空知の民衆史を語る会」（79年1月「空知民衆史講座」へ改称）である。そのきっかけは、北海道深川市にある一乗寺（浄土真宗本願寺派）の住職・殿平善彦ら4人の市内の若い僧侶らが中心となって開催した「民主主義を考える深川集会」（76年2月11日）に、当時北見北斗高校の教員だった小池喜孝を講演者として招いたことにあった。小池から聞いた「オホーツク民衆史講座」の取り組みに圧倒された殿平らは、自分たちの地域でも同様の事例があるかもしれないと「空知の民衆史を語る会」を立ち上げ（76年7月）、それまで「歴史の闇」に埋もれていた空知地方の朱鞠内・雨竜ダム建設（1935〜43年）や深名線敷設（1935〜40年）に伴う強制動員やタコ部屋労働犠牲者の実態調査を始めることにした。

(2)　朱鞠内・雨竜ダム建設工事での犠牲者「掘りおこし」

　やがてメンバーたちは朱鞠内にある光顕寺の檀家女性との偶然の出会いから①光顕寺・法宣寺に安置されていた雨竜ダム・深名線敷設工事犠牲者の位牌を発見（日本人29、朝鮮人7）し、小池のアドバイスを受けながら②幌加内町役場に保管されていた「埋火葬認許証」の調査（日本人95、朝鮮人15）、③名寄市風

連村の「埋火葬認許証」の調査（日本人44、朝鮮人14）、④光顕寺「殉難者過去帳」などを発見する。メンバーたちは位牌に記載された名前や死亡年月日を写し取り『幌加内町史』を調べ、町役場に残されていた「埋火葬認許証」の控の束から、犠牲者とみられる記録を丹念に探していった。昭和初期の記録から調査を始めていくと、死亡者の本籍地や名前、死因や埋葬・火葬の別とともに、職業欄には「土工夫」、死亡場所は「名雨線鉄道工事第二工区」「朱鞠内雨竜電力工事第参工区」などの記載があった。そして、それらの調査から計204人（日本人168、朝鮮人36）の犠牲者が判明したが、彼らはまず手始めに日本人犠牲者の本籍地がある市町村役場に本人の記録や遺族の紹介を求める調査票を送った。多くの自治体が誠実に対応し、結果として54人の犠牲者の本籍地と、38件の遺族の存在が判明した。そうして、その結果をもとに遺族に宛てて犠牲者の記録とともに遺骨に関する手紙を書いたのだった。

　一方韓国出身犠牲者15人については、住所が判明した14人の犠牲者宛てに手紙を書くと、6人の遺族から返事が届いた。すでに犠牲から30年が過ぎていたが、日本人・韓国人ともに複数の遺族から引き取りを希望する返事があった。

⑶　遺骨特定のむずかしさ

　79年1月、「語る会」が「空知民衆史講座」に改組を遂げた後、80年からは、犠牲者の埋葬に携わった人の証言を頼りに、朱鞠内の旧共同墓地周辺の笹薮の中から4年間遺骨を発掘し続け、計16体を「掘りおこし」ていった。発掘のきっかけは、故郷の地に連れ帰り「霊魂だけでも慰労したい」という韓国人遺族からの手紙に、何らかの誠意ある対応をしたいという「講座」メンバーの思いだった。

　元来、発掘された遺骨や副葬品を、考古学や形質人類学等の専門家が鑑定するならば、埋葬時の状況や性別・年齢・栄養状態・労働実態などが判明する可能性もある。しかしながら、80年代当時、「空知民衆史講座」をはじめ多くの道内の「掘りおこし運動」の担い手たちにこの科学的視点は欠けていた。彼らの活動は、「犠牲者の悲しみに応えたい」（殿平 2013：169）との感性が先行していたのである。そのため、発掘された16体の個別性は判明せず、従って、日本

人・朝鮮人の区別もつかなかった。

　80年から83年まで毎年行われた4年間の発掘作業は、周知されるに従って、日本人遺族の場合は作業に参加し、誰のものかは特定できない遺骨を「犠牲者のひとり」として引き取っていく事例が現れた（5件）。なぜ遺族たちはそのような行為に及んだのだろうか。そのことを殿平は「発掘者の想像力を媒介にした、その遺骨に宿っていたであろう命との間」に関係が成立したためと説く（殿平 2013：139）。

　他方、韓国に最初の遺骨奉還が「実現」するのは、発掘から10年が経過した92年2月のことである。韓国人犠牲者、朴海福と林上峰の遺骨として2体が、15人からなる北海道からの「遺骨捧持団」によって届けられ、天安市郊外にある国立墓地「望郷の丘」に納骨された。林上峰の遺骨は、雨竜ダム工事の犠牲者中火葬され骨箱に納められ個人が特定された唯一の遺骨だった。しかし遺族が見つからず、「今後遺族が判明したときのために」と捧持を決定した。朴海福の遺骨は本人とは特定されたものではなかったが、「犠牲者のひとり」として遺族の了承のもと、「望郷の丘」に安置された。一方、83年を最後に朱鞠内の発掘は中断される。その理由は、共同墓地のそばで遺骨の発掘が続けられることに対して危惧を抱く地元住民の声に配慮したからであった。

(4)　「願いの像」の建立

　活動が進むにつれ、犠牲者を追悼し、記憶を継承するための碑の必要性を感じていたメンバーたちは、翌84年3月、朱鞠内の住民を中心に「生命の尊さにめざめ民族の和解と友好を願う像」（「願いの像」）建立委員会を発足し、600万円を目標に募金活動を開始した。募金収集と用地獲得には7年の歳月を要し、91年10月ついに除幕式が行われた。「願いの像」は当初、犠牲者が命を落とした場所である朱鞠内湖畔に建立する計画だったが、空知支庁の自然保護課から許可が下りず、結果、住民メンバーのひとりから私有地を譲り受け、国道沿いの一画に建立することとなった。「願いの像」は、朱鞠内の「加害の記憶」を継承するためのモニュメントとして、また、常紋トンネルの碑の制作者でもある本田明二の遺作ともなった。

4　「笹の墓標展示館」と記憶の継承

(1)　光顕寺から「笹の墓標展示館」へ

　朱鞠内湖の畔にある光顕寺は1931年、真宗大谷派三股説教所を前身として建立されるが、雨竜ダムの建設工事以来、タコ部屋労働や朝鮮人強制動員犠牲者の遺骨を弔う寺院であった。光顕寺に残されていた「殉職者過去帳」や埋火葬認許証の調査によって、37年から43年までの7年間に100人以上の遺体が運び込まれたことが判明したが、ダム工事最盛期の39年には犠牲者は27人、40年には28人に及んだ。その度に小さな位牌が工事業者に雇われた大工によって作られ、住職が法名を付けて位牌に記した。短い読経の後、遺骸は旧共同墓地に運ばれたのである。

　そんなゆかりを持つ光顕寺は、朱鞠内の過疎化と檀家減少を理由に62年には住職が去り、90年代初頭には廃寺になる危機に瀕していた。本堂取り壊しを直前に知らされた殿平は、92年4月、何らかのかたちでの保存を檀家に提案した。檀家減少や高齢化の事情で、彼らによる維持管理はもはや困難であることから、話し合いの末、知己であり僧侶でもある殿平に所有権が譲られることになった。殿平ら「空知民衆史講座」のメンバーは「朱鞠内歴史保存委員会」を設立、光顕寺は「笹の墓標展示館」と名を改め、会員による維持・管理により朱鞠内の「加害」の歴史を保存し継承する場として95年、新たに蘇った。

(2)　「日韓共同ワークショップ」と若者たち

　「笹の墓標展示館」オープンを機に、彼らは学生と市民らが当地で集う「強制労働犠牲者遺骨発掘・日韓共同ワークショップ」(「日韓共同ワークショップ」)を考案し、97年7～8月、遺骨の「掘り起こし」を14年ぶりに再開した。80年代に一度中断した試みは、朱鞠内の過疎化という要因もあったが、旧檀家らの協力のもと住民の説得・了承をへて、光顕寺が生まれ変わった年に若者たちの「日韓共同ワークショップ」の一環として再開することとなった。

　「過去を心に刻み、共に未来を見つめるために」というスローガンの下、韓

国から約50人、在日朝鮮人12人、日本人40人、スタッフを含めて総勢200人を超える参加者が7月30日〜8月7日にかけ一堂に会した。「共同ワークショップ」の目的は、「日本、韓国、在日の若者が共同で、雨竜ダム・名鉄線鉄道工事の日本人タコ部屋労働者と朝鮮人強制連行・強制労働犠牲者の遺骨を発掘すること。合宿の間に学習し、意見を交換し学び合うことで交流を深め、友情を育てること」(殿平 2013：188)であった。

　第1回「日韓共同ワークショップ」では、過去の反省から形質人類学者の指導のもと、計4体の遺骨が発掘された。遺体は鑑定の結果、摩耗状態から重労働の跡がみられたが、そのうち最初に発見された遺体は20歳前後の遺体と鑑定された。埋火葬認許証のなかに20歳で死亡した朝鮮人犠牲者の名前があり、遺族が発見されればDNA鑑定も可能かもしれないとの判断がなされ、この遺骨は朝鮮人犠牲者の可能性があるとして韓国に持ち帰られた。もう2遺体は、キセルと2つの印鑑といった副葬品から個別性が特定され、日本人犠牲者であることが判明した。「空知民衆史講座」のメンバーは、かつて町役場から取り寄せた「埋火葬認許証」や光顕寺「過去帳」と位牌などから犠牲者名簿を作成しており、副葬品に刻印された名前と照らし合わせて遺骨の個別性を特定させた。そのうちの1体は遺族が引き取りにきたが、もう1体は引き取りを頑なに拒絶され、光顕寺の納骨堂に安置されたままとなった。

(3)　学生による「掘りおこし」と記憶の共有の可能性

　韓国人学生が「犠牲になったハラボジのお骨を掘るんだ」と意気込んでいたのに比べ、日本人の若者の多くは当初「異文化体験をしよう」と軽い動機だった（殿平 2004：73）。学生たちは第1回「共同ワークショップ」をへて、次のような感想を残している。

　　「発掘4日目を迎えた。直接作業を繰り広げていると、この地に愛着が湧いてきた。私たちの祖先が埋まっていると思うと、初めて来た気がしない。昨日に続き、一体の遺骨が発見された。私がこの遺骨発掘に関わることができた。心がほっとすると同時に、気持ちが暗くなった。私たちのこの作業が韓日関係の改善につながることを望んでいる。新たに祖先に会えた意味深い一日だった。」(韓国・淑明女子大学生)。

　「実際に人と人とが出会って、一緒に作業することの大切さを感じた。遺骨に対する感じ方の違いにショックもうけた。もし自分の祖父に当たる人だったら、という考え方は私にはとても難しい。少しでもお互いに理解できたらと強く思う。一緒にいろいろなことを体験することがその第一歩だと信じている。」（静岡大学生）（空知民衆史講座 1999：11, 85-86）

　このように、若者たちは、遺骨を自分たちの手で「掘りおこす」ことを通して、つまり、発掘された遺骨の存在というそこにある「事実」を共有し、そこから議論を始めることによって、お互いの歴史認識を深め共有するための基礎を築く一歩を踏み出していったのである。

(4)　「東アジア共同ワークショップ」と追悼碑の建立

　97年夏に始まった「日韓共同ワークショップ」は、次第に日本と韓国、在日朝鮮人たちの「集いの場」となっていった。夏は韓国か日本、冬は朱鞠内に集まって、道内随一の豪雪地に建つ旧光顕寺の屋根雪を下ろしながら語らい、寝食を共にしながら交流を深めていった。2000年からは、朝鮮大学校の学生たちが多く参加するようになり、同時に、在日の若者たちから「通訳としてではなく、議論の主体として参加したい」という切実な声が沸き起こった。それらの理由から、「日韓共同ワークショップ」改め、「東アジア共同ワークショップ」として活動を継続することとなった。

　さらに、01年夏に行われた再開2回目の発掘にも97年に引き続き、形質人類学者が参加し、発掘された2遺体には鑑定が行われた。屈みこむようにして出てきた遺骨の後ろから皮ベルトが見つかり、後ろ手に縛られたまま埋められたことが想像される出土であった。

　この発掘が朱鞠内での最後のものになると判断した参加者たちは、発掘最終日の前夜、遺骨の発掘現場の記憶を継承するため、墓を造ることにした。発掘現場に大きな土を盛り、韓国式の墓を完成させ、その墓前には、日本式に1本の墓標を立てた。これが、「ワークショップ」に参加した若者たちが共同で作成した、犠牲者を追悼し記憶をとどめるための碑となった（殿平 2013：202）。その後、「ワークショップ」は北海道最北の地である猿払村旧浅茅野飛行場建

設現場の跡地でも遺骨発掘作業を行い、2005〜2010年にかけ34体の犠牲者を「掘りおこし」、浜頓別の天裕寺に安置した。

5　「北海道フォーラム」の結成と遺骨奉還

⑴　「北海道フォーラム」の結成

　2000年2月驚愕の事実が発覚する。本願寺札幌別院で朝鮮人・中国人強制動員犠牲者の遺骨101体が97年10月に合葬されていたことが殿平が求めた内部調査により明らかになったのだ。この事態に対応するため、本願寺教団北海道教区は改めて調査委員会をつくり、遺骨が預けられた経緯と合葬に至った調査が行われた（責任者：殿平）。当初は非公表だったが、02年11月22日、北海道新聞のスクープによって、札幌別院は遺骨問題をようやく公表し記者会見を行った（12月6日）。会見の場には、強制動員問題に関心のある人々が集ったが、彼らは、遺骨問題は日本と北海道に残された戦争と植民地支配をめぐる未解決の課題であり、別院任せにできる問題ではないとの共通認識から話し合いをもち、その結果、解決に向けて協働する組織「強制連行・強制労働犠牲者を考える北海道フォーラム」が誕生した（03年2月1日）（殿平 2013：212-214）。以来、「北海道フォーラム」のもとには道内各地に眠る遺骨の情報が徐々に寄せられ始めた。そのうち、犠牲者の個別性と遺族がともに判明したことから、08年2月、室蘭の光昭寺に安置されていた朝鮮人犠牲者3体と赤平市の宝性寺納骨堂に収められていた朝鮮人犠牲者1体が遺族のもとに奉還された。[2]

⑵　70年ぶりの里帰り

　2015年、遺骨奉還事業の対象となった遺骨は、これまで「ワークショップ」や「北海道フォーラム」関係者が「掘りおこし」、調査を進めてきたもののうち、①猿払村旧浅茅野飛行場建設犠牲者34体（2005〜2010年、4回にわたり発掘し浜頓別・曹洞宗天裕寺に安置）、②朱鞠内名雨線・雨竜ダム建設工事犠牲者4体（1980年代と1997年、2001年の3回にわたり遺骨発掘を実施）、③美唄市常光寺に安置されていた旧三菱美唄炭鉱犠牲者6体、④本願寺札幌別院で合葬されていた遺

骨のうち韓国出身者71体分である。

　これまで遺骨発掘・調査活動にかかわってきた彼らは、奉還事業に際し「強制労働犠牲者追悼・遺骨奉還委員会」を日韓の事務局により結成し、この事業を2015年9月11日〜20日、9泊10日間にわたり開催した。北は北海道浜頓別から朱鞠内・旧光顕寺、美唄市常光寺、本願寺札幌別院をめぐり、それぞれ法要を行い遺骨を受け取った後、東京・京都・大阪・広島・下関にある東本願寺系の各寺院で市民追悼会を執り行い各地の市民との交流をもちながら、下関—釜山経由で韓国に渡った。道程の参加者は「共同ワークショップ」に参加した経験のある若者や、「北海道フォーラム」関係者のほかに、故人の帰郷を待ちわび続けた韓国人遺族3組7人を加えた。釜山市内での追悼行事のあとソウル市長前広場と聖公会ソウル大聖堂では大規模な追悼行事と葬儀式、追悼ミサを行い、最終日の20日、ソウル市立追慕公園で焼骨式・納骨式が開催され、犠牲者の遺骨115体は今回新たに造成された墓地の一角に納められた。

　総行程3500kmにわたるバスとフェリーを乗り継いだ壮大な道のりであったものの、北海道に残されたすべての遺骨の奉還が実現したわけではなく、犠牲者の「里帰り」はいまだ道半ばだと言えよう。

6　おわりにかえて

　北海道における「民衆史掘りおこし」運動は、「開道百年」記念を「逆手」に歴史の闇に葬られてきた人々の「掘りおこし」を実現させていった。常紋トンネルの発掘では、タコ部屋労働者の遺骨の発掘を行い、さらにウィルタやアイヌ民族の問題を学ぶことを通して、日本史や北海道史の認識枠組みの転換にも寄与していった。そして、これらの活動を通して歴史認識をより深化させ、ついには中国人や朝鮮人の強制動員調査にまで取り組んでいった。

　また、道内の「掘りおこし運動」は、その成り立ちから犠牲者の遺骨「掘りおこし」と追悼を伴う建碑運動を主な要素としてきた。「埋められた者」の無念さを「自分の痛み」として捉える「感性」を重視した運動は、ときに「科学的ではない」との批判を受けながら、修正を伴いつつ、担い手たちは「遺骨」

という「事実」を「掘りおこす」ことを通じて地域の歴史に向き合い、新たに
獲得した「記憶」として、それを教育現場に活かすことを試みていった。

　実証性に乏しいまま感情に訴えることの危険性や、「感性に頼ることだけで
は歴史の全体像を把握することは難しい」（船津 1980：81-93）などの指摘を受
け止め、90年代以降の「掘りおこし」に際しては、「遺骨」は歴史を探る重要
な資料という認識が生まれ、形質人類学者など専門家の協力のもと、遺骨の状
態から犠牲者の置かれた状況や個別性を特定すべく方法が検討されていく。

　朱鞠内の光顕寺は、地域の「掘りおこし運動」の過程で、「笹の墓標展示
館」として生まれ変わり、国境や民族を超えた若者たちが、その場でおきた出
来事をともに学び、記憶として継承する場として、地域に存在する。築85年余
りの「展示館」は19年2月、積雪の重みから倒壊の危機に瀕し、現在敷地内を
強制労働の史実を伝える空間として整備し再生するための募金活動（目標金額
3000万円、22年秋完成予定）に取り組んでいる。

　北海道の「民衆史掘りおこし運動」が獲得してきた「埋もれていた人々」の
歴史を、今後どのように受け止め、継承し、あるいはいまだ成し遂げられぬま
まの課題をどのように克服していくべきなのか。残された課題は大きい。遺骨
の早急な処遇よりも前に、生活史をもっていた一人ひとりの犠牲者や遺族たち
としっかりと向き合い、被害の実態と責任の所在を解き明かしていく、そして
それを記憶として継承していくことがより重要だろう。

　強制動員問題は、日韓の間に横たわる未解決の課題のひとつであるが、昨今
政治問題として取りざたされ日本における韓国バッシングの主要な題材にされ
ている。しかし、これまで「掘りおこし」てきた歴史に真摯に向き合い、さら
にそれらを継承しようとする多様な人々の営みに想像をめぐらせるとき、この
問題の根源に気づくことになるのではあるまいか。

【注】
1)　これらの詳細については（殿平 2013）を参照されたく、また本章でも多くを依拠して
　　いることをあらかじめお断りしておく。
2)　この時期の遺骨調査・奉還については、04年韓国政府が設置した「日帝強占下強制動
　　員被害真相糾明委員会」が一定の役割を果たしたが、紙幅の都合上省略させて頂く。

〔参考文献〕

小池喜孝（1994）「オホーツク民衆史講座」『岩波講座日本通史別巻2　地域史研究の現状と課題』岩波書店、229–245頁

空知民衆史講座編（1994）『和解のかけ橋』

殿平善彦（2004）『若者たちの東アジア宣言』かもがわ出版

——（2013）『遺骨』かもがわ出版

——（2020）『日韓の歴史問題をどう読み解くか』新日本出版社、125–142頁

日韓共同ワークショップ委員会編（1999）『出会う・掘る・学ぶ』

船津功（1980）「民衆史掘りおこし運動の方法と課題」『歴史評論』第368号、81–93頁

第Ⅲ部
平和を創造するための〈場〉
──資料館から想いの堆積された現場へ──

第13章　明治大学平和教育登戸研究所資料館

山田　朗

1　はじめに——秘密戦と加害の現場を考える

　本章では、2010年に開設された明治大学平和教育登戸研究所資料館について紹介し、隠蔽・抹殺されてきた秘密戦と加害の記憶を発掘・復元することの意義について論じる。

　まず、そもそも陸軍の秘密戦のための兵器・資材を開発する陸軍登戸研究所（以下、登戸研究所と記す）とはどのような組織で、どのような兵器・資材を開発したのかを明らかにする。

　そして、こうした戦争遺跡を保存・活用することの現代的意義について4点にわたって論じてみたい。

2　登戸研究所とそこでの兵器開発

　日本陸軍が戦前期に実施した秘密戦のうち、広義の秘密戦としては①化学戦（毒ガス）、②生物戦（細菌等）、③非合法な戦い（スパイ・攪乱・テロ）があり、狭義の秘密戦としては③のみを指す（以下、狭義の秘密戦を〈秘密戦〉と記す）。

　〈秘密戦〉は、防諜・諜報・謀略・宣伝の4つの要素から成っており、戦争には必ず付随するが、歴史に記録されない〈裏側の戦争〉、〈水面下の戦争〉である。〈秘密戦〉のうち、防諜活動には、外事警察・特高警察・憲兵などが関与していたし、諜報活動には、これらの機関に加えて外地の特務機関・中野学校（後方勤務要員・残置工作員）などがかかわっていた。また、謀略活動には、

暗殺・破壊工作・後方（敵側本国）攪乱などが加わり、参謀本部や出先軍の指揮のもとに憲兵や中野学校出身者を中心とする特務機関が、極秘裏に遂行していた。内外の世論誘導のための宣伝工作も政府機関（情報局）や軍部によってさまざまなレベルで遂行されていた。

　登戸研究所は、陸軍の〈秘密戦〉を支える兵器・資材を開発・製造する機関として1939年に現在の川崎市多摩区に設置された（1937年にすでに電波兵器の実験場として施設は同地にあったが、1939年に総合的な〈秘密戦〉研究機関となった）。正式名称は、1939年当時は陸軍科学研究所登戸出張所、のちに第9陸軍技術研究所（略称：9研）となった。登戸研究所の研究・開発部門として第1科から第3科を有し、さらに量産工場としての第4科があった。

　登戸研究所第1科では、「怪力電波」（く号兵器）やレーダーなどの電波兵器、スパイが携帯する特殊無線機、気球そのものを攻撃兵器とした風船爆弾（ふ号兵器）の開発を行っていた。風船爆弾は、米本土の攪乱をねらい、当初は生物兵器（牛疫ウイルス）の搭載を予定するなど、無差別破壊兵器であった（実戦では爆弾・焼夷弾を搭載した）。和紙・コンニャク糊という伝統技術と高度維持装置という“ハイテク技術”を融合した風船爆弾は、多数の女学生を動員して全国で生産され、1944年11月から45年4月までに発射9300発のうち1000発は北米大陸に着弾したとされている（米国オレゴン州で民間人6名の死亡が確認されている）。

　第2科では、主として謀略（暗殺など）工作・スパイ用兵器としての対人用毒物・薬物や小型カメラ・フィルム、特殊インク、犬の嗅覚を麻痺させる薬剤、変装用品をはじめ、敵国の穀物生産に打撃を与えるための細菌・昆虫を兵器化する研究を行っていた。暗殺用毒物の開発に際しては、1941年と1943年の2回にわたって中国南京で中国人捕虜数十人を使って人体実験が行われた。また、穀物を枯らす細菌兵器の一部は、中国で散布実験が行われた。敵国の家畜生産に打撃を与えるための細菌・ウイルスも研究され、そのうち牛疫ウイルスは、朝鮮釜山において散布実験も行われた（1944年5月）。

　第3科では、主として蒋政権の紙幣（法幣）の偽札やスパイ用品としての偽パスポートなどが製造された。偽札は、当初は、経済謀略（インフレ促進）の

ために企画されたが、日本軍軍票・儲備券（汪兆銘政権の貨幣）の信用失墜にともなう物資購入手段として大いに活用された。40億円相当（当時の国家予算の2割にあたる）の偽札が印刷され、25億円が使用されたとされている。

3　登戸研究所を記録し、記憶することの現代的意義

本資料館の現代的な意義・特徴は4つあるといえるだろう。

第1の意義・特徴は、本資料館が、旧日本軍の研究施設をそのまま保存・活用して資料館にした唯一の事例であるということである。資料館は、登戸研究所第2科第6班の研究棟（主として植物＝穀物を枯死させるための生物兵器の研究・開発棟）であった建物であり、建物そのものが貴重な戦争遺跡である。この建物は、明治大学取得後は長年にわたって農学部36号棟として研究室・実験室として使用されてきたものだが、この建物の戦争遺跡としての重要性に鑑み、資料館では、建物に元来作り付けの設備（流しや作業台など）は可能なかぎりそのまま残し、廊下・部屋割り・内装・照明も戦時中の姿にできるだけ復元して5つの展示室とした（①研究所の全容・歴史・立地、②第1科、③第2科、④第3科、⑤疎開と戦後の調査活動）。

本資料館の現代的意義の第2は、戦争には必ず付随するが、歴史にはほとんど記録されていない〈秘密戦〉に焦点をあてた、おそらく日本では唯一の資料館であるということである。〈秘密戦〉は、公式の歴史においては全くといってよいほど記録・記憶が残されない分野である。しかし、〈秘密戦〉とはいいながら、実際には一般市民・学生と多くの接点を有しており、多くの証言が残されている。本資料館は、〈秘密戦〉に関わった軍人・技術者の記録・記憶を可能な限り収集・展示するとともに、〈秘密戦〉と接点をもった一般市民・学生たちの記憶を継承する場所となることを目的としている。

第3の意義は、登戸研究所の全貌と各科の活動の概要を紹介しながら、戦争と科学技術の関わり方、戦争における〈被害〉と〈加害〉について問いかける場となっていることである。登戸研究所で開発された兵器・資材には、人道上・国際法規上問題のあるものも多い。ここで開発されたモノとここで研究開

発にあたった人間たちのあり方を今日から振り返れば、戦争という大義名分と研究への没入によって倫理観・人間性が次第に喪失されていく過程を確認することができる。私たちがそれらを直視し、歴史的事実として語り継ぐことことの重要性をこの資料館は提起している。またそれは、過去の戦争の時代にのみ起こった特殊な事例ではなく、科学研究・学問がつねに自戒・自省しなければならないことなのである。

　本資料館の現代的意義の第4は、登戸研究所に関する史実を展示したのみならず、史実発掘過程をも展示の対象としたことである。戦争の裏側の〈秘密戦〉については、歴史の真実を知る関係者の証言が得られなければ、それは解明することが不可能な分野である。登戸研究所の実態については、戦後40年以上が経ってから始まった一般の市民や教員・高校生らの調査・聞き取り活動が、知られざる歴史、戦争の暗部を解明するきっかけをつくったという点がきわめて重要であり、現代における〈戦争の記憶〉の継承のあり方を示したともいえる事例なのである。〈戦争の記憶〉は戦争体験者によって語られるものであるが、それを発掘し、継承するのは非体験者の役割であることを登戸研究所の史実解明過程は示している。

4　加害の記憶の継承の難しさ

　〈加害〉の記憶の継承の難しさということについて付言したい。私は、明治大学平和教育登戸研究所資料館の館長をしており（2020年現在）、登戸研究所の〈加害〉の記憶、とりわけ「青酸ニトリール」という暗殺用毒物の開発のために、登戸研究所の所員たちが、中国の南京に出かけて数十人の中国人捕虜を使って人体実験（実際にさまざまな毒物を飲ませて殺害し、各種のデータを収集した）を行ったことについて、展示に基づいて来館者に説明することがある。

　なぜ、登戸研究所の所員たちが、わざわざ南京に出かけてこのようなことを行ったのかと言えば、当時、南京には731部隊（関東軍防疫給水部）の姉妹部隊である1644部隊（中支那防疫給水部）という生物化学兵器を開発する部隊があり、731部隊と同様に組織的な人体実験を行っていて、中国人捕虜が多数「実

験材料」として確保されていたからだ。

　資料館の展示では、1941年に人体実験を行った所員の証言が掲げられており、「はじめは嫌であったが、慣れるとひとつの趣味になった」という彼の感想が示されている。私は、案内の時に、この展示に必ず触れ、戦争というものが人間の正常な倫理観・価値観を如何に歪めてしまうか、ということを語ることにしている。その際、次のような「忠告」をしてくれる日本人来館者が時々おられる。「このような残虐行為の展示をしていると、中国人の見学者が怒って、中国で反日デモを誘発するのではないか。このような展示はしないほうが無難ではないか」と。資料館に勤務する学芸員にも同様の指摘を受けた者がいる。しかし、私は常にこのように答えている。「今まで、中国からのテレビ局を含め多くの中国人が訪れ、この展示について私は説明してきたが、これまで怒った中国人は一人もいません」と。実際にこの通りで、脚色された答えではない。日本人来館者の心配は、この資料館のことを思ってのことではあるが、ここに戦争の被害者である中国人と加害者である日本人の歴史認識の大きなギャップが見えてくる。

　多くの日本人にとっては、〈加害〉の記憶を表面化させることは、被害者を怒らせると思っている。しかし、被害者が怒っているのは、日本人がそのような〈加害〉の記憶を忘れようとしていたり、隠そうとすることに対してであって、多くの中国人は、日本人が〈加害〉行為の記憶をみずから〈発掘〉したり、公開したりすることは実に冷静に受け止め、怒るどころか感心さえしてくれるのである。これは、〈加害〉の記憶を私たちが積極的に〈発掘〉し、継承することによってのみ初めて被害者との対話が成り立つことを示している。その逆に、〈加害〉の記憶を隠蔽することは、私たち自身の歴史認識を、ひとりよがりの歪んだものにしてしまう行為なのである。

5　おわりに

　明治大学平和教育登戸研究所資料館は、明治大学における「歴史教育・平和教育・科学教育の発信地」、登戸研究所の歴史を地道に発掘してきた「市民・

教育者との連携の場」としての役割をになって2010年３月に設立されたものである。この資料館の展示は、一見すると歴史の特殊な一局面のみを切り取ったものと感じられるかもしれない。

　しかし、本資料館は、戦争の裏面ともいえる〈秘密戦〉を通して戦争の本質やその全体像を提示することを、さらには戦争と科学技術の関係性、戦争の〈加害〉の側面をも問い直すことを目指したものである。本資料館は、戦争研究の結果であると同時に、〈戦争の記憶〉の継承の出発点、新たな戦争研究の起点としての役割を担っていくことを目指している。

　なお、明治大学生田キャンパス内には、本資料館の他にも登戸研究所設置以前に存在した日本高等拓植学校（ブラジルのアマゾン地方開拓のための移民を養成）時代に植えられたヒマラヤ杉並木、登戸研究所時代に設置された消火栓・動物慰霊碑・神社・半地下式倉庫などが保存されており、いつでも見学することができる。

〔参考文献〕
海野福寿・渡辺賢二・山田朗編（2003）『陸軍登戸研究所——隠蔽された謀略秘密兵器開発』青木書店
木下健蔵（1994）『消された秘密戦研究所』信濃毎日新聞社
──（2016）『日本の謀略機関　陸軍登戸研究所』文芸社
伴繁雄（2001）『陸軍登戸研究所の真実』芙蓉書房出版
明治大学平和教育登戸研究所資料館編（2012）『陸軍登戸研究所〈秘密戦〉の世界』明治大学出版会
山田朗・渡辺賢二・齋藤一晴（2011）『登戸研究所から考える戦争と平和』芙蓉書房出版
渡辺賢二（2012）『陸軍登戸研究所と謀略戦』吉川弘文館

第**14**章　広島平和記念資料館

小山　亮

1　はじめに

　アジア太平洋戦争末期の1945（昭和20）年8月6日、8時15分。米軍の爆撃機B29エノラ・ゲイが広島市に一発の原子爆弾を投下した。市街地のほぼ中心、上空600mで炸裂したため被害は同心円状に広がった。

　原爆は熱線・爆風・放射線が複雑に作用したことで大きな被害をもたらし、特に大量の放射線が放出されたため人体に深刻な影響を与え、それは現在までも続いている。45年末までの死者は約14万人と推計されている。

　本章で紹介する広島平和記念資料館は、原爆投下から10年後の55年8月24日、爆心地近くに作られた平和記念公園内に開館した。設置の目的は、「原子爆弾による被害の実相をあらゆる国々の人々に伝え……核兵器廃絶と世界恒久平和の実現に寄与する」（広島平和記念資料館条例第1条）ためである。

　資料館には多くの人々が訪れている。常設展示のリニューアルが完了した2019年度は、過去最高となる175万8746人の入館者があり、開館以来の入館者は7400万人を超えた。海外から著名な人物が訪れることも多く、16年には現職として初めて米国のバラク・オバマ大統領が資料館を訪れた。

　本章では第2節で資料館開館から現在に至るまでの歴史的経緯、第3節で常設展示の内容と意図を紹介する。

2　資料館開館までの経緯

　資料館の開設につながる活動は原爆投下直後から始められた。当時、広島文理科大学の地質学の嘱託教員で、後に初代館長となる長岡省吾は、広島に原爆が投下された1945年8月6日、調査のため山口県に滞在しており、翌7日に広島市内に入り惨状を目の当たりにした。市内を歩き、休憩のため広島護国神社の灯籠の台座に腰掛ける際に手に痛みを感じ、石の表面が尖っていることに気がついた。原爆の熱線によって泡立って冷えたためで、長岡はこれで通常の爆弾とは異なるものであると悟った。その後、繰り返し広島市内に入り石や瓦などの資料を拾い集め、1948年からは広島市の嘱託職員となって活動を継続した。

(1)　平和記念公園の建設

　資料館が位置する平和記念公園は、戦後、爆心地付近に建設された。公園となった中島地区は、被爆前は市内有数の繁華街であった。現在、公園内には原爆ドーム、原爆死没者慰霊碑、国立広島原爆死没者追悼平和祈念館などがある。

　公園の設計は当時東京大学助教授であった建築家丹下健三による。建設の背景には、被爆4年後の49年8月に公布・施行された広島平和記念都市建設法がある。これは、国から広島の復興に対し援助することを定めた法律で、特別法として制定されたものである。公園の建設は、50年から55年にかけて行われた。

(2)　「原爆参考陳列室」から資料館の開館へ

　広島平和記念都市建設法制定翌月の49年9月、中央公民館の一室を利用し、「原爆参考資料陳列室」が開設され、長岡が収集した資料が展示された。ここを拠点として収集が続けられ、陳列室は早々に手狭となった。そこで公民館の隣に新たに「原爆記念館」が作られ、翌50年に資料が移転された。その後、公

園内で新しい資料館の建設が51年３月に着工したものの、資金難で工事が中断して竣工までに４年半を要し、原爆投下10年後の55年８月、広島平和記念資料館は開館した。ここでも、長岡が自ら収集した被爆資料数百点が展示された。

3　常設展示の内容と意図

　現在、資料館は東館・本館の２館で構成されている。常設展示は東館と本館にまたがって構成され、企画展や新着資料展などの定期的に入れ替えられる展示が東館で行われている。また、市内江波二本松には、海外から広島に寄せられた支援を伝える附属展示施設シュモーハウスがある。ここでは、2019年に完成した３度目のリニューアルで更新された常設展示の特徴を紹介していく。

　リニューアル後の常設展示は、動線順に、①「導入展示」（東館３階）、②「被爆の実相」（本館）、③「核兵器の危険性」（東館３階）、④「広島の歩み」（東館２階）で構成される。つまり、展示の順序は時代順ではなく、動線前半に館全体のメイン部分といえる本館の「被爆の実相」があり、後半に原爆投下までの経緯やその特性、原爆投下前後の広島の歴史などの内容が配置されている。

　リニューアル以前の常設展示は、前半の東館で広島の近代史をたどり、後半の本館で原爆投下後の内容を配置する順序で構成されていた。しかし、見学時間を調査したところ、平均の45分のうち、「被爆の実相」の見学に使われている時間が約19分と、全体の４割程度であることがわかった。メインの展示である本館に時間をかけられるよう、現在の動線に変更された。

⑴　東館「導入展示」

　来館者が常設展示で初めに見学するのは、東館の「導入展示」である。これは、先述の時代順ではない順序で動線が設定されていることに対応するもので、本館の見学前に被爆前後の広島の状況を短時間で把握できるよう、壁面の写真とプロジェクションマッピングの技術を利用した広島市域の模型「ホワイトパノラマ」で構成している。

　内容は前半の「被爆前の広島」、後半の「失われた人々の暮らし」に分かれ

る。前者では被爆前の広島の写真を壁面に５枚配置し、被爆前の人々の暮らしを紹介している。後者との展示との間には両者を隔てる壁が配置され、この壁を境として被爆前・被爆後の広島をそれぞれ表現している（写真１）。「失われた人々の暮らし」展示は壁面を利用して爆心地から撮影されたパノラマ写真、フロアの中心に「ホワイトパノラマ」が配置されている（写真２）。

写真１　導入展示　前半と後半を隔てる壁　　写真２　導入展示　失われた人々の暮らし
出典：広島平和記念資料館　　　　　　　　　出典：写真１に同じ

(2)　本館「被爆の実相」

　導入展示を出ると、渡り廊下を経て本館へ入る。本館展示「被爆の実相」は「８月６日のヒロシマ」と「被爆者」の２つのゾーンに分かれる。

　本館展示のリニューアルにあたって重視されたのは、被爆者の視点から展示を構成し、その一人ひとりの人物像にも焦点を当てることであった。

　リニューアル前の本館展示は、本館展示室入口に米軍が撮影したきのこ雲の写真を配し、熱線・爆風・高熱火災・放射線の順に原爆による被害を物理的な要素ごとに解説するものであった。今回のリニューアルでは、被爆した人々の遺品を始めとした被爆資料、当日あるいはそれ以降に撮影された写真、被爆者が描いた絵（「原爆の絵」）などの実物資料を重視し、展示を構成している。

　本館展示で来館者が最初に目にするのは、渡り廊下突き当り壁面の怪我をして包帯を巻く少女の写真である。この写真を通り過ぎると、本館前半の「８月６日のヒロシマ」のゾーンに入る。

　このゾーンは「８月６日の惨状」と「放射線による被害」コーナーに分かれる。ゾーンの大部分を占める「８月６日の惨状」では、原爆炸裂の瞬間を描い

た「原爆の絵」や、当日に撮影された写真を大きく引き伸ばした展示の後、中
心に衣類などの遺品が並ぶ大型のガラスケースを配し、その周囲に建築物の一
部などの大型資料などを露出した状態で展示している。これは多くの資料を集
める「集合展示」の手法を採ったものである。大型ケースの中には、防火帯を
作るために建物を破壊する建物疎開の作業中に被爆した動員学徒たちの遺品が
配置されている（写真3）。

　壁面には、「人への被害」を伝えるため、被害を受けた人々の写真と、被爆
者が描いた「原爆の絵」を配置した展示がある（写真4）。この後、銀行の石段
に人が腰掛けていた部分にあとが残った「人影の石」、原爆投下後に降った
「黒い雨」、市内を焼き尽くした「高熱火災」、学校などに急設された「救護所
の惨状」、市内外から入った人々によって行われた「混乱の中の救援・救護」
の展示および「放射線による被害」コーナーが続き、それぞれに実物資料や写
真などが展示されている。

写真3　本館　動員学徒たちの遺品
出典：写真1に同じ

写真4　本館　写真と「原爆の絵」展示
出典：写真1に同じ

　本館展示後半の「被爆者」ゾーンでは、被爆者たちの遺品と被爆状況の詳し
い説明と遺影を組み合わせた展示を基本としている。また、被爆者本人や家族
の印象的な言葉を縦長のバナーを使用して展示している。

　ゾーンの前半は「魂の叫び」と題され、子どもたちの遺品、家族の遺品、手
紙などの資料を展示している（写真5）。「絵筆に込めて」では「原爆の絵」の
原画を展示している。

　「故郷を離れた地で」では、外国人被爆者を紹介している（写真6）。今回の

リニューアルで初めて設置されたもので、朝鮮半島出身者、日系アメリカ人、東南アジアからの留学生、捕虜となっていた米兵などに関係する実物資料や写真、「原爆の絵」を展示している。

写真5　本館　魂の叫び
出典：写真1に同じ

写真6　本館　故郷を離れた地で
出典：写真1に同じ

　ゾーン後半は「生きる」と題され、家族を失った人々と、彼らが大切にしていた遺品やその後を紹介する「家族を失って」・「父母を亡くした子どもたち」・「一人となって―原爆孤老―」、被爆後も長期にわたって人々を苦しめた「体と心に刻まれた傷」、妊娠中の母親の胎内で被爆して発症した「原爆小頭症―親子の歩み―」、ある被爆者を長期にわたり取材した福島菊次郎の写真を展示した「Ｎ家の崩壊」、被爆10年後に白血病で亡くなった佐々木禎子さんに関する「一人の被爆少女の死」の展示が続く。

　「生きる」最後の「消えぬ想い」は、戦後に撮影された写真で展示が構成される。本館最後となるこの展示の結びには、被爆翌年の1946年に生まれた女の子とその母親の、47年に撮影された写真が配置されている。母親は幸せそうな表情で女の子を抱くが、説明文ではこの母親が路面電車内で被爆し、当時1歳の息子を亡くしたことが示される。過去を引きずりながらも新しい命とともに生きていく姿は、亡くしたものに対する想いとともに生きてきた多くの被爆者や遺族たちの戦後の姿を象徴している。

(3)　東館3階「核兵器の危険性」

　本館の展示を見終えると、平和記念公園を見渡す北側ギャラリーを通り、再

び渡り廊下を経て東館に入る。展示室の前には、被爆者証言ビデオコーナーが
あり、大画面でダイジェスト版の映像が見られるとともに、個別ブースでも各
ビデオを視聴することができる。

　「核兵器の危険性」の展示室は、①「原子爆弾の開発と投下」、②「原子爆弾
の脅威」、③「核の時代から核兵器廃絶へ向けて」の３コーナーに分かれてい
る。①・②では、原子の核分裂の発見から原爆開発の開始、そして目標選定を
経て広島に投下されるまでの経緯、さらに広島・長崎に投下された原爆の特性
や、熱線・爆風・放射線という特徴から被害を解説している。③では原爆投下
後の「核時代」の核兵器開発競争や核兵器廃絶に向けた世界の取り組みを紹介
している。タッチパネル式の情報検索装置「メディアテーブル」を12台設置し
ており、触れる展示として原子爆弾や被爆前後の原爆ドームの模型、被爆した
瓦とガラス瓶がある。

(4)　東館２階「広島の歩み」

　常設展示の締めくくりとなる「広島の歩み」は、①「戦時下の広島と戦争」、
②「広島の復興　さまざまな支援」、③「平和な世界をつくる」の３コーナー
で構成される。①では、軍都・学都としての特徴を持つ広島の近代史や戦時下
の市民の暮らし、②では被爆後の復旧・復興や被爆者施策、③では広島市や市
民による平和への取り組みなどを展示している。「メディアテーブル」を10台
設置しているほか、著名人が資料館を訪れたさいに残したメッセージを壁面に
投影する「平和へのメッセージ」がある。また、展示壁の上部には被爆後の復
興へ向かう広島市内をとらえた写真のスライドショーを投影している。

4　おわりに

　広島への原爆投下に関する事象は、マスメディアでも繰り返し伝えられるこ
ともあり、ともすれば既によく知っているように思えるかも知れない。しか
し、資料館では実物資料を重視して数多く展示し、常設展示以外の展示も充実
している。資料館の活動は多岐にわたるため、紹介できなかったものも多い。

　公園内や市内各所に存在する展示施設や慰霊碑などを巡る際にも資料館は拠点となる。まずは広島を訪れ、資料館を見学するとともに、市内や周辺各地を訪れてほしい。

〔参考文献〕

佐藤真澄（2018）『ヒロシマをのこす——平和記念資料館をつくった人・長岡省吾』汐文社

志賀賢治（2020）『広島平和記念資料館は問いかける』岩波書店

広島市（2007）「広島平和記念資料館更新計画」

──（2010）「広島平和記念資料館展示整備等基本計画」

広島平和記念資料館（1999）『ヒロシマを世界に』

──編（2007）『図録　原爆の絵』岩波書店

──編（2020）『広島平和記念資料館総合図録——ヒロシマをつなぐ』

──（2020）「被爆75年企画展　広島平和記念資料館のあゆみ　第一部　礎を築く——初代館長　長岡省吾の足跡」

──（2021）「被爆75年企画展　広島平和記念資料館のあゆみ　第二部　8月6日へのまなざし——資料を守り伝え続ける」

第**15**章　平和祈念展示資料館

山口　隆行

1　はじめに

　平和祈念展示資料館（以下、「資料館」）は、兵士（恩給欠格者）・戦後強制抑留者（以下、「抑留者」）・海外からの引揚者（以下、「引揚者」）が体験した戦中・戦後の労苦を今に伝える、総務省が管理する国立の資料館である。

　展示室は約660m^{2}と中規模であるが、都庁前という好立地もあり、年間約5万人が来館している。資料館では2020年現在、約1万3000件＝約2万2000点の実物資料・絵画資料・音声資料・映像資料、約1万4000冊の図書資料を収集・所蔵しており、それら資料を用いて、常設展示以外にも、年3回の館内企画展や年3回の地方巡回展、年1回の他館交流展、年1回の同じ国立の戦争資料館（昭和館・しょうけい館）との連携展などを行っている。

2　館の主題と成り立ち

　先述の通り、資料館の主題は兵士・抑留者・引揚者の労苦である。

　ここで言う兵士とは、アジア・太平洋戦争（以下、「戦争」）中に軍人・軍属として軍隊で勤務したものの、その年数が短く、軍人・軍属を対象とした公務員年金の一種である、軍人恩給を受給できなかった人々（恩給欠格者）を指す。一般兵の場合、無条件で軍人恩給の受給資格を得るには、軍隊に12年勤務する必要があった。しかし徴兵の場合、通常、陸軍であれば2年、海軍であれば3年で満期除隊となるため、事変や戦争の際に期間延長や再召集となる場合も

あったが、大抵は必要な年数を満たせず、制度の対象外となることが多かった。同様に、戦争の最末期に軍隊へ志願した者も、当然ながら勤務した年数が短いため、制度の対象外となることが多かった。特定の危険な任務に就いた場合、例えば、戦闘や国境警備に従事した場合や、航空機や潜水艦で勤務した場合などに、年数が通常よりも加算計上される制度（恩給加算）も存在するが、結果として、生き残った軍人・軍属のうち、約半数が軍人恩給を受給できなかった。

　同じく抑留者とは、終戦後、ソヴィエト連邦（以下、「ソ連」）軍により、ソ連やソ連への従属状態（衛星国）であったモンゴルへ連行され、過酷な環境下で強制労働に従事させられた人々を指す。1945（昭和20）年8月8日、ソ連は相互不可侵などを定めた日ソ中立条約の有効期間内にもかかわらず、日本に宣戦布告し、翌9日以降に日本が占領あるいは統治していた、満洲（現・中国東北部）・朝鮮半島の北緯38度線以北・南樺太（現・サハリン島の北緯50度線以南）・千島列島に相次ぎ侵攻して、約1ヶ月の戦闘を行った。その後ソ連軍は、捕虜の取扱いを定めた諸条約や、日本が降伏時に受け入れたポツダム宣言に違反し、上記4地域から約60万人を連行・抑留した。抑留者の大部分は日本人の軍人・軍属であったが、女性や少年、民間人、日本以外の諸地域の出身者も含まれていた。厳しい収容所生活の結果、抑留者の約1割が亡くなり、生存者も少なくない割合で、凍傷や事故による四肢欠損をはじめとした、重度の障がいを負った。さらに抑留生活は、最短でも46年12月、最長では56年12月までと、長期間に及んでいる。しかし、日ソ国交回復の際に賠償請求権を相互に放棄したこともあって、その間の労働の賃金や抑留自体に対する賠償金は支払われなかった。

　最後に引揚者とは、戦争末期から終戦後にかけて、海外から日本に帰国した民間人を指す。30年に発生した昭和恐慌で日本国内が大不況に陥った結果、生活が立ちいかなくなった多くの日本人は、新天地を求めて海外へ渡ったが、戦争末期から終戦後にかけての大混乱により、その多くが着の身着のままの状態で帰国せざるを得なくなった。特に日本が国策として積極的に移民を推進した満洲では、先述のソ連軍の侵攻に加え、敗戦後には、それまでの日本側の振る

舞いに不満・反発を抱いていた現地住民による略奪・暴動も発生し、多くの日本人が難民と化した。最終的に、数ケ月に及ぶ過酷な避難生活の果てに、満洲にいた約155万人の一般の日本人のうち、約27万人が亡くなり、生存者の一部が残留婦人や残留孤児となるという悲惨な事態に立ち至る。また、満洲を含む世界各地から、合計で約320万人の引揚者が生きて日本へ帰国を果たすことができたが、それらの人々も、帰国までにほぼ全ての財産を失い、深刻な困窮状態に陥っていた。そのため引揚者は、帰国後も生活の再建に大変な苦労をしなければならなかったが、失った財産の補償はほとんどなされなかった。

　これらの人々の取り扱いは戦後大きな問題となり、88年に「平和祈念事業特別基金等に関する法律」が制定され、認可法人（後、独立行政法人）の平和祈念事業特別基金（以下、「基金」）による補償に代えた慰藉事業が始まることとなった。過酷な体験を後世に伝えるため、各地での催事や、体験者団体を介した様々な調査、資料の収集、総理大臣名による記念品の授与などが行われた。当資料館はそうした事業の一環として、2000年に新宿住友ビルで開館した。10年に「戦後強制抑留者に係る問題に関する特別措置法（シベリア特措法）」が成立して、基金は抑留者の一部に一時金を支給し、13年に解散することとなったため、資料館の管理は総務省へ引き継がれた。その後もビル内移転やリニューアルがあり、18年３月から現在の場所で展示を行っている。

3　現在の展示や活動

　資料館の内部は、常設展示コーナー・企画展示コーナー・ビデオシアター・図書閲覧コーナー・情報メディアコーナー・体験コーナーに分かれている。

　常設展示コーナーでは、実物資料約200点、写真や絵画などの画像資料約200点を、兵士・抑留者・引揚者の３つのテーマに分けて展示している。

　兵士のコーナーは、恩給欠格者の多くを占めた徴兵を中心に構成している。当時の日本の男性は徴兵制の下、20歳（1944年以降は19歳）になると徴兵検査を受け、検査の結果と部隊での人員の必要に応じて、軍隊に入ることが義務付けられていた。そして厳しい教育・訓練の後、事変や戦争の際には、戦地へと送

り出された。その一連の流れを時系列で追う形で、臨時召集令状（赤紙）を始めとする兵役関係の書類、出征時のお守り、訓練や戦闘の際に使用した様々な実物資料、復員時の書類などを展示している。

　抑留者のコーナーでは、ソ連の最高指導者スターリンが45年８月23日付で抑留を命じた秘密文書「国家防衛委員会決議9898号」（原本はロシア国立社会・政治史公文書館蔵）や年表でソ連側の背景や経緯を説明した後、寒さ・労働・病気・飢え・思想教育といった抑留生活の様々な労苦をオムニバスで展示する構成としている。抑留者は、一般的に「シベリア抑留者」と呼ばれることも多いが、実際には、シベリア＝ウラル山脈以東の極東ロシアのみならず、モンゴルや中央アジア、東ヨーロッパ、北極圏などユーラシア大陸全土に連行されており、その体験談は地域差が大きく千差万別である。そこで無理に１つのストーリーに集約することはせず、スプーンや防寒具などの手製の生活用品や、帰国後に抑留体験者が描いた絵画といったモノに、１つ１つのエピソードを語らせる展示としている。

　引揚者のコーナーでは、特に人数や悲惨な体験が集中している満洲や朝鮮北部を中心に、昭和恐慌以後の大規模移民の始まりから、ソ連軍の侵攻と終戦後の混乱、その後の収容所生活を経て、日本に帰国するまでを時系列で展示している。満蒙開拓団の関係資料や地図、ソ連軍占領下の文書類や軍票、引揚げや、帰国後の日本での生活の様子を撮影した写真、帰国後の文書類、引揚げを体験した有名漫画家のイラストなどの他、少数ながら南樺太や南洋諸島の資料も展示している。

　そうした常設展示や企画展以外にも、「語り部お話し会」と題した体験者自身による60分程度の講話会を、第３日曜日にビデオシアターで定期開催しており、10名以上の団体見学の際にも、希望があれば臨時で開催している。この会の人気は高く、時に参加者が100人を超すこともあるが、2020年現在、元兵士や元抑留者の語り部は平均90歳を超えており、高齢を理由に活動を続けられなくなる方も徐々に増えている。

　直接体験者から話を聞くことが年々難しくなる中、資料館では、語り部を中心とした体験者の証言を映像で記録し、館内やホームページ上で公開する取組

みを行っている。また、5月の連休や夏休みなどのイベントの時期には、基金が91年から10年にかけて公刊した、計58巻に及ぶ体験者の手記集『平和の礎』を底本に、体験者の声を再現した一人芝居や朗読を上演している。変わったところでは、既に故人となった元語り部の証言を台本として書き起こし、劇団員として活躍しているご子息が、それを読み語るという企画を行ったこともある。何れも体験者の声を、可能な限り手を加えず、若い世代に伝えていくための試みである。

　その他、資料館では様々な活動の中で、体験者の声を可能な限り伝えていくことを大前提として、制度や国際関係といった事実関係を客観的かつ正確に伝えることや、写真や絵画、演劇などで視覚的にイメージをつかみやすくすることなどを常に意識し活動している。企画展では、写真や絵画作品を中心とした展示を行うことも多い。戦後75年以上が経過し、戦争体験の風化が指摘される現在、若い世代には、既に戦争の時代を具体的にイメージできない者も少なくない。そうした事前知識や興味の乏しい若い世代にも、戦争体験を伝えていくにはどうすればよいか、今後とも模索を続けていきたい。

4　主な館蔵資料

(1)　小柳次一関係資料

　小柳次一（1907～1994年）は陸軍の嘱託カメラマンで、1938年1月以降、中国大陸やフィリピンにおいて、徐州作戦や武漢作戦、広東作戦、バターン作戦、大陸打通作戦などの主要作戦に参加した他、南京維新政府や汪兆銘（精衛）政権の樹立式、陸軍特別攻撃隊の出撃など、内外の重要な場面を記録した人物である。作風として、特に戦場の兵士の素顔を撮影することに、強いこだわりが感じられる写真が多い。資料館には、オリジナルの紙焼き写真やネガ、従軍日記、戦後の陸軍報道班関係者や遺族らとの書簡などが所蔵されている。

(2)　俘虜用郵便葉書

　俘虜用郵便葉書は、1946年秋以降にソ連から抑留者に支給され、国際赤十

字・赤新月社経由で、家族とやり取りされた往復葉書である。やり取りの際には、ソ連とアメリカ双方の検閲があり、収容所の位置や具体的な労働の内容、ソ連やアメリカへの批判、軍国主義的な事柄などは書けなかったため、内容自体は極めて限定的で、中には到底事実とは思われない事柄が書かれていることもある。ただ、抑留者が当時収容所で書いた手帳やメモなどの所持品は、帰国の際、ほとんどソ連側によって没収されたり、処分させられたりしているため、国内に届けられた葉書は、貴重な抑留中に書かれた文字資料の1つとなっている。

(3)　抑留者や引揚者の絵画

　抑留者や引揚者は、様々な戦争体験者の中でも、当時の日記やメモ、写真、出来事を物語る実物といった、歴史学で一次史料と呼ばれる資料の類を持ちあわせない者の割合が特に高い。繰り返しではあるが、抑留者の場合は、帰国の際に所持品を持ち帰ることが許されず、引揚者、中でも特に旧満洲や朝鮮北部からの引揚者の場合は、過酷な避難生活の末、大半の所持品を失ったためである。だからこそ、多くの抑留者や引揚者は帰国後、自身の過酷な体験を伝えるべく、手記や絵画などを残している。中でも割合手軽に描け、自身の体験や想いを伝えやすい絵画は点数が多い。また、中国大陸でのおおらかな生活がそうさせたのか、満洲からの引揚者には、後に芸術分野で活躍した人物が多いという事情もある。資料館には、日曜画家から職業画家、漫画家に至るまで、様々な体験者の作品約900点が所蔵されている。

第**16**章　昭和館

吉葉　愛

1　はじめに

　東京・九段下にある昭和館は、戦中・戦後の国民生活の労苦を後世に伝えることを目的とした施設である。旧九段会館の敷地内に建てられ、国会議事堂への利便性のよいことから秋には社会科見学の一環として多くの小、中学生が来館する。館内施設は、7・6階の常設展示室のほか、5階では写真、映像・SPレコードの視聴、4階では図書・文献資料が閲覧できるほか、1階のニュースシアターで当時の国民生活を記録したニュース映画を常時上映している。昭和館はこれら様々な資料を通じて、戦中・戦後の国民生活を総合的に伝えていくために設立された施設である。

2　開館の経緯と目的

　昭和館は1999（平成11）年3月に開館し、現在は厚生労働省から委託された（一財）日本遺族会がその運営に当たっている。その設立の発端は、79年に（財）日本遺族会が厚生省に「戦没者遺児に対する精神的な慰藉の念を含め、今次大戦の悲惨な体験を新しい世代に再び繰り返さないよう[1]」慰藉事業として、「戦没者遺児記念館（仮称）」の設立を求めたことに始まる。

　日本遺族会内では、「遺児記念館」が単に遺族だけでなく、広く国民の理解と支持が得られるものにするため、学識経験者を中心にした「戦没者遺児記念館（仮称）基本構想策定委員会」を81年に設置し、基本構想や類似施設の調査

が開始された。同委員会による調査結果等を踏まえ、84年に遺族会は平和への願いを深めより強調したものにするため「平和祈念総合センター（仮称）」として基本構想を提出した。

　この要望を受けた厚生省では、有識者から成る「戦没者遺児記念館（仮称）に関する懇談会」を設け、85年から87年にかけて数次にわたる会合を重ねて検討し、87年12月には中間報告を提出した。この中間報告で示された内容が実質的最終報告となり、以下３つの基本的性格が示されている。（１）戦没者、戦没者遺児をはじめとする戦没者遺族に対する慰藉（２）戦争に関する歴史の客観的具体的な後世代への伝承（３）平和の祈念、という基本方針が決定した。この方針は「若い世代に再び悲惨な戦争を繰り返させたくないという遺児の希望に沿い、戦没者遺児をはじめとする国民の労苦が忘れ去られ風化していくことを防ぎ、戦争の歴史を客観的具体的に後世代に伝え、平和を祈念する²⁾」という施設の設立目的に則っている。

　懇談会による報告を受け、88年には情報検索システムについて検討をするための「戦没者遺児記念館資料専門家会合」が設置された。さらに施設建設についての具体的な諸条件を整えるため、90年には「戦没者遺児記念館基本計画案検討委員会」が設置され、開館にむけた準備が進められた。これらの事業規模や設置運営などを含む議論が重ねられ、厚生省は93年度に「戦没者追悼平和祈念館（仮称）」の建設費を計上するに至った。

　その後、施設の設置にむけて予算や法的な整備を進めるなかで、施設デザインや施設の趣旨に関する事業内容等を巡って意見が寄せられたことを受け、95年に戦没者対応平和祈念館企画検討委員からなる会合が設けられ、施設名称を含めた一部事業の見直しと修正が行われた。この結果、施設名称は新たに「昭和館」として変更され、99年３月の開館に至った。昭和館が行う事業の主な内容としては、次の３つが大きな柱となっている。

①　展示事業

　戦中・戦後の労苦を伝える実物資料や歴史的資料を収集・保存・展示し、後世代の人々にその歴史を知る機会を提供する。

②　図書情報等閲覧事業

戦中・戦後の国民生活に関わる文献・図書・映像・音響資料を収集・保存し、その利用を提供する。

③　情報検索事業

所蔵資料をはじめ、他の図書館・博物館等の所在や概要の情報を提供する。

設立の経緯に見るとおり、施設の開館に至るまでの道は容易なものではなく、日本遺族会の要望が提出されてから、実に20年の歳月を要した。2019年には準備年数と同じ20周年を迎え、来館者層の推移や、映像機器等の進化にあわせ、展示室のテーマ設定や小・中学生にも理解しやすい解説、扱いやすい検索端末機器等を導入し、リニューアルを重ねてきた。施設の設置目的にもあるように、遺族自らが経験した労苦とその歴史の風化への危惧は、遺族の世代が遺児から孫のへと移りつつある現在、さらに強まりをみせている。その中で昭和館も時代に適応した施設として、その役割を一層充実させていかなければならない。

3　館内施設と活動

建物は周辺環境との調和に配慮した設計となっており、地上7階、地下2階建ての構造になっている。7・6階の常設展示室では、1935（昭和10）年から55年頃までの国民生活を当時の実物資料や写真・映像で紹介している。7階では戦前〜戦中までの時期を対象としており、戦前の家庭の様子から、日中戦争が勃発して以降の生活の変化を6つのテーマからみることができる。そのうちの一つ「統制下の暮らし」では、陶製アイロンなどの代用品や、配給切符などの資料を通じて、日常生活の隅々に戦争の影響が及んだ様子を紹介している。また「銃後の備えと空襲」では、婦人会の活動や防空服装、空襲被害に関する資料を展示し、全国47都道府県ごとの空襲被害の詳細と写真、戦災概況図をまとめた検索システムを設置している。7階から6階に降りる階段の踊り場では、「終戦の詔書」が掲載された1945年8月15日の新聞と玉音放送を聴くことができる。

6階では終戦直後から昭和30年代までの時期を対象に4つのテーマで紹介

し、35年から65年までの時代の流れを紹介する「移りゆく世相」、遺骨収集・慰霊巡拝事業を紹介する「慰霊の旅」の展示コーナーを設けている。そのうちの「子どもたちの戦後」では、青空教室や占領政策で大きく変化した学校教育の様子などを紹介し、7階の「戦中の学童・学徒」と比較して、戦中・戦後の子どもの生活の変化を見ることができる。常設展示室は7階戦中・6階戦後とそれぞれが同じ展示面積で構成されている。これは戦中だけでなく戦後の生活も同様に伝えていくという昭和館の特徴的な趣旨に基づくものである。多大な犠牲を生じた戦争は国民生活を大きく変容させたが、戦禍から始まった戦後の生活もまた、過酷な環境に置かれ、多くの困難を伴うなかで復興に至ったという歴史の流れに沿った展示構成となっている。

　さらに、6階部分では、「体験ひろば」として体験型展示のコーナーを設けている。ここでは、現在ではほとんど使用されなくなった井戸ポンプや黒電話、米つきの体験や、もんぺや国民服などの衣装を着ることができる。また、過去に常設展示室に展示していた資料や所蔵資料を種類やテーマごとに検索できる端末を設置しており、拡大機能を使用して、展示の際には見られなかった細部や裏面を見ることができる。

　5階の映像・音響室では、昭和の写真や映像、SPレコードを検索して視聴することができる。資料には、米国国立公文書館が所蔵する写真や映像や、海外の資料館が所蔵する写真・映像資料を多く収集している。そのほか戦中・戦後を通じて警視庁に勤めた石川光陽が撮影した空襲被害の記録写真や、一般人が撮影した生活記録写真や映像など幅広く所蔵をしている。

　4階の図書室では、戦中・戦後の生活に関する文献・図書資料を収集しており、図書のほか戦中から戦後にかけての女性・子ども雑誌も多数所蔵している。なかには、遺族をはじめ戦中・戦後の体験を記録した自費出版本なども含まれるため、他の施設では閲覧できない資料も多く、一般の方から研究者まで幅広く活用できる資料が多い。

　昭和館が所蔵する資料のうち実物資料（令和2年3月末現在）は、寄贈・購入・寄託・移管資料を含め約6万4000点を収蔵しており、そのうち常設展示室では約500点の資料を展示している。このほか、映像・音響資料では静止画が

約2万9000点、動画が約3300点、音響資料が約1万3000点、図書・文献資料は約13万4000点を所蔵している。

　昭和館の運営に当たる日本遺族会も戦後75年を経て、高齢化による会員数の減少が続いており、遺児から孫・ひ孫の世代へとその歴史の継承に向けた活動が行われている。戦争を知らない若い孫世代に、悲惨な戦争の歴史と自らが体験した労苦をいかに継承していくか、これは遺族に限らず歴史教育の大きな課題として長く議論されてきた。昭和館でも施設内の利用だけに留まらず、このような遺族会の活動や、学校教育の現場、戦争非体験者世代による語り継ぎなどの一助となる情報・資料の提供を充実させていかなければならない。

　広報活動の一つとして、常設展示室の内容をコンパクトにまとめた「貸出キット」を作成し、貸出しを行っている。これは一般の方にも簡単に扱えるよう、パウチ加工を施した資料と、付属のキャプションを並べれば簡易展示ができるもので、全国の遺族会や学校のほか、官公庁や団体が主催する平和展などで多く利用されている。

　また現在、昭和館では「語り部」の育成事業を行っている。2016年10月に厚生労働省が戦後世代の人を対象に、戦中・戦後の体験と労苦や思いなどを次世代に伝えていく「語り部」の育成事業を開始した。この語り部の育成を昭和館、しょうけい館および首都圏中国帰国者支援・交流センターの3施設で実施しており、各施設の趣旨に沿った語り部の育成を行っている。3年間の研修期間では、1年目に展示資料などを通じて基礎的な歴史知識、話し方など話法の技術も含めた研修を行う。2年目以降は、体験者から当時の体験や労苦などを聞き取りながら、研修生自らが関心のあるテーマを決め、資料調査をし、講話会を行うなどして実習を重ねていく。研修生は各施設10人前後で、学生から主婦・会社員など一般公募をした10代から60代までの幅広い世代が参加しており、研修後は各施設で来館者にむけての講話のほか、館外での講話活動を行っていく予定である。研修生たちは自らの戦争体験者との関わりや、戦争の歴史をもっと学び伝えていきたいという想いがきっかけとなり参加している方が多い。戦争体験者による語り継ぎの機会が減少する一方であることを考えると、今後は戦後世代の語り部の存在はより重要となってくる。その過渡期に位置す

る世代の語り部だからこそ、戦争体験者から直接学び、戦争非体験世代として現代では容易には想像し難い戦中・戦後の苦しい生活や想いなどを、伝える側・受け取る側の双方の視点に立ち、伝えていくことができるのではないだろうか。

4　おわりに

　昭和館が収集・所蔵する資料は実生活で使用され社会にありふれていたものが多い。そのゆえ、各資料の特徴として固有の歴史的背景がより重要となってくるが、家族内でも残された経緯など詳細は分からず、語り継がれてこなかった資料が多く見られるようになった。残された資料に限りがあるなかで今後は、これまで収集した資料や情報をより精査し、歴史的資料として永く活用、還元していくことが求められる。

　新しい時代へと移り生活様式が変容していくにつれて、戦中・戦後の生活を伝えていくためには、より一層の創意工夫が必要となってくる。次世代を見据え、利用者が戦中・戦後の生活を学べるだけでなく、今後はその歴史を伝えていきたいという主体的な想いにも供することのできる施設として充実させていかなければならない。

【注】
1)　厚生省・社会援護局援護50年史編集委員会『援護50年史』（ぎょうせい、1997年）468頁。
2)　同上721頁。

【第Ⅲ部　各館情報】

■明治大学平和教育登戸研究所資料館

〈所在地〉〒214-8571　神奈川県川崎市多摩区東三田１−１−１　明治大学生田キャンパス内

〈お問い合わせ〉Tel./Fax.044-934-7993

　　https://www.meiji.ac.jp/noborito/index.html

〈開館時間〉水曜〜土曜　10：00〜16：00

〈入館料〉無料

〈休館日〉日・月・火曜。年末年始＊明治大学の夏季・冬季休業期間、７月・１月の定期試験期間及び12月〜２月の入試実施に伴う入構制限期間等、大学の事情による臨時閉館あり。開館スケジュールは要問い合わせ

■広島平和記念資料館

〈所在地〉〒730-0811　広島県広島市中区中島町１−２

〈お問い合わせ〉Tel. 082-241-4004（総合案内）

　　http://hpmmuseum.jp/

〈開館時間〉３月〜７月／８：30〜18：00、８月／８：30〜19：00（８月５日、６日は20：00まで）、９月〜11月／８：30〜18：00、12月〜２月／８：30〜17：00（入館は各閉館時刻の30分前まで）

〈入館料〉中学生以下無料、高校生100円、大学生・大人200円、65歳以上（要身分証）100円。各種割引等は要問い合わせ

〈休館日〉12月30日・12月31日＊情報資料室は12月29日から１月１日まで閉室。展示入替のための臨時休館あり

■平和祈念展示資料館

〈所在地〉〒163-0233　東京都新宿区西新宿２−６−１　新宿住友ビル33階

〈お問い合わせ〉Tel.03-5323-8709　Fax.03-5323-8714

　　https://www.heiwakinen.go.jp/

〈開館時間〉９：30〜17：30（入館は17：00まで）

〈入館料〉無料

〈休館日〉月曜日（祝日または振替休日の場合はその翌日、夏休み期間は除く）、年末年始、新宿住友ビル全館休館日

■昭和館

〈所在地〉〒102-0074　東京都千代田区九段南 1 - 6 - 1

〈お問い合わせ〉Tel.03-3222-2577　Fax.03-3222-2575

　　https://www.showakan.go.jp/

〈開館時間〉10：00〜17：30（入館は17：00まで）

〈休館日〉月曜日（祝日または振替休日の場合は翌日休館）、年末年始（12月28日から 1 月 4 日）

〈入館料〉常設展：中学生以下無料。高校・大学生150円、大人300円、65歳以上（要身分証）270円。各種割引等は要問い合わせ＊ 4 月29日「昭和の日」、 8 月15日「戦没者を追悼し平和を祈念する日」は無料

結 『平和創造学』をどのように活かすのか

山田　朗

　本書の序やいくつかの章においてヨハン・ガルトゥングが提唱した「消極的平和」（直接的な暴力が不在の状態）と「積極的平和」（構造的な暴力が解消された状態）の概念が紹介され、「積極的平和」の実現こそが私たちが目指すべき目標であることが説かれている。これは、近年、自衛隊を海外派遣することや武力行使を容認するようなやり方をもって「積極的平和主義」と称する言説が政府から発信されていることから、あえて本来の意味での「積極的平和」を確認するための言及である。

　「積極的平和」を実現するためには、私たちは過去の歴史と現在の国内外の状況を学び、それと向き合い、行動する必要がある。それは自分の身近なところからで良い。一人でできることもあるだろうし、仲間を必要とすることもある。できれば、多くの人々に共感してもらえるように目で見える形、音で聞こえる形で発信していくが大切だ。何を学び、どんなことができるのかは本書の各章で道案内されているので参考にしてほしい。

　一人ひとりの発信や行動がうねりを作り出し、それが新しい価値観や理念を作ることもある。例えば、かつてイラク戦争に際して、自衛隊がイラクに派遣された時、それに声をあげた市民の動きは、「平和的生存権」という大きな理念を確立させる役割を果たした。本書を結ぶにあたって、このことについて触れておこう。

　自衛隊の海外派遣は、1991（平成3）年の湾岸戦争停戦後における掃海艇のペルシャ湾派遣に始まり、各地におけるPKO活動をへて、2001年9.11後におけるインド洋での補給活動、そして2003年以降のイラク戦争への自衛隊の派遣

へとエスカレートしていった。全国各地の自衛隊部隊がイラクに派遣されることに対して、札幌地裁への提訴を皮切りに全国で市民による「イラク派兵差し止め訴訟」が行われた。多くの裁判が「訴えの利益なし」との理由で門前払いとなったが、各地の市民は諦めずに裁判を続け、2008年4月17日には名古屋高等裁判所（青山邦夫裁判長）において自衛隊のイラク派遣は憲法第9条違反であるとの判決を引き出すに至った（判決文は川口・大塚2009を参照のこと）。

　この名古屋高裁判決は、判決が自衛隊の派遣差し止めと賠償請求を認めなかったため、形の上では原告側（訴えた市民側）は敗訴し、国側の勝訴となったが、それ故に国側は上告できず、結果的に違憲であるという判決が確定した。この判決の持つ現代的意義は4つあるだろう。

　まず第1に、憲法前文に書かれている「平和的生存権」の確立である。この判決以前においては「平和的生存権」に具体的な権利性があるのかどうかは、必ずしも明確ではなかった。「平和的生存権」に基づいて賠償請求や差し止め請求を行うことは、それまで実現したことがなかった。湾岸戦争以来、様々な差し止め訴訟などが行われてきたが、ほとんどの判決は原告側に「訴えの利益なし」として門前払いにされてきたのである。ところが名古屋高裁判決は、憲法前文に基づく「平和的生存権」は、「全ての基本的人権の基礎にあってその享有を可能ならしめる基底的権利」としている。基本的人権のなかでもさらに基礎にあるというのである。そして憲法第9条にたいする違反行為（つまり戦争）やその遂行への加担、協力への強制が行われた場合は、国民は裁判所にたいして差し止め請求や賠償請求訴訟等の方法で救済を求めることができるとはっきり言っている。「平和的生存権」の権利性が確立したということである。

　第2は、自衛隊がイラクで行っていた活動は憲法第9条第1項違反だとした点である。第1項というのは「日本国民は、正義と秩序を基調とする国際平和を誠実に希求し、国権の発動たる戦争と、武力による威嚇又は武力の行使は、国際紛争を解決する手段としては、永久にこれを放棄する」とした戦争放棄の条項である。第1項は戦争放棄にとどまらず武力行使、武力による威嚇をすべて禁止している。武力行使が継続して行われるのが戦争だが、戦争までいかない武力行使も、武力による威嚇つまり軍事力を背景にした威圧的な外交も禁止

している。自衛隊のイラク派遣は、その憲法第9条第1項違反であると判決は言っている。つまり日本が行っていた自衛隊のイラクへの派遣という行為は、日本が主体的に戦争を行っているわけではなくとも、他国の武力行使と一体化した行動である。これは憲法9条1項が禁止している武力行使にあたるという。空爆を行うとか、大砲を撃つことがなくても、それを支えているのであれば、戦争を支えていることであり違憲なのだと明確に位置づけたのである。これは憲法第9条の新しい可能性を示したものと言える。

　第3は、自衛隊のイラク派遣のために政府がつくった「イラク特措法」にも違反しているとした点である。「イラク特措法」は戦闘地域には自衛隊を送らないとしていた。この名古屋での訴訟は愛知県小牧基地の航空自衛隊によるバグダッドへの輸送をめぐっての訴訟であったが、判決は、バグダッドそのものが戦闘地域なのだという認定をした。アメリカ軍が連日空爆を行っている地域が非戦闘地域だとは言えない、というのである。この戦闘地域であるバグダッドに、航空自衛隊は復興人道支援の名の下にアメリカ軍の兵士を運んでいた。武器・弾薬は輸送しないと政府は説明していたが、アメリカ兵を運んでおいて武器・弾薬は運んでいないというのはどう考えてもおかしい。丸腰のアメリカ兵を運んでいるとは考えられない。当然、米兵を運んでいれば、その人たちが持っている武器、弾薬を必然的に運んでいることになる。

　第4は、司法が憲法判断を行ったことである。これまで1973年の長沼ナイキ訴訟（北海道札幌地裁で行われた裁判）で、自衛隊は憲法第9条第2項の「戦力」にあたるという違憲判決が出たが、高裁段階で逆転し、判決は確定しなかった。ところが2008年の名古屋高裁判決は確定したのである。自衛隊に関する違憲判決で唯一の確定判決である。

　このような4つの意義を有する名古屋高裁判決であるが、この判決が確定したにもかかわらず、政府は、その後もアメリカの行う戦争や武力による威嚇に追随する政策を改めようとはしていない。それどころか、アメリカの中国に対する敵対政策に追随し、「安全保障環境の厳しさ」を理由に、軍事力強化の路線を突き進んでいる。

　何故に私たちはアメリカの中国への敵対政策に追随しなければならないの

か、何故に中国や近隣諸国との関係をもっと友好的なものにできないのか。中国や韓国・北朝鮮が日本に隣接して存在するということは、将来においても変わらないのであるから、そういった国々との関係をいかに改善するかは、まさに私たちの知恵の使い所なのである。その知恵は、どうすれば生まれてくるのか。それは過去と現在をリアルに見つめ直し、「積極的平和」と「平和的生存権」の理念に基づいて私たちの身近なところにある差別・偏見・格差・抑圧に向き合うことから、そして軍事同盟や武力による威嚇に頼らない近隣諸国との対等平等な関係性を追求していく中で生まれてくる。決して簡単な道筋ではないし、相手があることであるから一筋縄ではいかないと思うが、力には力という理念なき現状追随ではまさに「消極的平和」しか得られないことは確かなことである。

＊　　＊　　＊

　本書は、明治大学の関係者（現・元職の教員と卒業生）によって執筆されている。明治大学は、今から140年前の1881（明治14）年に明治法律学校として創設され、「権利自由・独立自治」を建学の精神としてきた。基本的人権の擁護・尊重ということとそれに基づく平和を重視する気風が明治大学には存在している。明治大学の生田キャンパス（川崎市多摩区）がかつての陸軍登戸研究所の跡地に立地している関係で、2010年には平和教育登戸研究所資料館を設置し、2017年には「軍事研究」を拒否する「人権と平和を探求する明治大学」を標榜している。

　明治大学の中での人権・平和研究の蓄積を「平和創造学」という形で提起できないかとの思いから本書は編まれている。本書がこれからの平和創造のため理念の形成や諸活動の一助となれば幸いである。

〔参考文献〕

川口創・大塚英志（2009）『「自衛隊のイラク派兵差止訴訟」判決文を読む』角川書店

毛利正道（2009）『平和的生存権と生存権が繋がる日――イラク派兵違憲判決から』合同出版

執筆者紹介

大六野耕作　明治大学長　　　　　　　　　　　　　巻頭言

むらやま　とみいち
村山　富市　元内閣総理大臣　　　　　　　　　　　推薦文

こうけつ　　あつし
纐纈　　厚　明治大学国際武器移転史研究所客員研究員　第1章

ひやざきまさや
飛矢﨑雅也　明治大学兼任講師ほか　　　　　　　　第2章

みかみ　あきひこ
三上　昭彦　明治大学文学部元教授　　　　　　　　第3章

　　やまだ　　あきら
※**山田　　朗**　明治大学文学部教授　　　　　はしがき・第4章・第13章・結

やまいずみ　すすむ
山泉　　進　明治大学名誉教授　　　　　　　　　　第5章

　　もろい　ゆういち
※**師井　勇一**　明治大学国際日本学部客員講師　　はしがき・序・第6章

やまうち　けんじ
山内　健治　明治大学政治経済学部教授　　　　　　第7章

さはら　てつや
佐原　徹哉　明治大学政治経済学部教授　　　　　　第8章

かにせ　せいいち
蟹瀬　誠一　明治大学名誉教授　　　　　　　　　　第9章

やまわき　けいぞう
山脇　啓造　明治大学国際日本学部教授　　　　　　第10章

さいとう　かずはる
齋藤　一晴　日本福祉大学教育・心理学部准教授　　第11章

ほんじょう　とき
本庄　十喜　北海道教育大学教育学部准教授　　　　第12章

こやま　りょう
小山　　亮　広島平和記念資料館学芸員　　　　　　第14章

やまぐち　たかゆき
山口　隆行　平和祈念展示資料館学芸員　　　　　　第15章

よしば　あい
吉葉　　愛　昭和館職員　　　　　　　　　　　　　第16章

Horitsu Bunka Sha

平和創造学への道案内
──歴史と現場から未来を拓く

2021年5月25日　初版第1刷発行

編　者　山田　　朗・師井勇一

発行者　畑　　　光

発行所　株式会社　法律文化社

〒603-8053
京都市北区上賀茂岩ヶ垣内町71
電話 075(791)7131　FAX 075(721)8400
https://www.hou-bun.com/

印刷：亜細亜印刷㈱／製本：㈱藤沢製本
装幀：谷本天志

ISBN 978-4-589-04153-1

Ⓒ2021　A. Yamada, Y. Moroi Printed in Japan

日本平和学会編

戦争と平和を考えるNHKドキュメンタリー

A5判・204頁・2200円

平和研究・教育のための映像資料として重要な
NHKドキュメンタリーを厳選し、学術的知見を踏ま
え概説。50本以上の貴重な映像（番組）が伝える
史実の中の肉声・表情から、戦争と平和の実像を体
感・想像し、「平和とは何か」をあらためて思考する。

日本平和学会編

平和をめぐる14の論点
—平和研究が問い続けること—

A5判・326頁・2530円

いま平和研究は、複雑化する様々な問題にどの
ように向きあうべきか。平和研究の独自性や原
動力を再認識し、果たすべき役割を明確にしつ
つ、対象・論点への研究手法や視座を明示する。
各論考とも命題を示し論証しながら解明する。

日本平和学会編

平和を考えるための100冊+α

A5判・298頁・2200円

平和について考えるために読むべき書物を解説
した書評集。古典から新刊まで名著や定番の書
物を厳選。要点を整理・概観したうえ、考える
きっかけを提示する。平和でない実態を知り、
多面的な平和に出会うことができる。

平井　朗・横山正樹・小山英之編

平 和 学 の い ま
—地球・自分・未来をつなぐ見取図—

A5判・194頁・2420円

グローバル化社会のもとで複雑化する今日的課題へ
平和学からアプローチし、様々な問題の根源に迫る。
平和創造の学問である平和学の理論的展開を踏ま
え、その役割とアイデンティティを探究し、私たち
が平和創造にどのようにかかわるかも明示する。

ヨハン・ガルトゥング著／藤田明史編訳

ガルトゥング平和学の基礎

A5判・200頁・3080円

ガルトゥングの平和理論の基礎と全体像がわかる
5つの代表的論考の翻訳集。暴力概念の彫琢に
よって理論構築したガルトゥングが明示する平和
学のエッセンスを知ることができ、「平和とは何か」
という根源的な問いに対する多くの示唆を得る。

佐渡友哲著

ＳＤＧｓ時代の平和学

A5判・136頁・3300円

持続可能な社会のゴールを示すSDGsについて
平和学の視点から考察する。SDGsの生成と平
和学の展開との交錯を学術的に整理し、SDGs
の理念・価値を再考する。平和学が目標達成へ
向けてどのような役割を果たせるかを明示する。

—法律文化社—

表示価格は消費税10%を含んだ価格です